SCHATTENPARKER, BORDSTEINRAMMER
UND ANDERE FAHRSCHÜLER

AF198494

ANDREAS HOEGLAUER

SCHATTENPARKER, BORDSTEINRAMMER UND ANDERE FAHRSCHÜLER

AUS DEM ALLTAG EINES FAHRLEHRERS

SCHWARZKOPF & SCHWARZKOPF

Für meine Frau und meine Buam

INHALT

BETTGEFLÜSTER

EIN VORWORT

Mein Gott, was für ein Scheißdreck!« – »Pssst, die Kinder schlafen!«, ermahnte mich meine Frau, die neben mir im Bett lag und, im Gegensatz zu mir, ihre abendliche Lektüre genoss.

»Sorry, aber da muss ich mich einfach aufregen!«, versuchte ich, mich zu entschuldigen.

»Was ist denn los, Schatz?«

»Dieser Artikel hier ... da schreibt einer 'nen Wegweiser zum Führerschein. Wie man die richtige Fahrschule findet, wie die Ausbildung zu laufen hat, wie viel es kosten darf ... Und was der da schreibt, hat mit der Realität nicht das Geringste zu tun!«

»Ist der Autor ein Fahrlehrer?«

»Jemand, der Ahnung von der Materie hat, würde so einen Mist nicht schreiben. Nee, ist irgend so ein Coach oder Berater ... Da muss ich gleich wieder an den Spruch denken, der letztens in der Zeitung stand: Ein Berater ist jemand, der hundert verschiedene Liebesstellungen kennt, aber keine einzige Frau ... Lach nicht so laut, die Kinder schlafen!«

»Scusi, amore mio, aber der Spruch ist echt gut!«

»Und wahr ist er noch dazu. Es müsste sich echt mal ein Insider hinsetzen, ein Buch schreiben und mit den ganzen Mythen, Halbwahrheiten und Geschichten rund um den Führerschein aufräumen. Heute erst hat mir ein Schüler erzählt, dass ein

Kumpel von ihm durchgefallen ist, weil er beim Einparken den Bordstein berührt hat.«

»Kann man deswegen wirklich durchfallen?«

»Quatsch mit Soße! Außer, er ist mit 50 dagegengedonnert und hat die Karre geschrottet. Aber leicht berührt – da zückt der Prüfer doch nicht mal den Kugelschreiber!«

»Apropos Prüfer – wie ging's denn deinen Schützlingen heute?«

»Die zwei Mädchen haben bestanden, der Junge hat's vergeigt.«

»Dieser American-Football-Spieler? Ich hab gedacht, der wäre so ein Talent!«

»Ist er ja auch. Hätte auch nichts anderes machen müssen, als geradeaus weiterzufahren, so wie man das macht, wenn kein anderes Kommando vom Prüfer kommt.«

»Und was hat er gemacht?«

»Steht mitten an einer Kreuzung und fragt, wohin er fahren soll. Der Prüfer sagt ihm noch mal, dass er geradeaus fahren soll, wenn er keine andere Order bekommt, außer das wäre verboten. War es aber nicht.«

»Und dann?«

»Dann hat er geglaubt, er muss nach rechts weiterfahren, warum auch immer – rechts hätte er aber nur reinfahren dürfen, wenn er ein Linienbus gewesen wäre. Pech, Dummheit, Blackout – auf jeden Fall hab ich bremsen müssen und die Prüfung war vorbei.«

»Hatte der nicht sogar heute Geburtstag?«

»Ja. Hab ihm auch ein Geschenk gemacht.«

»Was für eins?«

»Hab ihn nicht erwürgt.«

»Krasse Geschichte.«

»Kannst du laut sagen …«

»KRASSE GESCHICHTE!«

»Nicht so laut, die Kinder schlafen!«

»Müsstest du echt aufschreiben, ist ja tragisch und komisch zugleich.«

»Hm, vielleicht hast du recht. Hat der Prüfer, der Herr Schuberth, heute auch schon gesagt, aber gemeint, dass so ein Buch wohl unendlich viele Bände haben müsste.«

»Du brauchst ja nicht alles aufzuschreiben, nur die krassesten, unglaublichsten, irrsinnigsten und witzigsten Erlebnisse, die du bisher so hattest. Quasi ein Best of.«

»Ich glaub, das mach ich wirklich. Ich fang gleich morgen früh an.«

»Ich denk, du hast morgen in der Früh Fahrstunden?«

»Nein, die Schülerin hat abgesagt. Ihre Tante ist schwer erkrankt.«

»Oh mein Gott, wie schlimm!«

»Halb so schlimm, ist nur eine Spinne.«

»Schatz, so was sagt man nicht!«

»Nein, ist echt so. Die Schülerin hat eine Vogelspinne, die sie ›Tante‹ nennt. Muss damit zum Tierarzt!«

»Sachen gibt's … Musst du auch aufschreiben. Und vergiss die Frau mit den 187 Fahrstunden nicht … und den Typen, der es nie auf die Straße geschafft hat … und das Mädchen, das dich immer so angehimmelt hat!«

»Oder die Geschichte von dem Jungen, der den Anhänger betanken wollte …«

»… und von dem, der besoffen zur Prüfung gekommen ist … Verdammt, die Kinder sind aufgewacht!«

»Mama, Papa, warum lacht ihr die ganze Zeit?«

»Nur so, Kinder. Papa überlegt gerade, was er alles in sein Buch schreibt.«

»Papa schreibt ein Buch?«

»Ja.«

»Und über was?«

»Über meine Arbeit als Fahrlehrer.«

»Cool, das wird lustig!«

»Wollen wir es hoffen. Jetzt aber Rückwärtsgang einlegen und ab ins Bett!«

1. KAPITEL

ICH WERDE (KEIN) FAHRLEHRER!

J eder verantwortungsvolle Mann hört mit dem Motorrad-fahren auf, wenn er Vater geworden ist, und du fängst jetzt damit an!«, tadelte mich mein Schwiegervater. Damit hatte er aus zweierlei Gründen recht. Erstens haben Schwiegerväter immer recht. Und zweitens kann man mit rationalen Gründen keinem Menschen erklären, warum man im Alter von 29 Jahren noch etwas anpacken muss, ohne das man bisher eigentlich auch ganz gut gelebt hat.

Wie gesagt, mit rationalen Gründen. Und rational war ich bisher in meinem Leben eigentlich selten vorgegangen. Deswegen hatten die irrationalen Gründe auch leichtes Spiel mit mir und somit siegte das berühmte Jucken in den Fingern gegen jegliche Sicherheitsbedenken zugunsten meiner jungen Familie und meiner verstorbenen Eltern.

Letztere hatten mir zu ihren Lebzeiten den Erwerb der Fahr-erlaubnis der Klasse A erfolgreich ausgeredet (»Nur über unsere Leichen!«) und mir dann beim Kauf eines Cabrios, quasi einer Ersatzdroge, finanziell unter die Arme gegriffen (»Schau, Junge, jetzt bist du auch an der frischen Luft, kannst aber nicht umfallen!«).

Ich weiß, dass das jetzt sehr makaber klingt, aber einige Zeit nach dem Tod meiner Eltern beschloss ich, endlich meinen schmalen Hintern in den Sattel eines stählernen Pferdes zu schwingen, denn durch ihr Ableben war ja eine Voraussetzung erfüllt – Stichwort: »Nur über unsere Leichen«.

Meine Frau überzeugte ich halbwegs von meinem Unterfangen mit der Begründung, dass das Leben ja viel zu kurz sei, um sich nicht jeden Traum zu verwirklichen. Ich dachte dabei an meinen Vater und seine Schwärmerei für den BMW 850i, den er jedes Mal im Showroom des Autohändlers abschlecken wollte, den Kauf allerdings immer mit einem resignierten Vielleicht-im-nächsten-Jahr-Seufzer verschob.

Meine Holde überraschte mich. Weder stimmte sie zu, noch war sie dagegen; sie sagte einfach, dass sie schon so viele Spinnereien von mir habe aushalten müssen, dass eine mehr oder weniger gar nicht auffallen würde.

Gesagt, getan. Ich wendete mich an die Fahrschule meines Vertrauens, besser gesagt, an die einzige vor Ort. Dort ließ ich mich in einem recht muffigen Büro von einer recht kaputt wirkenden, lustlosen Dame Anfang vierzig mit allen notwendigen Informationen versorgen. Wie sich herausstellen sollte, war sie die On-off-Beziehung einer der beiden Gebrüder Worms, denen die Fahrschule seit mehr als zwanzig Jahren gemeinsam gehörte. Der Umstand, dass mich die Fahrschulsekretärin erst seit 15 Minuten kannte, hinderte sie nicht daran, mir die Ons und Offs ihrer Beziehung zu Berthold, einem der Gebrüder, zu erläutern: Jedes Mal, wenn die Fahrschule mal wieder knapp bei Kasse war, was vornehmlich die Wintermonate betraf, war sie bei Berthold, ihrem Dauerverlobten, on.

Das lag einerseits daran, dass Dagmar, so hieß diese bemitleidenswerte Kreatur, dann immer wieder Unsummen von Geld in die Fahrschule pumpte, das sie im Verlauf von nicht weniger als drei Scheidungen als Abfindung ergattert hatte.

Andererseits lag dies an mangelnden Gelegenheiten für Berthold, sich anderweitig zu vergnügen, da in den schwachen Wintermonaten zu wenige, wie er sie nannte, »Hasen« aus ihren Bauen in die Fahrschule kamen.

Womit wir schon bei den Offs angekommen wären, die, man kann es sich schon denken, immer in die Sommermonate fielen, wenn das Geschäft gut lief, die Röcke der Fahrschülerinnen wieder kürzer wurden und Berthold ausreichend Möglichkeiten hatte, sich im Rahmen der Nachtfahrten zu vergnügen.

»So, dann unterschreiben Sie mal da unten und dann können Sie sich ja Gedanken machen, welchen unserer Fahrlehrer Sie gern hätten!«, forderte mich Dagmar auf, nachdem sie sich eine Träne verdrückt hatte, und zeigte auf ein Poster, welches an der Wand hing und vier Fahrlehrer in ihrer ganzen Pracht vor einem Fahrschulwagen zeigte.

Na ja, Berthold würde es wohl nicht sein, dachte ich mir. Für eine ordnungsgemäße Ausbildung fehlten mir obenrum eindeutig zwei Argumente, außerdem rasiere ich meine Beine nur äußerst ungern.

Kamen noch sein Bruder Richard, der zweite Firmeninhaber, und zwei jüngere angestellte Fahrlehrer namens Tarek und Frank infrage.

»Oh, den Tarek würde ich jetzt eher nicht nehmen – der hat gerade ganz wenig Zeit. Hat brutalen Stress daheim, der muss sich jetzt mehr um seine Familie kümmern, sonst haut seine Alte mitsamt den Kindern ab …«

»Und wie sieht es denn mit dem Frank aus?«, fragte ich.

»Der hat keinen Fahrlehrerschein für die Motorradausbildung«, antwortete sie mir, »nehmen Sie doch den Richard,
ein alter Fuchs und feiner Kerl, nicht so wie mein Berthold ...«

Nachdem ich sie kurz in mein Taschentuch hatte schnäuzen
lassen und sie sich das zerflossene Make-up einigermaßen nach-
gezogen hatte, gab sie mir die Telefonnummer ihres Chefs, des
für mich einzig verbleibenden Motorradfahrlehrers in dieser
Fahrschule, um meine ersten Fahrstunden zu vereinbaren.
Richard verdiente sich vorab meine Hochachtung, als ich die
im Büro mannigfach vorhandenen, verschlissenen Lederkombis
von diversen Motorradrennen zu Gesicht bekam, und später, als
er mir sämtliche Grundfahraufgaben trotz seiner fünfzig Lenze
und einem nicht unerheblichen Wanst wie ein junger Gott vor-
fahren und demonstrieren konnte.

Die ersten Fahrstunden auf dem Übungsgelände verliefen für
mich recht erfolgversprechend und auch mein Fahrlehrer war
der Meinung, dass es für mich sehr bald auf die Landstraße und
auf die Autobahn gehen könne. Nachdem auch diese Aufgaben
erfolgreich und ohne große Zwischenfälle (ich lebte immerhin
noch!) absolviert waren, folgte einige Tage später der krönende
Abschluss der Sonderfahrten, nämlich die Nachtfahrt. Und wie
immer war das Glück auf meiner Seite: Eigentlich hatten wir
den herrlichsten Sommer überhaupt, aber die obligatorischen
Wärmegewitter zogen komischerweise immer dann auf, wenn
ich im Sattel saß – so auch bei meiner Nachtfahrt.

Wir hatten das Auftanken des Fahrschulmotorrads mit einer
kleinen Espresso-Pause an der Tankstelle verbunden. Während
mein Fahrlehrer Richard gerade versuchte, das Funkgerät zu
trocknen, über das er mir seine sadistischen Anweisungen zu-
raunte (»Mehr Körperhaltung, du sitzt auf der Maschine wie
ein schwules Wildschwein«), blätterte ich belanglos in einer
Motorradzeitschrift, um mir mein künftiges Fahrzeug, quasi

als mentale Belohnung für diese beschissene, verregnete Nachtfahrt, vor mein geistiges Auge zu holen.

»Und, was machst du sonst so, wenn du dich nicht gerade von mir schikanieren lässt?«, fragte Richard nebenbei, während er Unmengen von Zucker in seinen Espresso schaufelte und zugleich eine riesige Quarktasche mampfte.

»Na ja, Familie, Sport, Musik …«, antwortete ich ihm.

»Und beruflich?«

»Ach so … bin gelernter Speditionskaufmann, hab jetzt mal eine einjährige Auszeit genommen und fange in sechs Wochen als Abteilungsleiter bei einer Spedition am Flughafen an. Bis dahin muss ich auch mit dem Führerschein fertig sein, weil, dann hab ich keine Zeit mehr!«

»Jaja, das kriegen wir schon hin, bist ja wirklich talentiert. Aber gefällt dir eigentlich dein Job als Spediteur?«

Ich wusste nicht, worauf Richard hinauswollte, aber so richtig hatte ich eigentlich noch nie darüber nachgedacht, ob mir mein Job eigentlich noch Freude bereitete.

Okay, die Spätschichten am Flughafen waren ganz lustig und hatten sogar etwas Romantisches. Schauen Sie mal bei Sonnenuntergang den letzten startenden Maschinen beim Abheben zu, dann wissen Sie, was ich meine.

Dann die Hektik und das Adrenalin, wenn du innerhalb von einer Stunde eine 747 oder DC 10 papiermäßig abfertigen musst … herrlich!

Andererseits gab es in der Tat auch sehr unbefriedigende Momente in diesem Beruf, wie höchstwahrscheinlich in den meisten anderen auch. Zum Beispiel wenn man für einen Kunden über Jahre hinweg jedes noch so kleine Paket und jede noch so große Palette erfolgreich und justintime versandt hatte und sich im Gegenzug aber die Kritik gefallen lassen musste, dass der Lkw-Fahrer, der im Morgengrauen die

Sendungen abholte, statt eines fröhlichen »Guten Morgen!« nur ein mürrisches »Morgen!« über die Lippen gebracht habe und ob man nicht ein bisschen mehr Kundenfreundlichkeit erwarten könne (dass dieser überpünktlich aufgestanden und die Sendung unbeschadet an den Airport gebracht hatte, verdiente keinerlei Erwähnung).

Oder wenn am Freitagabend kurz vor dem Verlassen des Schreibtisches noch einmal das Telefon klingelt und eine verzweifelte Hausfrau in den Hörer schluchzt, wo denn ihr Paket aus Flensburg bleibe (nein, keine Sendung vom Kraftfahrtbundesamt, sondern vom ortsansässigen Erotikversand), dass man dann noch mal den PC hochfährt und sich für eine halbe Stunde hinter den Monitor setzt, um den Lieferwagen zu orten, in dem sich das Paket befindet, und der um ihre abendliche Befriedigung besorgten Dame mit der obligatorischen Phrase aller Spediteure (»Der Fahrer ist längst unterwegs, schauen Sie mal aus dem Fenster, ob Sie ihn schon sehen können!«) zu trösten und dem Fahrer Beine zu machen, damit die Lady nicht unbefriedigt ins Wochenende starten muss.

Oder wenn dich die Disposition aus der Zentrale anfunkt und mitteilt, dass dein Lkw sechs Kilometer vorm Flughafen und eine halbe Stunde vor Abflug der Frachtmaschine aufgehalten wurde und der Fahrer gerade verzweifelt die Tachoscheibe von vor zwölf Tagen sucht, um sie den freundlichen Beamten vom Kraftfahrbundesamt auszuhändigen, und dass er danach noch den bei der Kontrolle anwesenden Polizeikräften zeigt, dass das 750 Gramm schwere Päckchen auch form- und kraftschlüssig gesichert ist. Es gab also einige Pros und Kontras, aber so ist das halt nun mal in der Berufswelt. Mit der Zeit hatte sich das Besondere einfach verabschiedet, der Reiz war ein bisschen verloren gegangen – es hatte sich also eine gewisse Routine, vielleicht ein bisschen Langeweile und Frust eingeschlichen.

»Wieso fragst du?«, antwortete ich Richard ausweichend.

»Na ja, ich könnte mir dich gut als Fahrlehrer bei uns vorstellen …«, rückte er mit der Sprache heraus.

»Wie kommst du denn auf diese kuriose, respektive absurde Idee?«, brachte ich mühsam hervor, nachdem ich mich vor Schreck an meinem Espresso verschluckt hatte.

»Ist so ein Gefühl – du beherrschst die Maschine gut, bewegst dich ordentlich im Verkehr, hast ein wachsames Auge, und wenn du im Theorieunterricht was beisteuerst, hängen die jüngeren Schüler regelrecht an deinen Lippen, Außerdem weiß ich nicht, wie lange der Tarek noch durchhält …«

Wollte er mit dieser Schleimerei jetzt eine anstehende Preiserhöhung verpacken oder bot er mir tatsächlich einen Job an?

»Was muss man denn dafür tun, um Fahrlehrer zu werden?«, heuchelte ich Interesse.

»Och, nix Schlimmes. Fünf Monate in 'ne Schule gehen und danach etwa fünf Monate ein Praktikum machen, das kannst du dann bei mir und meinem Bruder absolvieren, und insgesamt fünf Prüfungen ablegen – halb so tragisch«, antwortete er mit einer Coolness, dass man fast den Eindruck gewinnen konnte, die Ausbildung hätte etwas von der Leichtigkeit eines sonntäglichen Spaziergangs im Park.

»Und was verdient man so als Fahrlehrer?«, hakte ich nach.

»Im Praktikum zwischen fünf und acht Euro je 45 Minuten, danach zwischen zehn und 14 Euro – aber wir zahlen eher am oberen Ende der Skala«, warb er für sich und seinen Bruder.

Fünf Monate wieder in die Schule gehen? Ich, der in der zehnten Klasse das Gymnasium abbrach, weil er akuten Brechreiz verspürte, wenn er nur an die Schule dachte?

Fünf Monate Praktikant sein? Ich, der lieber Befehle an Lkw-Fahrer und Lagerarbeiter gab, als von Chefs und Kunden Order zu empfangen?

Fünf Prüfungen absolvieren? Ich, der sich schon jetzt in die Hose schiss wegen einer läppischen Motorradprüfung?

Danach mit pubertierenden Pickelgesichtern das Einparken üben und mit 200 über die Autobahn pesen?

Und das Ganze für acht bis 14 Euro pro Dreiviertelstunde? Als Stundenlohn nicht schlecht, aber als Schmerzensgeld definitiv zu wenig!

Also: No way! Ich war mit meinen 29 Jahren zwar noch recht jung, aber irgendwann ist man für gewisse Sachen doch zu alt.

»Nee, lass mal gut sein!«, teilte ich Richard meine in wenigen Sekunden gefällte Entscheidung mit.

»Na gut, war ja nur so eine fixe Idee – kannst es dir ja noch mal durch den Kopf gehen lassen«, antwortete er und wischte sich die letzten Quarkreste aus seinem Bart. »Genug geschnackt, aufsitzen, wir fahren weiter!«

Ich tat, wie mir befohlen wurde. Ich setzte mich auf die Maschine und brachte die verbleibenden 45 Minuten Nachtfahrt bei strömendem Regen hinter mich.

Während ich verkrampft versuchte, bei diesem Monsun Leuchtreklamen und Ampeln auseinanderzuhalten, führte ich den zweiten Befehl aus: Ich dachte darüber nach, wie es denn wäre, Fahrlehrer zu spielen. Irgendwie hatte Richard bei mir doch etwas in Gang gesetzt ...

Für das Wochenende hatten meine Frau und ich Freunde und Familie zu einem gemeinsamen Grillabend eingeladen. Nachdem die ersten Steaks und Würstchen vertilgt waren und als die zweite Runde an Hopfenkaltschalen gereicht wurde, fragte mich ein Freund, wie es denn um das Projekt Motorradführerschein stünde.

»So weit, so gut«, antwortete ich ihm, und nachdem ich ihm von meiner letzten Fahrstunde, also jener besagten Nachtfahrt, erzählt hatte, fügte ich laut hinzu: »Und weißt du, was noch war?

Mein Fahrlehrer hat mir ernsthaft vorgeschlagen, dass ich doch auch Fahrlehrer werden sollte …«

Schlagartig wurde es am Tisch mucksmäuschenstill. Alle sahen mich mit großen Augen an. Der Erste, der seine Sprache wiederfand, war mein bester Freund: »Das musst du machen. Du bist so ein Motorenfreak! Wenn es etwas gibt, was du wirklich kannst, dann hat das mit Autos zu tun.«

»Aufs Maul biste auch nicht gefallen, etwas erklären kannst du auch …«, warf mein Schwiegervater wohlwollend ein.

Die Debatte um meine eventuelle berufliche Zukunft war nun voll entbrannt.

»Oh Gott, die armen Schüler! Wenn der im Theorieunterricht so viel redet wie sonst, dann quatscht er die ja tot!«, protestierte meine Schwägerin, mit der mich eine gemeinsame Vorliebe für Frotzeleien verband.

»Lieber soll er sie totquatschen, als dass sie sich totfahren«, verteidigte mich ein anderer Kumpel.

»Also, wenn ich an meinen Fahrlehrer von damals denke, dann würde ich das Autofahren echt lieber bei dir lernen«, pflichtete ihm mein Schwager bei.

»Schatz, das könntest du, glaub ich, wirklich gut. Informier dich doch mal genauer über den Job und mach bei deinem Fahrlehrer einen Schnuppertag.« Mit dieser Aussage gab meine Frau den Ausschlag für einen langen Denkprozess, der mich zwei schlaflose Nächte kosten sollte.

Ich durchforstete das Internet und fand allerhand unnützes Halbwissen. Also begab ich mich auf die Suche nach einer Fahrlehrerausbildungsstätte und wurde auch fündig. Am Telefon wollte man mich aufgrund der Informationsfülle nicht beraten, das hätte zu viel Zeit in Anspruch genommen – man bot mir allerdings einen persönlichen Termin vor Ort an, den ich sodann vereinbarte.

Die nächste und auch letzte Fahrstunde vor meiner praktischen Prüfung stand an, und während Richard mit mir noch die Checkliste zur fahrtechnischen Vorbereitung wiederholte, packte ich den Stier bei den Hörnern.

»Du, Richard, meinst du, ich könnte dich mal einen Tag lang begleiten und dir bei der Arbeit über die Schulter schauen?«

»Wieso denn das? Bist du masochistisch veranlagt?«, lachte er.

»Na ja, vielleicht will ich ja doch Fahrlehrer werden …«

»Hey, Junge, das find ich ja klasse! Logo, kannst gleich nach deiner Fahrstunde hinten Platz nehmen.«

Gesagt, getan. Etwas geschafft von den Wiederholungen aller neun Grundfahraufgaben und Richards sadistischer Tour entlang aller Verkehrsverbote (»Augen auf, du blindes Huhn! Da darfst du nicht rein!«) und Einbahnstraßen (»In Einbahnstraßen zum Linksabbiegen links einordnen, du schlampiger Hund!«), saß ich nunmehr hinten in seinem SUV und beobachtete ihn volle sechs Stunden, was acht Fahrstunden zu je 45 Minuten entspricht, bei seiner Tätigkeit und im Umgang mit seinen zwei Schülerinnen und zwei Schülern, die je neunzig Minuten fuhren – und im Übrigen allesamt keine Pickel hatten.

Nach zehn Minuten kam mir ein Gedanke, der sich im Verlauf des Tages immer mehr in meinem Kopf festsetzte: Was Richard kann, kann ich auch. Das soll jetzt nicht arrogant klingen, aber irgendwie konnte ich in Richards Tätigkeit nichts Kompliziertes entdecken: hier ein bisschen mosern (»Du fährst mir gleich einen Außenspiegel ab, so weit rechts, wie du fährst! Einen Meter Seitenabstand zu parkenden Fahrzeugen!«), da etwas loben (»Jetzt hat der Seitenabstand gepasst!«), dort ein wenig tadeln (»Verflixt noch mal, einen Meter Abstand, habe ich gesagt!«) und natürlich die ganze Zeit einen lockeren Spruch auf den Lippen (»Zum Geburtstag schenke ich dir einen Meterstab!«).

Die letzte Fahrstunde war beendet und die Fahrschülerin wurde mit den chauvinistischen Worten verabschiedet: »Wenn du zu Hause so kochst, wie du fährst, wirst du schon in jungen Jahren Witwe sein.« Danach wandte sich Richard mir zu: »Ganz schön aufreibend, der Job, oder?«

Meiner großen Schnauze Einhalt gebietend, dachte ich mir einfach nur, was ich eigentlich sagen wollte – nämlich, was denn um alles in der Welt am blöd Daherreden so aufreibend sein sollte. Ich wollte es mir mit meinem Fahrlehrer so kurz vor meiner praktischen Prüfung ja nicht verscherzen. Erst recht nicht vor dem Hintergrund, dass er vielleicht in ein paar Monaten mein Chef sein könnte. Also antwortete ich recht schleimig: »Ja, ist schon ein Wahnsinn, was man da so alles aushalten muss!«

»Und, wär das jetzt was für dich?«, hakte Richard neugierig nach.

»Lass mich mal noch eine Nacht darüber schlafen«, bekam er zur Antwort, obwohl ich zu dem Zeitpunkt eigentlich schon ahnte, dass dieser Job meine Berufung war.

So fiel die entscheidende Diskussion mit meiner Frau auch recht knapp aus.

Sie fragte: »Und, wie war es?«

Ich antwortete: »Lässig.«

Darauf sie: »Dann mach es halt!«

Und da man ja seiner Frau genauso wie seinem Schwiegervater nicht widersprechen sollte, tat ich also das, was sie und meine Freunde und Verwandten geraten hatten: Ich tat den ersten Schritt auf dem Weg zum Fahrlehrer …

2. KAPITEL

SCHLUSS MIT LUSTIG!

Und dieser erste Schritt führte mich nach meiner bestandenen Motorradprüfung zu dem bereits vereinbarten Informationsgespräch bei der Fahrlehrerausbildungsstätte in der Landeshauptstadt. Nachdem ich während meines eintägigen Schnupperaufenthalts in Richards Kosmos Blut geleckt hatte und mein Entschluss endgültig feststand, künftig lieber Fahrschüler auf die Reise zu schicken als Paletten, was mein Fast-Vorgesetzter in der Spedition mit einem schallenden Gelächter zur Kenntnis nahm und meinen Job kurzerhand an einen anderen vergab, wollte ich nun noch ein paar Details über die Ausbildung erfahren.

Vor einigen Wochen hatte ich ja bereits einen Gesprächstermin mit einem Dozenten des Instituts vereinbart und nun saß er mir persönlich gegenüber. Super Beruf, freie Arbeitszeiteinteilung, wird nie langweilig, gibt nichts Schöneres, als wenn jemand mit deiner Hilfe gut Auto fahren kann, gute Verdienstmöglichkeiten, hohe Nachfrage an guten Fahrlehrern, viele offene Stellen … Der Mann gab sich wirklich alle Mühe, um mich vom scheinbar schönsten Beruf der Welt zu überzeugen.

Eine Stimme in meinem Kopf stellte mir allerdings die Frage, warum bei derart traumhaften Arbeitsbedingungen nicht alle erwerbsfähigen Menschen in diesem Land Fahrlehrer werden wollten, doch ich überhörte sie geflissentlich.

Ich ließ mich von so viel Euphorie anstecken und unterzeichnete den Ausbildungsvertrag. Dann verließ ich das Büro, nicht ohne den Fahrer eines Paketdienstes und somit ehemaligen Berufskollegen, der mit seinem Fahrzeug vor dem Haus stand, voller Euphorie und quasi als Übung für mein neues Betätigungsfeld zu belehren, dass der Gehweg für Fußgänger und nicht für Kraftfahrzeuge gedacht sei, was dieser weniger freundlich mit einem »Schnauze, du Arschloch!« quittierte.

Mein zweiter Schritt führte mich zu der Bank meines Vertrauens. Es galt, die vor Kursbeginn fällige Lehrgangsgebühr zu überweisen: 7.200 Euro!!! Was sich zunächst als überschaubar anhört, wird zu einem kleinen Vermögen, wenn man bedenkt, dass man ja während der sechsmonatigen Ausbildung den ganzen Tag in der Penne hockt und demzufolge kein Geld verdienen kann und dass man auch nach dem Ende des Unterrichts keine Gelegenheit dazu hat, da man ja für die Prüfungen büffeln muss. Unterstützung durch die öffentliche Hand war auch nicht zu erwarten, denn entgegen der Meinung des Branchenverbandes, wonach es schon jetzt zu wenig Fahrlehrer gibt und künftig noch viel weniger geben wird, war man sich in den Arbeitsämtern einig, dass es aufgrund des »signifikanten Geburtenrückgangs« der letzten Jahre bald überhaupt keiner Fahrlehrer mehr bedarf.

Glücklicherweise schlummerten auf meinem Konto noch ein paar Ersparnisse und so war es mir (wenn auch zähneknirschend) möglich, die nächsten sechs Monate über die Runden zu kommen. Die geforderte Summe wurde transferiert. Und dann erfolgte der dritte Schritt: Ich musste mich um Zulassung zu den am Ende der Ausbildung stattfindenden Prüfungen bewerben. Und dieser Schritt führte mich am nächsten Tag zu dem für mich zuständigen Amt, denn die Herrschaften dort entscheiden darüber, ob du überhaupt dafür geeignet bist, Fahrlehrer zu werden. Nach Auskunft des Dozenten aus dem Institut, der mich beraten hatte, war das eine reine Formsache, sofern man eine einigermaßen anständige Vita ohne Vorstrafen und möglichst wenig Punkte im Verkehrszentralregister in Flensburg vorweisen konnte.

Der aufmerksame Leser wird sich jetzt die Frage stellen, warum ich diese Eignung zum Fahrlehrer nicht vor meiner Anmeldung zur Ausbildung abchecken ließ. Natürlich hat er damit recht, dass das eigentlich mehr Sinn gemacht hätte. Doch die Behörden entscheiden in der Regel erst dann über die Eignung, wenn sie sehen, dass man es ernst mit seiner Berufswahl meint und einen unterschriebenen Ausbildungsvertrag vorweisen kann.

Mit diesem Vertrag und einigen anderen Unterlagen wurde ich also bei meinem zuständigen Sachbearbeiter, Herrn Wagner, vorstellig. Ich hatte den Termin mit ihm telefonisch für neun Uhr ausgemacht. »Die Unterlagen müssen vollständig sein, wir haben nur eine halbe Stunde Zeit, dann kommt der Nächste, also bereiten Sie sich gründlich vor!«, hatte er mir vorab am Telefon in einem Ton befohlen, der sehr an Kasernenhof erinnerte. Getreu meinem alten Berufsethos »Fünf Minuten vor der Zeit ist des Logistikers Pünktlichkeit«, erschien ich etwas früher.

Ich klopfte an der Tür und betrat die Amtsstube. Es empfing mich ein recht unangenehmer Geruch, von dem ich nicht sagen könnte, ob es der Angstschweiß der vorherigen Besucher oder die Körperausdünstungen von Herrn Wagner, resultierend aus dem schweißtreibenden Abstempeln von Führerscheinanträgen, war. Aufgrund seiner Körperfülle nahm ich an, dass alleine diese

Tätigkeit und der gelegentliche Gang zu einem Urinal für ihn dieselbe körperliche Erschöpfung bedeutete wie für einen 100 Kilo leichteren Mann ein Marathonlauf. Vom Alter her stand er wohl kurz vor seiner Pensionierung, die er – so war zumindest mein Eindruck – dafür nutzen sollte, sein Hemd und seine Krawatte zu reinigen. An seiner Kleidung konnte ich nämlich unschwer erkennen, was es in den letzten drei Tagen mittags in der Kantine im Angebot gab.

»Guten Tag, Herr Wagner, wir hatten einen Termin vereinbart zwecks …«

»Wie spät ist es?«, unterbrach mich Herr Wagner, ohne mich eines einzigen Blickes zu würdigen.

»Ähm, Moment, 8:55 Uhr«, antwortete ich nach einem kurzen Blick auf meine zugegebenermaßen recht schlecht gemachte und recht prollig wirkende Kopie einer Rolex.

»Und für wann hatten wir den Termin vereinbart?«, hakte Herr Wagner nach, wieder ohne auch nur einmal zu mir rüberzusehen.

»Na, für neun bis halb zehn«, antwortete ich, jetzt schon leicht genervt von diesem Frage-Antwort-Spiel.

»Dann kommen Sie in fünf Minuten wieder, wenn es neun Uhr ist«, ordnete Herr Wagner an.

So ein blöder Fettsack, dachte ich mir, als ich sein Büro wieder verließ und auf dem circa 56 Jahre alten Besucherstuhl neben der Tür Platz nahm.

Ich beschloss, mir von diesem Typen nicht den Schneid abkaufen zu lassen, und betrat mit dem Glockenschlag der Kirchturmuhr von der gegenüberliegenden Straßenseite erneut das Stinkzimmer.

»Nehmen Sie Platz«, befahl mir Herr Wagner, wieder ohne ein einziges Mal seinen Kopf zu erheben, »haben Sie die erforderlichen Unterlagen dabei?«

Ich gab sie ihm und er begann mit der Sichtung. Wortlos, dafür umso penibler las er jedes einzelne Blatt durch und ich wartete eigentlich nur darauf, dass er mir irgendeinen Kommafehler unter die Nase rieb.

»Sie sind im Besitz der erforderlichen Fahrerlaubnisklassen A, BE und CE?«, schnaufte er nach einer gefühlten Ewigkeit.

»Natürlich. Hier ist mein Führerschein.«

Er begutachtete meinen Lappen, gab ihn mir zurück, warf einen Blick in den Computer und sagte: »Okay, Punkte in Flensburg haben Sie auch keine. Haben Sie finanzielle Probleme?« Was ging denn jetzt ab? Hatte er sich meine letzte Steuererklärung kommen lassen?

»Bis gestern eigentlich nicht, aber die Kursgebühren und Behördenkosten tun schon ein bisschen weh. Doch was hat das denn mit meinem Antrag zu tun?«

»Damit mir keine Klagen kommen, dass Schüler abgezockt werden, schwarz abkassiert wird und so weiter und so fort!«, fuhr er mich an.

»Nee, machen Sie sich mal darüber keinen Kopf …«, versuchte ich, ihn zu beschwichtigen.

»Junger Mann, der Steuerzahler bezahlt mich dafür, dass ich mir einen Kopf mache, verstanden?!«, brüllte er mich nieder. Auch ohne gedient zu haben wusste ich jetzt, wie sich ein Wehrpflichtiger nach einem Einlauf durch seinen Feldwebel fühlen musste.

»Jaja, kommen Sie mal wieder runter!« Ich ballte zur Sicherheit die Fäuste in meiner Tasche, für den Fall, dass er sich und seinen tonnenförmigen Körper über den Schreibtisch wuchten würde, um mich zu erwürgen.

»Ich sehe, Sie sind verheiratet?«

»Jawohl!«, antwortete ich im Ton eines Gefreiten.

»Und – läuft's noch?«

»WIE BITTE?!?!«

»Nicht, dass Sie mir die jungen Dinger anbaggern und betatschen …«

»Soll ich jetzt einen Porno mit meiner Frau drehen und Ihnen zur Beruhigung vorlegen?«

»Schon gut, ersparen Sie mir das. Drogen?«

»Wie meinen Sie?«, fragte ich etwas verdutzt. Wollte er mir statt des obligatorischen Kaffees eine Linie Koks anbieten?

»Ob Sie Drogen nehmen oder je genommen haben, will ich wissen«, hakte er gereizt nach.

»Ach so«, antwortete ich, »ja logo, montags Kokain, dienstags Heroin, mittwochs Speed, donnerstags Marihuana, freitags …«

»Keine Scherze, junger Mann, Sie sind hier in einer Amtsstube, sozusagen in einer spaßfreien Zone, verstanden?!«, herrschte mich Herr Wagner an. »Also: Drogen?«

»Nein.«

»Alkohol?«

»Manchmal.«

»Heißt?«

»Am Wochenende vielleicht mal ein Glas Pinot Grigio mit meiner Frau, sonst eher nicht. Bin ja Sportler.«

»Kann ich Ihnen das so glauben?«

»Nein. Eigentlich beginnt mein Tag mit zwei Presshalben (eine Maß Bier, innerhalb von eineinhalb Minuten runtergekippt, Anmerkung des Autors) und einer Flasche Schnaps. Vor dem Termin hier habe ich mir aus Nervosität aber noch 'nen Liter Wodka reingepfiffen …«

»Hören Sie mal, Herr Irgendwann-Fahrlehrer! Die Klassenkasper sollten vor dem Lehrerpult sitzen und nicht dahinter! Verstanden?!«

»Ja.«

»Also: geringer Konsum?«

»Ja.«

Er musterte mich von oben bis unten, schaute mir tief und lange in die Augen und beschied mir dann: »Gut, dann will ich Ihnen das so glauben und Sie müssen nicht zur MPU.« Sprach es und vollzog vor meinen Augen den Wandel vom Saulus zum Paulus. Auch wenn ich aufgrund meiner wahrheitsgemäßen Aussage keinerlei Angst vor einer medizinisch-psychologischen Untersuchung haben musste und es wahrscheinlich sogar spannend gewesen wäre, so einen »Depperltest« mal hautnah zu erleben, so war ich doch froh, dass dieser Kelch an mir vorüberging. Zu sehr waren mir Erzählungen von Teilnehmern solcher Inquisitionen in Erinnerung, wonach diese nach Aufforderung durch den Psychologen minutenlang verzweifelt versuchten, Kugeln aufeinanderzustapeln (!), nur damit sie ihren Schein wieder zurückbekamen (was ihnen jedoch verwehrt blieb, denn welcher Depp versucht wohl, Kugeln zu stapeln?).

Nach der neuesten Gesetzesänderung kann jeder Sachbearbeiter im Amt nach eigenem Gutdünken entscheiden, ob der Antragsteller auf seine psychische und physische Eignung hin überprüft werden muss oder nicht. Früher waren diese Tests verpflichtend, doch jetzt eben nicht mehr. Herr Wagner hatte an mir allem Anschein nach wohl nichts Negatives gefunden und mir im Anflug einer gewissen Sympathie einen Gefallen getan. Er ließ nun endlich seinen Stempel auf meinen Antrag und die dazugehörigen Anlagen herabsausen.

»So, das hätten wir!«, schnaufte er erschöpft, als er diesen Teil seines Tagwerks erledigt hatte. Zum ersten Mal sah er mich mit seinen rot unterlaufenen Augen an und brummte missmutig: »Alles Gute für Ihre Ausbildung, Wiedersehen!«

Wie gesagt – den Schneid wollte ich mir nicht abkaufen lassen. Und jetzt war es an der Zeit, mich für den Tadel und dafür, dass er mich wegen meines zu frühen Erscheinens hinauskomplimentiert hatte, zu revanchieren – also blieb ich sitzen.

»Ist noch was?«, fragte er mich genervt.

»Darf ich denn jetzt schon gehen?«, fragte ich süffisant zurück. »Es ist ja erst 9:23 Uhr und unser Termin dauert doch bis 9:30 Uhr ...«

»RAUS HIER, UND ZWAR SOFORT!«

So, Schluss mit dem Vorspiel. Auf zum Verkehr, ähm, in den Verkehr und zurück nach Hause. Ich genoss es, noch ein letztes Mal etwas zu schnell über die Autobahn zu heizen, den Arm lässig aus dem Fenster hängen zu lassen und die Kurven sehr sportlich zu nehmen – denn damit ist es ja bald vorbei, so von wegen Vorbildcharakter und so ...

3. KAPITEL

VORBILDCHARAKTER

Womit wir gleich mal einen galanten Übergang zu meinem ersten Tag im Institut hätten. Ich weiß ja nicht, wie es Ihnen geht, liebe Leser ab dreißig aufwärts, aber ich für meinen Teil habe meinen Fahrlehrer als absolute Respektsperson und Vorbild in Erinnerung: Anfang fünfzig, leicht ergraute Haare, edle Brille, ruhiger, aber bestimmter Ton, souveräner Gralshüter der Straßenverkehrsordnung, stets Herr der Verkehrs- und Gemütslage auf den Straßen, kurzum: ein Cowboy, der im Sonnenuntergang seine Herde von Fahrschülern durch die 30er-Zonen treibt, sie an seinem Erfahrungs- und Wissensschatz teilhaben lässt und sie zu guten Autofahrern macht.

Mit diesem Bild vor Augen stand ich kurz vor zehn Uhr vor der Fahrlehrerausbildungsstätte. Ich hatte noch etwas Zeit, um mir ungläubig die Herrschaften zu betrachten, die sich bereits in der Ausbildung zum Fahrlehrer befanden und ihren Gehirnen gerade eine Pause vom Wissenserwerb gönnten. Und ich bekam enorme Zweifel, ob mir hier eine Horde Fahrschüler oder vielleicht doch zukünftige Fahrlehrer gegenüberstanden. Denn so weit ich sehen konnte, entdeckte ich nirgendwo einen Typen,

der nur annähernd Ähnlichkeiten mit meinem Vorbild aufwies.
Eine kurze Bestandsaufnahme:

Ein junges Mädchen lehnte mit dem Rücken und einem Kaffeebecher in der Hand an einer Wand. Das, was sie wohl ein Sommerkleid nannte, würde so mancher Prostituierten die Schamesröte ins Gesicht treiben. Ihr gegenüber hatten sich zwei Jünglinge postiert, beide offenkundig in Panik, den Lehrgang so zu beenden, wie sie ihn begonnen hatten – nämlich als Singles! Der eine, etwas kleinwüchsig, sabberte gut hörbar: »Wenn du das Viertakt-Prinzip nicht checkst, kannst du mich ja mal am Abend besuchen, dann erklär ich es dir in meiner Hobbywerkstatt bei einer Flasche Whiskey – ich bin nämlich der König aller Schrauber!« Der andere, etwas größer Geratene, versuchte jämmerlich mit einer Denkerpose – Daumen ans Kinn, Zeigefinger an die Wange und Mittelfinger auf der Oberlippe – einen überdimensionalen Pickel auf seiner linken Gesichtshälfte zu verdecken, was ihm wegen der Ausmaße dieses eitrigen Mount Everest nur schwer gelang, ihn aber nicht daran hinderte, durch seine Finger hindurch ebenfalls ein Nachhilfeangebot in Richtung der Schlampen-Praktikantin zu nuscheln: »Wenn ich dich die fünf Axiome von Watzlawick abfragen soll, können wir ja mal auf einen Kaffee gehen ...«

Angewidert von dieser peinlichen Anmache, legte sie ihre linke Hand auf die Schulter des Zwergs und die rechte auf die Schulter des Pickelgesichts und zerstörte die erotischen Tagträume der beiden Jünglinge mit erhobener Stimme, damit es auch alle anderen mitbekamen:

»Hört mal zu, ihr beiden Flaschen – bevor ich einen von euch beiden ranlasse, musst du anstelle von Whiskey viel Milch trinken, damit du mal ein bisschen wächst, und du musst erst mal einen Drogeriemarkt überfallen und sämtliche Pickelwässerchen klauen. Habt ihr verstanden, ihr zwei Luschen? Und

jetzt geht nach Hause und onaniert auf Mamis Unterwäsche-
katalog!«

Das hatte gesessen. Die beiden Freaks verkrümelten sich
in eine ruhige Ecke, um ihre Wunden zu lecken, das leichte
Mädchen ging wieder in ihr Klassenzimmer, schüttelte ihr Köpf-
chen und murmelte vor sich hin: »Wenn die beiden die letzten
Männer auf der Welt wären und ich die letzte Frau, dann würde
die Menschheit aussterben ...«

Ich sah mich derweil weiter in der Fahrlehreranwärter-
Menge um. Etwas entfernt stand ein Koloss von circa 300 Pfund
Lebendgewicht und nahm sein Frühstück zu sich – drei Maxi-
burger vom benachbarten Schnellrestaurant. Daneben einer,
dessen Klamotten den Eindruck machten, dass man ihn frisch
aus dem Militärdienst entlassen hatte. Außerdem gab es einen
im Vergleich zu dem vorherigen Kurzen noch kleineren Kleinwüchsigen, bei dem ich mir die Frage stellte, ob er ohne eine
Sitzunterlage aus mindestens sechs Telefonbüchern überhaupt
über das Lenkrad schauen konnte, einen verkappten Punk, der
so viel Metall in Form von Piercings an seinem Körper trug, dass
jeder Metalldetektor am Flughafen Großalarm bei der Bundes-
polizei auslösen würde, und einen – nun ja, wie umschreibt
man das jetzt aus Respekt vor dem Alter möglichst höflich –
friedhofsblonden Best Ager, der permanent seine manikürten
Fingernägel betrachtete.

Herrje, und das sollten die Fahrlehrer von morgen sein? Einerseits wusste ich nun, dass ich die richtige Berufswahl getroffen
hatte, denn damit war sichergestellt, dass meine Kinder bei
keinem dieser Affen jemals eine Fahrstunde nehmen müssten,
deren Augenmerk wohl weniger der Ausbildung der Schülerschaft als den Dekolletés flanierender Schönheiten oder den An-
gebotstafeln von All-you-can-eat-Restaurants am Straßenrand
gelten würde. Andererseits bekam ich ein sehr beklemmendes

Gefühl, weil ich nicht wusste, ob ich mit einer dieser Pfeifen in den nächsten Monaten in ein und demselben Kurs zusammensitzen würde, was für meine Laune sicher nicht gut wäre.

Mit diesem Gefühl war ich nicht ganz alleine. Ein recht schneidiger Kerl kam auf mich zu und fragte verschüchtert: »Entschuldigung, hast du heute auch deinen ersten Tag hier?«

»Ja«, antwortete ich.

»Gott sei Dank, endlich ein Normalo! Ich dachte schon, ich wäre ganz alleine mit diesen Freaks. Ich bin der Oliver.«

Ich stellte mich ihm ebenfalls vor, und während wir rätselten, was uns in der nächsten Zeit so alles erwarten würde, gesellten sich nach und nach immer mehr Frischlinge zu uns, bis unser Lehrgang Punkt zehn Uhr komplett war. Und wie sich schnell herausstellen sollte, waren es im Vergleich zu den anderen Typen da draußen allesamt ganz normale Menschen, die man dem ersten Anschein nach wirklich auf Fahrschüler loslassen konnte.

Wir waren ein sehr kleiner Kurs, sieben Jungs und zwei Mädels, was uns bei den parallel laufenden anderen Kursen den Spitznamen »Die zwei Schneewittchen und die sieben Zwerge« einbrachte.

Wie sich im Verlauf der nächsten Monate herausstellen sollte, war die überschaubare Teilnehmerzahl ein wahrer Segen, denn so wurde uns das Glück zuteil, dass unsere Dozenten aus den verschiedenen Fachbereichen etwas intensiver als sonst üblich auf unsere teilweise sehr, sehr absurden Fragen und Unzulänglichkeiten eingehen konnten.

Aber zurück zu den Anfängen und der Beschnupperungsphase. Wir nahmen allesamt im Klassenzimmer Platz, wurden von dem Institutsleiter – der frappierende Ähnlichkeiten mit meinem Fahrlehrer aufwies – begrüßt und durften uns dann vorstellen und unsere Beweggründe für die Ausbildung zum Fahrlehrer nennen. Und so stellten sich nacheinander vor:

Simone, eine rassige Schönheit mit roten Haaren, der es irgendwann nicht mehr reichte, Drei- bis Sechsjährige in einem Kindergarten zu erziehen. Stattdessen wollte sie nunmehr ihre bei Ritten mit ihrer Rennsemmel erworbenen Erfahrungen an 16- und 17-Jährige weitergeben.

Hannah, frisch vom Gymnasium und von einer anschließenden zweijährigen Orientierungsphase, sprich Weltreise, kommend, die von Daddy gesponsert worden war. Jetzt begann ihr Eintritt in die harte Arbeits- beziehungsweise Ausbildungswelt, was leider mit sehr frühem Aufstehen verbunden war und ihr sichtlich missfiel. Das war für sie auch der Grund, Fahrlehrer zu werden – man könne sich seine Arbeitszeit ja so herrlich selbst einteilen.

Jan, der Beau der Runde, ehemaliger Fitnesstrainer, der sich nach Jahren in einem Fitnessstudio die Frage stellte, welcher Sinn in seiner Arbeit lag, und sich darauf keine Antwort geben konnte. Etwas Sinnvolles wähnte er in der Tätigkeit als Lehrer. Da die hierfür erforderlichen Voraussetzungen – Abitur und Studium – für seinen Geschmack zu viel Zeit in Anspruch nehmen würden, entschied er sich für die kürzeste Lehrerausbildung, also die zum Fahrlehrer.

Daniel, ein Kerl mit der Statur eines Football-Profis, bis gestern noch als Lkw-Fahrer im Dienste einer bekannten bayerischen Brauerei. Wollte, nachdem er tagtäglich mit einer Horde Vollidioten im Straßenverkehr konfrontiert war, das Problem an der Wurzel packen, damit sich keiner seiner Exkollegen mehr mit zugeparkten Einfahrten herumärgern musste.

René, bei seinem eigentlichen Wunsch-Arbeitgeber, der Polizei, abgelehnt, jetzt auf der Suche nach einem Posten, der ihm bei einer Körpergröße von 1,63 Meter ähnlich viel Autorität einbrachte (hatten sich eigentlich alle Kleinwüchsigen aus dem Zwergenland Ausgang verschafft, um Fahrlehrer zu werden?).

Oliver, der Kerl, dem ich eben als Erstes die Hand geschüttelt hatte und der jetzt angenehmerweise mein Banknachbar war. Wir teilten nicht nur die Schulbank, sondern auch denselben Anstoß für einen beruflichen Neuanfang – auch er wurde von seinem Motorradfahrlehrer als neue Arbeitskraft für dessen Fahrschule rekrutiert.

Stefan, Jahrgang 1950, nach der Wegrationalisierung seines Jobs bei einem Elektrokonzern auf der Suche nach einer krisenfesten Beschäftigung.

Michael, ein mathematisches und physikalisches Genie vor dem Herrn, das nach meiner Meinung bei der NASA viel besser aufgehoben wäre als bei uns im Kurs. Allerdings war sein Vater stolzer Inhaber von nicht weniger als vier Fahrschulen und bestand darauf, dass die Firma eines Tages in die Hände seines Sohnes übergehen sollte – also aus der Traum von einer wissenschaftlichen Karriere.

Und dann eben noch – ich. Und nachdem ich nichts mehr hasse als Wiederholungen, erspare ich mir und Ihnen die erneute Aufzählung der Beweggründe für meine Anwesenheit in diesem Kurs.

Nachdem wir jetzt voneinander alles inklusive der Schuhgröße wussten, wurde uns der Fahrplan für die nächsten fünf Monate vorgestellt. Und der hatte es in sich.

Ich musste ein wenig schlucken, als ich hörte, was in den nächsten Wochen und Monaten auf mich zukommen würde. 770 Stunden geballtes Wissen sollten auf mich prallen, unterteilt in die Bereiche Verkehrsverhalten, Pädagogik, Fahrzeugtechnik und Recht. Und das, was wir im Kurs lernten, hatte wirklich die Wucht eines ungebremsten Güterzuges. In den nächsten Monaten lernten wir in den Bereichen Verkehrsverhalten und Recht die gesamte Straßenverkehrsordnung, Straßenverkehrs-Zulassungsordnung, Fahrerlaubnis-Verordnung,

Fahrschüler-Ausbildungsordnung, das Fahrlehrergesetz, Ordnungswidrigkeitengesetz, Straßenverkehrsgesetz und Teile des Strafgesetzbuches auswendig und mutierten damit zu fast vollwertigen Verkehrsjuristen.

Zu halben Mechanikern wurden wir im Fach Verkehrstechnik ausgebildet; von den Unterschieden zwischen Trockensumpf- und Nasssumpfschmierung über die Achsschenkellenkung bis hin zum hydraulischen Bremskraftverstärker – es gab nahezu kein Rätsel der Technik, das für uns ungelöst blieb.

Warum Fahrlehrer gern auch Verkehrspädagogen genannt werden, bekamen wir ebenfalls in dem halben Jahr zu spüren. Nachdem wir in der ersten Pädagogikstunde erfuhren, dass die von älteren Fahrlehrern gern genutzte LdS(Lernen durch Schmerz)-Methode von den Schülern nicht mehr so gern akzeptiert wird, präsentierte man uns im Laufe der Zeit 25 andere Methoden, jeweils zehn Prinzipien für den theoretischen und praktischen Unterricht, erklärte uns die unterschiedlichen Lernzielbereiche, Lernzielarten und Unterrichtsstile, brachte uns Fachausdrücke wie Risikohomöostase, Chunks, internale und externale Kausalattribuierung, behavioristische Lerntheorie und deren Bedeutung bei.

Zwischendurch absolvierten wir noch unsere Fahrprobe. Damit man qualitativ hochwertig schulen kann, braucht man sinnigerweise selbst fahrerische Qualitäten. Und diese muss man zwei Prüfern beweisen. Bestanden haben wir sie dann alle. Manche mit einer guten Zensur, manche mit einer weniger guten. Zu Letzteren gehörte ich. Meine Prüfer waren nämlich der Meinung, dass ich ihnen die Fliehkräfte bei Kurvenfahrten etwas zu deutlich demonstriert hätte. (Ich zitiere mal einen der beiden Prüfer: »Oh Gott, wir werden alle sterben!«)

*

Am letzten Schultag wurden wir mit allen Ehren verabschiedet. Was mich jedoch stutzig machte, war ein Satz meines Lieblingsdozenten: »Hat mich echt gefreut, eure Bekanntschaft gemacht zu haben, vor allem weil ich die Hälfte von euch bei der nächsten Fortbildung nicht mehr sehen werde, da der eine oder andere schon entnervt aufgegeben haben wird. Denn das hier war die Theorie und jetzt kommt der harte Alltag!« Irgendwie war mir nicht ganz klar, was er damit meinte – so tragisch war das doch wirklich nicht, was sich damals bei Richard in den Fahrstunden abgespielt hatte …

Egal, erst wurde mal gemeinsam mit den Klassenkameraden gefeiert. Und unser in mühsamer Arbeit erworbenes Wissen wandten wir auf dem Nachhauseweg vom Abschlussessen gleich mal bei dem Fahrer des Großraumtaxis an, das wir uns brüderlich und schwesterlich teilten. Bis heute tut mir dieser arme Kerl leid, der es ertragen musste, eineinhalb Stunden von einer Horde frisch ausgebildeter und hoch motivierter Fahrlehrer wegen seiner Verhaltensweise im Straßenverkehr (»Haben Sie schon mal was vom Schulterblick beim Fahrstreifenwechsel gehört?!«) und der Einhaltung von Verkehrsregeln (»Hey! Da stand 30er-Zone, nicht 130er-Zone!«) getadelt zu werden. Als ich das Taxi als Letzter verließ, redete ich mir ein, dass die Tränen in seinen Augen von dem üppigen Trinkgeld herrührten und nicht von den Maßregelungen durch eine Schar von Fahrlehreranwärtern …

4. KAPITEL

DIE SCHARFRICHTER

SHOWDOWN!

Ein grauer Vormittag im Februar, vor dem großen Sitzungssaal der Regierung von Oberbayern, Prüfungsausschuss
für die Fahrlehrerprüfung. Noch fünf Minuten bis zu meiner
mündlichen Fachkundeprüfung – und ich bin blank. Und zwar
so was von blank, dass das schwarze Loch des Universums im
Vergleich dazu wie ein Fliegenschiss anmutet.

Ich hatte es mir in den letzten zwei Wochen wirklich gegeben. Nachdem ich zu meiner Überraschung die Nachricht bekommen hatte, dass ich den schriftlichen Teil der
Fachkundeprüfung erfolgreich abgelegt hatte, obwohl ich der
Meinung war, dass ich in den fünf Stunden eigentlich nur Stuss
geschrieben hatte, saß ich jeden Tag mindestens sieben Stunden
über meinen Lehrbüchern und Notizen und wiederholte wie
ein Geisteskranker Pädagogik, Fahrzeugtechnik und Straßen-
verkehrsgesetze. Unsere Wohnung glich einem Schlachtfeld. Auf
der Toilette hingen alle Verkehrszeichen mit den dazugehörigen
Nummern, im Schlafzimmer lag eine Ausgabe der Straßenverkehrsordnung immer griffbereit, in der Küche machten sich
die Lehr- und Lernmethoden an der Dunstabzugshaube breit

und der Fußboden im Wohnzimmer war von einem Teppich technischer Zeichnungen bedeckt. Meine Frau berichtete ihren Freundinnen später, dass sie in dieser Zeit extreme Mordgelüste entwickelt hatte, und meine Kinder nannten mich wenig schmeichelhaft einen Zombie.

Exakt 14 Stunden vor dem alles entscheidenden Termin kam der Blackout. Ohne große Vorwarnung schlug er zu, und zwar mit der Vehemenz einer Wasserstoffbombe. Hatte ich noch einige Stunden vorher auf dem Weg zum Mittagessen bei meinen Schwiegereltern im Auto gesessen und unter heftigem Protest meiner Frau (»Halt jetzt doch endlich mal die Klappe und fahr ganz normal Auto!«) Sätze wie »Vorfahrt gewähren! Zeichen 205«, »Halt! Vorfahrt gewähren! Zeichen 206« vor mich hin gemurmelt, so war dies plötzlich alles weg.

Hätte man mich jetzt gefragt, wie man sich an einem unbeschrankten Bahnübergang verhält, so wäre meine Antwort gewesen, dass man im Zweifelsfall immer Vollgas geben sollte, auch bei roten Ampeln und an Zebrastreifen, sorry, Fußgängerüberwege, gekennzeichnet durch Zeichen 293 und 350 der Straßenverkehrsordnung.

Mein Herz raste, mein Kopf schien zu implodieren und selbst der von meiner Frau verordnete Spaziergang half nicht viel. Krampfhaft versuchte ich, irgendeinen Wissensfetzen aus meinem Langzeitgedächtnis hervorzukramen, als ich fast von einem holländischen Lkw überfahren worden wäre, weil ich bei Rot über die Ampel ging ...

»Nummer zwei bitte in den Sitzungssaal!«, rief eine Stimme durch die von meinem Vorgänger halb geöffnete Tür. An seinem Gesichtsausdruck konnte ich erkennen, dass er vermutlich diesen Saal in drei Monaten noch mal betreten würde. Ich kannte ihn aus einem Parallelkurs im Institut. Vater und Großvater waren auch Fahrlehrer. Wenn der es also nicht geschafft hatte, was würden die da drinnen dann erst mit mir machen?

Ich nahm Haltung an nach dem Prinzip »Absolut sicheres Auftreten bei absoluter Ahnungslosigkeit« und trat in den Saal. Meine vier Scharfrichter warteten schon: ein Experte für Verkehrsverhalten, einer für Technik, einer für Pädagogik und schließlich der Vorsitzende, ein Jurist mit Befähigung zum Richteramt.

Eine halbe Stunde war angesetzt, nach zwanzig Minuten war ich wieder draußen – und musste nicht wiederkommen. Nachdem mich der erste Henker zu Beginn gefragt hatte, welches Verkehrszeichenmodell er in der Hand halte, und ich ihm in einem Atemzug hinknallte, dass es sich hier um das mit der Nummer 380 aus dem Paragrafen 42 Absatz sieben der Straßenverkehrsordnung handle, und ihm anschließend die Richtgeschwindigkeitsverordnung runterbetete, hatten die anderen Prüfer aus mir unerfindlichen Gründen nur noch wenig Lust, mich länger als nötig zu befragen. Mein Langzeitgedächtnis hatte ein Comeback gefeiert und ich besaß endlich meinen befristeten Fahrlehrerschein.

»Das war die Theorie, Herr Kollege, aber jetzt kommt die harte Praxis. Alles Gute für Ihre Lehrproben und viel Glück mit der Schülerschaft!«, rief mir der Vorsitzende hinterher, nachdem er mir den Wisch für die bestandenen Fachkundeprüfungen ausgehändigt hatte. Während ich freudetrunken aus dem Saal hinausspazierte, rätselte ich noch, warum der gesamte Prüfungsausschuss über den Abschiedssatz des Vorsitzenden so lachen musste …

Nachdem ich meine Frau (»Gratulation! Komm nach Hause und räum deine Zettelwirtschaft auf!«), einige meiner Klassenkameraden (»Bin durchgefallen! Die Ärsche vom Ausschuss haben mich voll gefoltert, kann den ganzen Dreck in drei

Monaten wieder machen!«) und meinen zukünftigen Chef (»Gratuliere dir! Jetzt ist aber Schluss mit dem theoretischen Singsang – in zwei Stunden trittst du deinen Dienst an!«) über meine bestandene Prüfung informiert hatte, fuhr ich zu dem für mich zuständigen Landratsamt und holte mir meinen befristeten Fahrlehrerschein ab.

Befristet deswegen, weil zu der fahrpraktischen Prüfung und den beiden Fachkundeprüfungen nach Erreichen der Mindestunterrichtsstunden noch die beiden Lehrproben anstanden. Hatte man 45 Minuten praktischen Unterricht und 45 Minuten theoretischen Unterricht zur Zufriedenheit zweier Prüfer absolviert, durfte man sich den unbefristeten Fahrlehrerschein abholen.

Bis dahin dauerte es aber erst mal noch eine Weile und so konnte ich mich genüsslich meiner Depression wegen dieses befristeten Fahrlehrerscheins hingeben. Wenn man bedenkt, wie viel Zeit, Eifer und Muße man investiert hatte, um dieses Dokument zu bekommen, so mutet der Lappen, den man dann in der Hand hält, wie blanker Hohn an. Jeder Büchereiausweis besitzt mehr Würde als dieses schwarz-weiß-graue Etwas mit der Stabilität eines Blattes Klopapier. Beim nächsten Kopierladen ließ ich ihn erst mal laminieren, denn ich hatte ernsthaft Angst, dass er sich bei der ersten Berührung mit Wasser auflösen würde. Und wie oft man als Fahrlehrer mit Wasser in Berührung kommt, weil man im Regen steht oder stehen gelassen wird, sollte ich noch lernen …

5. KAPITEL

DER WEIHNACHTSMANN UND DER OSTERHASE

ALLER ANFANG IST SCHWER

Nachdem ich zu Hause meinen Papierkram weggeräumt und ihn in einer Art Zeremonie feierlich in unserem Kachelofen verbrannt hatte, machte ich mich auf den Weg zur Fahrschule. Nach den ganzen Prüfungsstrapazen freute ich mich wie ein Kind darauf, endlich mein mühsam erworbenes Wissen in der Praxis anzuwenden.

Richard begrüßte mich zärtlich (»Jetzt wird der Finger aus dem Arsch genommen und mit Arbeiten angefangen, los geht's!«) und ich bekam meine Arbeitsutensilien ausgehändigt: einen Block Tagesnachweise, Büroschlüssel, Autoschlüssel und das dazugehörige Auto. Es handelte sich um ein gelbes Fahrzeug der Kompaktklasse aus bayerischer Produktion, mit schwarzem Panoramaglasdach und schwarzen Felgen. Sehr cool stand er da und ich nahm mir schon jetzt vor, die Fenster stets geschlossen zu halten, damit keiner der Passanten in Versuchung geriet, mir Briefe oder Pakete ins Auto zu werfen. Richard erklärte mir noch die wichtigsten Einrichtungen am Auto, inklusive der Doppelpedalerie (möge die Macht mit mir sein!), und stellte mich dann den künftigen Kollegen vor, die nach und nach eintrafen.

Berthold, der eben sechzig geworden war und neben seinem Bruder mein zweiter Chef in der Fahrschule sein würde, hatte seinen Bauch über die Jahre gut gepflegt, sodass dieser auffällig einer Bowlingkugel glich, was ebenfalls für seinen bereits spärlich behaarten Kopf galt. Je länger ich ihn betrachtete, desto ominöser kam es mir vor, wie er mit diesem Aussehen immer wieder Tête-à-Têtes mit Fahrschülerinnen beginnen und dadurch seine Beziehung zu Dagmar, der Bürodame, immer mal wieder ins Off bugsieren konnte.

Schmachtende Blicke von weiblichen Schülern hätte ich eher Frank, einem weiteren künftigen Kollegen, zugetraut, so wie der vor mir stand: braun gebrannt und allem Anschein nach Bodybuilder, in meiner Altersklasse, also Anfang dreißig. Er war sehr gut gelaunt und gut erholt, was daran lag, dass er nach einer dreiwöchigen Krankschreibung wegen »psychosomatischer Schmerzen« gleich noch mal vier Wochen Urlaub auf Ibiza verbracht hatte, wie Richard – nicht ohne den Groll des Arbeitgebers in seiner Stimme – zu berichten wusste.

Und zu guter Letzt Tarek, der Typ mit den Eheproblemen. Von dem frischen, vitalen Burschen auf dem Poster in der Fahrschule war wenig übrig geblieben. Abgemagert und mit Augenringen, die so tief waren wie der Grand Canyon, stand er vor mir und gab mir labbrig und zitternd seine Hand zur Begrüßung. Offenkundig zerrten die langen Diskussionen und Streitigkeiten mit seiner Noch-Ehefrau ordentlich an seinem Gemüt und sorgten wohl auch dafür, dass er nicht mehr viel Interesse an seiner Körperhygiene hatte – seinen Haaren und Fingernägeln war anzusehen, dass sie seit längerer Zeit keinen Kontakt mit Shampoo und Seife genossen hatten. Wie er noch Kraft, Geduld und Muße für diesen Job aufbringen konnte, war mir ein Rätsel.

Man gratulierte mir zu meinen bestandenen Prüfungen und wir schüttelten uns die Hände mit dem Wunsch auf gute Zusammenarbeit. Mein Chef Richard wollte keine wertvolle Zeit verstreichen lassen. Wir fuhren im Rahmen der Hospitation zu Tanja, meiner ersten Fahrschülerin. Bisher hatte sie vier Doppelstunden, also acht Fahrstunden, absolviert und war laut Richards Aussage »nicht untalentiert«. Tanja wartete bereits vor ihrer Haustür. Wir stiegen aus und Richard stellte mich ihr vor: »Tanja, das ist der Andi, unser neuer Fahrlehrer, und der bringt dir heute unter meiner Aufsicht das Einparken bei. Wir fahren dazu am besten in die Hörwarthstraße, da hat man genügend Platz und Ruhe zum Üben.«

Ich folgte seinem Hinweis und dirigierte Tanja in besagte Straße. Auf mein Geheiß blieben wir links neben einem schwarzen Pampersbomber stehen, um rechts hinter ihm einzuparken.

»Blinker setzen!«

»Wohin?«

»Jetzt überleg mal. Wo wollen wir denn einparken?«

»Na, rechts.«

»Also, Blinker wohin?«

»Rechts.«

»Wundervoll. Aber … erklär mir jetzt mal bitte, warum du dann nach links blinkst und lenkst? Wir wollen doch nach rechts! Und leg doch bitte erst mal den Rückwärtsgang ein. Wenn du im ersten Gang bleibst, gibt's gleich ein Unglück mit dem Radfahrer da vorne!«

Ungläubig blickte ich in meinen Innenspiegel und sah zu Richard, der sich das Grinsen nicht verkneifen konnte.

Als wir nach 39 fehlerhaften Versuchen, in die Lücke reinzukommen, endlich eine einigermaßen akzeptable Parkposition erreicht hatten, war unsere Fahrstunde beendet. Ich vereinbarte mit Tanja einen weiteren Termin, in der Hoffnung, dass sich dann ihre »nicht untalentierte« Seite zeigen würde.

Nach einer anschließenden Fahrstunde mit Florian, der kurz vor seiner Prüfung stand und dessen Fahrkünste mir zeigten, dass es für jeden Schüler wohl irgendwann Licht am Ende des Tunnels geben würde, flötete mir mein Chef zu: »Jetzt machst du fünf Minuten Pause und dann geht's auf zum Theorieunterricht.«

Es war kurz vor 19 Uhr, als ich den Schulungsraum betrat. Hier gab es zwanzig Sitzplätze an Tischen, die in U-Form angeordnet waren, und die waren auch schon komplett besetzt. Ich begab mich unter der skeptischen Beobachtung der anwesenden Schülerinnen und Schüler zu meinem Lehrertisch, der frontal vor dem U stand, und machte mich in den letzten fünf Minuten vor Unterrichtsbeginn noch mit dem PC-Programm vertraut, während mein Chef lässig auf dem Fenstersims am anderen Ende des Schulungsraums Platz nahm.

Auf dem Programm stand heute Lektion zwölf, »Lebenslanges Lernen«, ein Thema, bei dem man mit den Schülern gut Interaktion betreiben, Diskussionen führen und relativ viele Medien bedienen kann. Perfekter und lockerer Einstieg, um bei meinen künftigen Schülerinnen und Schülern mit coolen Sprüchen und Lebensweisheiten zu punkten, dachte ich mir.

Richard führte mich in die Runde ein: »Ich darf euch unseren neuen Fahrlehrer vorstellen, der seit heute unser Team verstärkt, weil Frank und Tarek in letzter Zeit aufgrund privater und, ähem, gesundheitlicher Probleme nicht anwesend sein konnten. Er hat heute seine Fahrlehrerprüfung mit Bravour bestanden, ihr dürft ihm also gratulieren!«

Ich erntete spärlichen Applaus und wollte diese gekünstelt anmutende und deswegen für mich peinliche Situation mit dem Unterrichtsbeginn beenden.

»Wie schon gesagt, ich bin hier der neue Lohnsklave und wir werden uns künftig häufiger sehen. Nachdem ihr mich nun kennt, würde ich euch auch gern kennenlernen. Am besten schreibt ihr eure Namen auf diese Kärtchen und stellt sie vor euch auf, damit ich weiß, mit wem ich es zu tun habe.«

»Ist ja wie in der ersten Klasse …«, flüsterte jemand aus der hinteren rechten Ecke.

Nach etwa drei Minuten, in denen man nebenbei auch noch die letzten Neuigkeiten austauschte, hatten es alle geschafft, ihre Namen auf die Kärtchen zu schreiben. Ich bat die beiden Witzbolde namens »Weihnachtsmann« und »Osterhase«, ihre Kärtchen zu korrigieren, und begann mit dem Unterricht, indem ich mit dem Beamer die Themenübersicht auf die Leinwand hinter mir warf.

»Also, wie ihr auf der Leinwand sehen könnt …«

»… geht es ums Blausein!«, quakte der Weihnachtsmann, mit echtem Namen Kevin, unter lautem Gelächter der anderen Schüler.

Ich drehte mich um und sah das blaue Testbild. »NO INPUT« prangte in der rechten oberen Ecke der Leinwand. Verdammte Technik! Richard erhob sich vom Fensterbrett und stellte den richtigen Kanal ein.

»Aller Anfang ist schwer, hä?!«, gab der Osterhase, in der Realität Markus genannt, seinen Senf dazu. Das Gelächter der Schülerschaft wurde lauter.

»Wie ihr jetzt endlich sehen könnt, ist unser heutiges Thema ›Lebenslanges Lernen‹«, versuchte ich, das Gelächter verstummen zu lassen. »Und wieso ist dieses Thema für uns so wichtig?« Es gab »NO INPUT«, also Schweigen im Walde.

»Könnt ihr denn schon richtig gut Auto fahren, wenn ihr eure Prüfung bestanden habt?«

»Wenn wir sie bei dir abgelegt haben, wahrscheinlich nicht«, ätzte Kevin.

Nun gab es kein Halten mehr. Die Mädchen kicherten, die Jungs hielten sich die Bäuche vor Lachen. Hilfesuchend sah ich zu meinem Chef. Richard räusperte sich, zog eine Augenbraue gefährlich nach oben und ermahnte die versammelte Mannschaft: »Jetzt macht es dem jungen Kollegen nicht so schwer, seid brav. Speziell ihr beiden, Markus und Kevin. Der Mann da vorn am Pult wird euer Fahrlehrer sein – und weil der Weg zum Führerschein schließlich über den Fahrlehrer führt, würde ich mich mit ihm gutstellen, verstanden?!«

Die Lautstärke sank um ein paar Dezibel, Markus und Kevin schluckten und ich fuhr fort: »Natürlich könnt ihr Auto fahren, wenn ihr den Führerschein habt, den bekommt man ja nicht geschenkt, aber …«

»… da hab ich in der Zeitung aber was anderes gelesen!«, rief Michelle dazwischen.

»Wie meinst du das?«, fragte ich irritiert zurück.

»Na, da haben doch so ein paar Promis einen Fahrlehrer und einen Prüfer geschmiert.«

»Tja, schwarze Schafe gibt es halt überall, aber so was passiert alle zehn Jahre einmal«, schaltete sich Richard vom Fenster her ein, um die Ehre aller Fahrlehrer und Prüfer zu verteidigen.

»Also, kurz gesagt, wenn ihr den Führerschein habt, dann …«

»Wie viele Stunden braucht man eigentlich so?«, fragte Stefan.

»So, wie du fährst, noch sehr viele. Was mir der Frank so über dich erzählt hat – oje!«, blaffte ihn Richard an. Diesmal wurde nicht ich, sondern Stefan ausgelacht. Irgendwie sympathisierte ich von da an mit ihm.

»Mein Bruder hat nur zehn Stunden gebraucht«, erklärte Bernd stolz.

»Das kann ja gar nicht sein«, entgegnete ich ihm, »es gibt ja schon alleine zwölf Sonderfahrten, die Pflicht sind.«

»Hat trotzdem nur zehn Stunden gebraucht«, grummelte Bernd zurück.

Ich wollte auf diesen Schwachsinn nicht weiter eingehen und endlich mit dem Unterrichtsstoff beginnen.

»Wenn ihr eure Prüfung bestanden habt ...«

»Wie sind die Prüfer eigentlich so? Voll streng, oder?«, quatschte Mehmet dazwischen.

»... dann habt ihr die Erlaubnis, ein Kraftfahrzeug im öffentlichen Straßenverkehr zu bewegen«, überging ich den Zwischenruf, »aber ihr müsst natürlich noch viel Erfahrung sammeln. Denn sonst geschieht es euch unter Umständen wie in diesem Beispiel ...«

Hastig klickte ich mit der Maus ein Videoclip an, in der Hoffnung, durch das Geflimmer endlich für Ruhe zu sorgen. Was bei Kindern funktioniert, muss doch auch bei Teenagern funktionieren ...

»Der Film soll den Schülerinnen und Schülern die potenziellen Folgen von riskanter Fahrweise und falscher Selbsteinschätzung vor Augen führen«, stand im Begleittext des Videos. Auf meinem Monitor sah ich, wie zwei Autos sich ein Viertel-Meile-Rennen lieferten, bei dem einer der jugendlichen Fahrer über seine wirklich schauderhaft getunte Karre, made in Ruhrpott, die Kontrolle verlor und gegen einen Baum prallte.

»Is ja krass!«, entfuhr es Mehmet. Hoffnung keimte in mir auf. Sollte ich es wirklich geschafft haben, die Schülerinnen und Schüler für das Thema zu interessieren und zu sensibilisieren? Sollte dieses Video die Tür zu einem respektablen und von Achtung geprägten Verhalten gegenüber mir als Fahrlehrer geöffnet haben, der sie in die Lage versetzen will, dass ihnen nicht auch so etwas passiert? Den gilt es schließlich zu achten und nicht auszulachen!

»Is ja voll krass«, steigerte sich Mehmet, »der Typ hat's ja gar nicht drauf.«

»Und die megapeinlichen Spoiler erst! Gut, dass die Karre im Arsch ist!«

»Guck mal die Felgen, voll assi!«

»Eigentlich geht es ja um die Folgen für den Fahrer, der wahrscheinlich schwer verletzt oder tot ist«, wollte ich die Diskussion in die richtige Bahn lenken.

»Wer so scheiße fährt, braucht auch gar nicht mehr zu leben.«

»Hast du eigentlich das von der Daniela gehört? Diese Schlampe ...«

»Schau dir mal die Fensterfolie an – lila Scheibe zu blauem Lack, geht ja gar nicht ...«

»IST HIER JETZT ENDLICH MAL RUHE!«

»Brüllen Sie niemals«, hatte uns der Dozent für Pädagogik im Fahrlehrerinstitut eingebläut, »sondern versuchen Sie, die Schüler davon zu überzeugen, dass sie sich selbst schaden, wenn sie dem Unterricht nicht folgen. Entweder bestehen sie ihre theoretische Prüfung nicht oder sie benötigen mehr Fahrstunden, weil der Fahrlehrer die Mängel aus der Theorie in der Praxis ausbügeln muss.«

Gern hätte ich ihn jetzt angerufen und gefragt, ob statt Brüllen denn zumindest Schießen erlaubt wäre – aber nachdem ich keine Schrotflinte zur Hand hatte, blieb mir nichts anderes außer Brüllen übrig.

Jetzt herrschte gespenstische Ruhe im Raum. Alle saßen mit offenen Mündern da, einschließlich meinem Boss. Die Erste, die etwas zu sagen hatte, während ich noch nach Luft japste, war Tanja – die mit den Einparkkünsten von vorhin. »Wer schreit, hat unrecht, sagt meine Mama immer zu meinem Papa«, kommentierte sie schnippisch meinen eruptionsartigen Schreianfall.

Ich wollte Tanja gerade sagen, wo sich ihre Mutter diesen Satz hinstecken könne, als sich Richard einschaltete: »Hört dem jungen Fahrlehrer doch mal zu! Der rackert sich hier ab, damit ihr was lernt, und ihr diskutiert über irgendwelche Schul-Schlampen oder Farbkombinationen. Es dauert doch nur noch eine Stunde und dann könnt ihr nach Hause gehen und euren Eltern auf die Nerven fallen.«

Nach dieser Ansage schaffte ich es in der verbleibenden Zeit mit Müh und Not, den Ausbildungsinhalt unter zäher Mitarbeit meiner Schülerinnen und Schüler zu vermitteln, bevor um halb neun Schluss war. Ich beendete den Unterricht und verabschiedete die Schülerschaft mit einem gequälten »Auf Wiedersehen!«.

»Apropos Wiedersehen – den Typen sehen wir nicht mehr so oft, den haben wir bald klein gekriegt«, flüsterte Kevin, der Weihnachtsmann, seinem Kumpel Markus, dem Osterhasen, zu. Ich überhörte die beiden geflissentlich und fuhr den Computer herunter. Mit einem Mal stand Richard mit einem empathischen Lächeln vor mir und sagte: »Komm, Junge, ich lad dich jetzt noch auf einen Kaffee ein.«

Ein Kasten Bier wäre mir jetzt, nach meiner Entjungferung als Fahrlehrer, ehrlich gesagt lieber gewesen, aber ein Kaffee tat es zur Not auch. Die zweiminütige Fahrt zum Lokal verbrachten Richard und ich schweigend. Er, weil er anscheinend nach den richtigen Worten suchte, um mich aufzubauen, und ich, weil ich die Laufschrift, die vor meinem geistigen Auge ablief, beobachtete. Immer wieder rasten die Worte an mir vorüber: Augen auf bei der Berufswahl – Augen auf bei der Berufswahl – Augen auf bei der Berufswahl – Augen auf bei der Berufswahl …

Im Lokal angekommen, orderten Richard und ich je einen doppelten Espresso. Richard trank seinen wieder mal mit Unmengen von Zucker, ich nahm meinen schwarz – zu einem bitteren Tagesende gehörte nun mal ein bitterer Kaffee.

Richard lehnte sich zurück und reflektierte die heutigen Geschehnisse:

»Tja, Bub, was soll ich sagen – willkommen in der Realität! Die Praxis ist schon was anderes als die graue Theorie, was?«

Die Worte kamen mir bekannt vor. Was hatte mir der Vorsitzende vom Prüfungsausschuss gleich hinterhergerufen?

6. KAPITEL

LERNEN DURCH SCHMERZ

In den darauffolgenden vier Theorieveranstaltungen zog ich es aufgrund meines Traumas, das ich von meinem ersten Arbeitstag davongetragen hatte, erst mal vor, Richard über die Schulter zu schauen, sprich, bei ihm zu hospitieren. Und ich kam zu folgender Schlussfolgerung: Mit Erhalt des Fahrlehrerscheins ist man zwar autorisiert, Schülern das Autofahren beizubringen, jedoch hat man damit noch lange keine Autorität bei ihnen. Umso mehr bewunderte ich Richard. Auch bei ihm kam es zu gelegentlichem Gemurmel und unqualifizierten Einwürfen, aber sobald Richard auch nur eine Augenbraue hochzog, herrschte Ruhe im Karton. Genau dahin wollte ich auch kommen und beschloss somit für meinen nächsten Theorieunterricht den massiven Einsatz nonverbaler Kommunikation, so wie es Richard eben tat.

»Bist du nervös?«, fragte mich Kevin, der Weihnachtsmann, der neben Markus, dem Osterhasen, einer der nervigsten Rabauken der Klasse war, nach etwa der Hälfte der dritten Lektion des Lehrplans, in der es um Verkehrszeichen ging.

»Nö, wieso?«, fragte ich demonstrativ gelassen zurück.

»Na, weil du die ganze Zeit so krass mit den Augenbrauen zuckst!«

Kevins Aussage lieferte den Beweis für folgende These: Wenn zwei das Gleiche tun, ist es noch lange nicht dasselbe. War das Heben einer Augenbraue bei Richard ein Erziehungsmittel, so wurde es bei mir als körperliches Gebrechen wahrgenommen.

»Nein, ich möchte euch damit nur signalisieren, dass hier etwas mehr Ruhe einkehren könnte«, erläuterte ich mein Verhalten und ergänzte, um an ihre Vernunft zu appellieren: »Herrschaften, wir beschäftigen uns heute nicht mit bunten Bildern aus einem Comic, sondern mit reellen Verkehrszeichen, die ihr da draußen auf der Straße braucht – also bitte etwas Ruhe!«

Zum Ende meines Appells musste ich erneut meine Stimme erheben, da ich sonst gegen den Klangteppich, der sich nach sechs Sekunden erneut aufgebaut hatte, nicht angekommen wäre, und zog gleichzeitig beide Augenbrauen hoch.

»Solltest mal zum Arzt gehen mit deinen Zuckungen, kann echt gefährlich sein so was«, riet mir Kevin.

Ich überhörte seinen Ratschlag geflissentlich und widmete mich den Verkehrszeichen für Geschwindigkeitsvorschriften: »Wer kann mir denn sagen, was dieses Verkehrszeichen bedeutet?«

»Spielstraße!«, schrie Sophie.

»Du meinst wohl ›verkehrsberuhigter Bereich‹, oder?«, korrigierte ich sie.

»Klugscheißer«, flüsterte sie in ihren Schal. Ich verzichtete darauf, den Unterschied zwischen einem verkehrsberuhigten Bereich und einer Spielstraße zu erläutern, obwohl es darüber viel zu sagen gegeben hätte – unter dem Aspekt der didaktischen Reduktion unterließ ich es, um die Schüler nicht zu langweilen.

»Und wie schnell dürfen wir in diesem verkehrsberuhigten Bereich fahren?«, unterbrach ich das Gequatsche der Schüler untereinander – dieses Mal ließ ich die Augenbraue allerdings unten.

»Schrittgeschwindigkeit!« Sophie wollte unbedingt einen Treffer landen.

»Korrekt«, gönnte ich ihr den Treffer, »und wie schnell, meint ihr, könnte das sein?« Ich erntete folgende Zurufe:

»20!«

»30!«

»20!«

»40!«

»Kann mir mal bitte irgendjemand der hier Anwesenden zeigen, wie er 40 Stundenkilometer schnell läuft?«, unterbrach ich die auktionsartigen Zurufe.

Nachdem ich diesmal das Gelächter auf meiner Habenseite verbuchen konnte, einigten wir uns auf die allseits anerkannten vier bis sieben Stundenkilometer.

Ich klickte das Verkehrszeichen »zulässige Höchstgeschwindigkeit 50« an und stellte die – zugegeben sehr banale – Frage, wie schnell man denn hier fahren dürfe. Mein rechter Zeigefinger befand sich in Erwartung einer schnellen Antwort weniger als einen Millimeter von der Maustaste entfernt, um das Schild für die geschlossene Ortschaft anzuklicken, als sich Kevin mit voller Inbrunst und einem lauten »60!« zu Wort meldete.

»Wieso 60, da steht doch 50«, antwortete ich entgeistert.

»Ach, es gibt doch immer zehn Prozent Toleranz«, brüstete sich Kevin mit seinem Halbwissen. Gerade als ich ihn darauf hinweisen wollte, dass wir in diesem Fall ja schon von 20 Prozent Toleranz seitens der Verkehrsüberwachung ausgehen müssten – und daraufhin von Sophie aller Wahrscheinlichkeit nach wieder als Klugscheißer tituliert werden würde – und es entgegen der öffentlichen Meinung keine Toleranz außer der drei Stundenkilometer Messtoleranz gäbe, ergänzte Kevin:

»Außerdem braucht man nur zu wissen, wann die Bullen Schichtwechsel haben, dann kann man ohnehin Stoff geben.«

So konnte es nicht weitergehen. Es war an der Zeit, mir und meinem Anliegen, die Einhaltung des Geschwindigkeitslimits, etwas Respekt zu verschaffen. Dies gelang mir bei fast allen Schülern anhand einer simplen Berechnung der Anhaltewege aus Tempo 50 und, wie es Kevin so schön formulierte, mit einer gewissen »Toleranz« aus Tempo 60. Das Ganze garnierte ich noch mit dem Zusatz, man möge sich bitte vorstellen, dass in 30 Metern Entfernung ein Kleinkind über die Straße laufen würde. Bei den meisten Schülern hatte ich danach den Eindruck, dass sie jetzt verstanden hatten, wofür einem Verkehrsteilnehmer Tempobeschränkungen auferlegt werden – weil sie nämlich, wie in dem Beispiel mit dem Kind, zwischen Leben und Tod entscheiden können.

Aber nicht so bei Kevin, der sich in seinen Behauptungen überhaupt nicht irritieren ließ und weiterhin steif und fest erklärte, dass seine Interpretation der zulässigen Höchstgeschwindigkeit die richtige Variante sei.

Seinen Worten aus dem Theorieunterricht ließ Kevin auch Taten in der praktischen Ausbildung folgen. Das zeigte mir, dass er seine Ansichten nicht unters Volk brachte, um den Mädels als cooler Outlaw zu imponieren, sondern weil er sie wirklich vertrat. Kevin war auch in der freien Wildbahn ein Patient, der in Sachen Geschwindigkeit erster Hilfe bedurfte, wie ich einige Tage später im Rahmen unserer ersten gemeinsamen Fahrstunde erfahren musste.

Das übliche Prozedere der Einweisung in die Bedienungseinrichtungen des Fahrzeugs und die ersten Lenk-, Schalt-, Anfahr- und Anhalteübungen konnten wir relativ schnell abhaken. Kevin befand sich in seinem zweiten Ausbildungsjahr zum Kraftfahrzeugmechatroniker, was das Erklären des Cockpits nahezu überflüssig machte. In seinem Ausbildungsbetrieb übernahm er bereits, wenn auch nicht ganz legal, das Rangieren und Einparken der Kundenfahrzeuge, was seinen vorzüglichen Umgang mit meinem Schulungsfahrzeug erklärte.

Somit konnten wir uns alsbald aus dem Schonraum in den öffentlichen Straßenverkehr begeben, womit die rasante Fahrt ihren Anfang nahm. Der Kerl scherte sich wirklich keinen Dreck um Tempolimits. Wo 30 erlaubt waren, fuhr er mindestens 34 und in der Spitze sogar 42 Stundenkilometer. Wo 50 erlaubt waren, hatten wir im Schnitt 55 Stundenkilometer drauf, der Top-Wert lag bei sagenhaften 64 Stundenkilometern. Nachdem ich seine kleineren Geschwindigkeitsüberschreitungen in den ersten Minuten nur verbal getadelt und größere mit einem gezielten Bremseingriff korrigiert hatte, denn ich hatte wirklich keine Lust, einen Strafzettel wegen zu schnellen Fahrens zu bekommen, musste ich feststellen, dass meine Belehrungen und Maßregelungen zur Einhaltung der zulässigen Höchstgeschwindigkeit überhaupt keinen Eindruck auf ihn machten. Mir blieb daher nichts anderes übrig, als das Prinzip »Lernen durch Schmerz« anzuwenden. Mit einer recht profanen List begann ich meine Geschwindigkeitserziehung:

»Das kann ja jeder!«

»Was?«, fragte Kevin.

»Zu schnell fahren! Kann wirklich jeder. Bring mir einen Schimpansen aus dem Zoo und ich bring ihm in zwei Fahrstunden das schnelle Fahren bei. Dynamisch fahren, sich auf unterschiedliche Situationen und Tempolimits einstellen, das ist die große Kunst. Verstehst du?!«

»Kann ich auch«, nölte Kevin.

»Kannst du nicht«, provozierte ich ihn.

»Doch, kann ich wohl!«, empörte er sich.

»Wollen wir wetten?«

Meine List war von Erfolg gekrönt, denn natürlich wollte unser präpotenter Kevin wetten, er wollte ja nicht auf einer Stufe mit einem Affen stehen, auch wenn er das in meinen Augen – zumindest im Theorieunterricht – bereits tat. Mein Wettvorschlag an Kevin war simpel: Für jeden Stundenkilometer, den er fortan zu schnell war, musste er eine Minute mit Schrittgeschwindigkeit in einem verkehrsberuhigten Bereich fahren. Und jede Minute, die er sich artig an die Geschwindigkeitsbeschränkungen hielt, durfte er später bei seinen Autobahnfahrten auf die 130 Stundenkilometer Richtgeschwindigkeit draufpacken.

Kevin willigte in die Wette ein. »Geil, dann kann ich ja eineinhalb Stunden mit 200 auf der Autobahn fahren«, triumphierte er schon mal präventiv.

»Oder eineinhalb Stunden nur mit vier bis sieben Stundenkilometern dahinkriechen«, entgegnete ich ihm.

»Keine Chance, Schrittgeschwindigkeit find ich schwul, ich geb mir jetzt voll Mühe, ich schwör's, Alter!«, erwiderte er. Aber trotzdem konnte ich schon ein, zwei Schweißperlen auf seiner Stirn erkennen, während ich mir über die Verbindung zwischen Sexualität und Geschwindigkeitsbeschränkungen Gedanken machte.

Der Wetteinsatz stand und es ging los. Ich will es kurz machen: Hätte ich Kevin wirklich jede Strafminute in einem verkehrsberuhigten Bereich Schrittgeschwindigkeit fahren lassen, so wären sämtliche in den Bundesländern Bayern, Baden-Württemberg und Hessen dafür vorgesehenen Bereiche nicht ausreichend gewesen, um diese Zeit als Strafe mit ihm abzufahren. Kevin hielt zwar Wort und gab sich redlich Mühe, zweistellige Geschwindigkeitsübertretungen kamen nicht mehr vor. Dafür hatten wir von eins bis neun Stundenkilometer zu schnell alles dabei.

Verzweifelt versuchte er, seinen Gasfuß zu sensibilisieren und ordentlich zu fahren, was ihm jedoch selten gelang.

Eine halbe Stunde lang war von Kevin nichts anderes zu hören als:

»Mist, 32!«

»54, verdammt!«

»31, nicht schon wieder!«

»Verflucht, 56!«

»34 – ich halt es nicht aus!«

Ich hatte mir eine Strichliste auf meinen Schoß gelegt, um die Verstöße zu dokumentieren. Irgendwann streikte jedoch der Kugelschreiber und gab seinen Geist auf. Nachdem wir bereits jenseits von Gut und Böse waren, beendete ich die Wette und dirigierte ihn in ein recht großes Wohngebiet, um seine Wettschuld einzulösen. Natürlich hatte ich dieses Quartier und den dazugehörigen riesigen und selbst unter wohlwollender Betrachtung überdimensionierten verkehrsberuhigten Bereich nicht zufällig gewählt; das hätte ja dem Prinzip Lernen durch Schmerz widersprochen. Ich wählte genau den Wohnblock, wo die Hälfte seiner Kumpels und auch seine Angebetete wohnten. Und diese befanden sich bei frühlingshaft milden Temperaturen natürlich allesamt auf ihren Balkonen und in ihren Gärten und sollten für Schmach und somit seelischen Schmerz sorgen.

Durch unsere geöffneten Seitenscheiben konnten wir die Schmähgesänge laut und deutlich hören, als wir mit Schrittgeschwindigkeit die Straße entlangzuckelten. »Hey, das ist doch der Kevin in dem Fahrschulauto da vorne!«, entdeckte ihn der erste Kumpel.

»Hey, Kevin, rechts ist das Gaspedal!«, rief der zweite Freund. »Nicht so schnell, Kevin, nicht, dass du dich überschlägst!«, ein Dritter.

»Oma, magst du vielleicht gegen Kevin ein Rennen mit deinem Rollator fahren? Gewinnst du hundertprozentig«, kicherte seine Freundin.

Nach drei Minuten lief Kevin – für den es gefühlte drei Stunden gewesen sein mussten – im Gesicht rot an und war kurz vorm Heulen. Der Plan mit dem Lernen durch in diesem Fall psychischen Schmerz funktionierte wie ein Uhrwerk.

»Können wir bitte, bitte hier weg? Ich fahr jetzt auch nicht mehr zu schnell, versprochen!«, flehte er mich an.

»Und im Theorieunterricht?«

»Halt ich mein blödes Maul, ich schwör's, Alter!«

»Wie heißt das?«

»Ich schwör, Herr Fahrlehrer, ich meinte Herr Fahrlehrer, ich wollte wirklich ›Herr Fahrlehrer‹ zu Ihnen sagen!«

»Na, dann will ich mal nicht so sein. Wir biegen rechts ab auf die Hauptstraße – und jetzt gib mal wieder Gas, mir schlafen ja schon die Füße ein.«

Natürlich durfte mich Kevin weiterhin duzen und musste mich nicht mit »Herr Fahrlehrer« ansprechen, aber dieses Erlebnis, diese dreiminütige Demütigung vor den Augen seiner Freundin und seiner Freunde, dieser Schock sollte seine Wirkung nicht verfehlen, wie ein Blick in die Zukunft beweist: Kevin überschritt fortan nie wieder die zulässige Höchstgeschwindigkeit, sondern blieb stets zwei bis drei Stundenkilometer darunter, was das Wichtigste war. Da er im Übrigen nicht dumm war und das Auto bekanntlich gut zu manövrieren wusste, waren die anfänglichen Tempoüberschreitungen das einzige Problem bei seiner Ausbildung.

Dies führte dazu, dass er einige Wochen später seine praktische Prüfung bestand und, soweit ich informiert bin, bis zum heutigen Tag keinen einzigen Strafzettel wegen zu schnellen Fahrens erhalten hat.

Von den weiteren Nebenwirkungen profitierte dann vor allem ich. Erstens war es nach dieser Schrittgeschwindigkeits-geschichte sehr still im Theorieunterricht, da der Rädelsführer Kevin Wort und die Klappe hielt, respektive nur noch mit quali-fizierten Beiträgen auffiel. Das Rudel folgte seinem Anführer und so gehörten für mich die Stunden im Unterrichtsraum fort-an zu den angenehmsten des Tages. Zweitens hatte sich durch diese Sieben-Stundenkilometer-Aktion herumgesprochen, dass es wohl besser sei, den Anweisungen des Fahrlehrers Folge zu leisten und sich mit ihm gutzustellen. Vor allem mit einem Fahr-lehrer wie mir, der wusste, wie man seine Schüler erzieht – oder, wie Kevin es damals so schön ausdrückte: »Gott vergibt, ein Fahrlehrer nie!«

Diese These vertrat Kevin deswegen, weil er kurz vor seiner praktischen Prüfung mitbekam, dass ich mit dem Prüfer geheimnisvoll tuschelte. Und als wir unmittelbar nach Beginn der Prüfungsfahrt für ein paar Minuten durch einen ihm gut be-kannten verkehrsberuhigten Bereich fuhren, hegte er die starke Vermutung, dass ich den Prüfer gebeten hätte, zum Abschied noch mal einen kleinen Schlenker in dieses Gebiet zu machen.

Bis heute verwahre ich mich mit allem Nachdruck gegen die Unterstellung, ich hätte aus Rachegelüsten die ersten Meter seiner Prüfung mit dem Prüfer abgesprochen. Dabei habe ich mit ihm wirklich nur über die Wetteraussichten für die nächsten Tage geredet, ich schwör's, Alter!

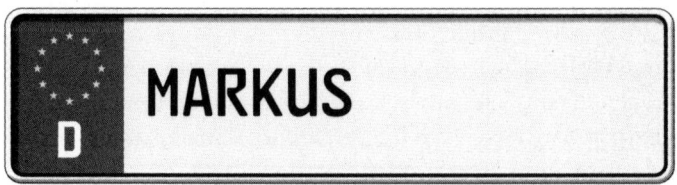

7. KAPITEL

WIE GEWONNEN, SO ZERRONNEN

Angelehnt an einen Science Fiction Klassiker aus den 80er-Jahren heißt es jetzt für Sie, liebe Leser: *Zurück in die Vergangenheit*! In die Zeit, als Kevin, der Weihnachtsmann, zwar bereits seine Läuterung durch mich erfahren, seinen Lappen aber noch nicht in der Tasche hatte und somit immer noch neben Markus, dem Osterhasen, im Theorieunterricht saß.

Den Kampf gegen Kevins Aufsässigkeit in puncto Geschwindigkeitsübertretungen hatte ich bereits für mich entschieden und mir sowohl bei Kevin als auch beim Rest der Schülerschaft, der von ihm über meine Erziehungsmethoden informiert worden war, im Theorieunterricht Respekt verschafft. Ich war also guter Hoffnung, dass der Weihnachtsmann auch dem Osterhasen mitgeteilt hatte, besser nicht gegen meine Anweisungen zu rebellieren, wenn er denn nicht zur Strafe Schrittgeschwindigkeit fahren wollte.

Es blieb jedoch bei der bloßen Hoffnung. Tempoverstöße waren zwar nicht Markus' Problem, dagegen aber die Akzeptanz von weißer Farbe auf der Straße, sprich Fahrbahnmarkierungen. Wie ein Rebell, der sich nicht einschränken will, weigerte sich

Markus beharrlich, räumliche Grenzen, die durch Fahrbahn-begrenzungen, Fahrstreifenbegrenzungen, Warte- und Halte-linien sowie Sperrflächen im Straßenverkehr vorgegeben sind, zu akzeptieren.

Das gelegentliche Berühren der Fahrbahn- und Fahrstreifen-begrenzungen und das minimale Überfahren der Haltelinie im Rahmen seiner ersten Fahrstunde tat ich noch mit einem »Aller Anfang ist schwer« ab und korrigierte seine schlampige Fahr-weise durch Lenkeingriffe. Als diese mangelhafte Fahrweise in der zweiten Fahrstunde aber noch immer andauerte, versuchte ich vorsichtig, den Grund für sein Verhalten zu erforschen:

»Hast du eigentlich schon deinen Sehtest gemacht?«

»Logo, der gesamte Antrag liegt schon beim Amt – Pass-bild, Bescheinigung über die Teilnahme am Erste-Hilfe-Kurs, Sehtest …«

»Und – Sehtest bestanden?«

»Klar!«

»Du siehst also diese weißen Markierungen, über die du die ganze Zeit fährst?«

»Natürlich!«

»Aha. Wollt ich nur wissen.«

»Wieso?«

Okay, den kleinen, zarten Hinweis hatte er also nicht kapiert. Neuer Versuch: »Deine Arme sind auch gesund? Keine Zerrung, kein Muskelkater, kein Bruch?«

»Alles bestens!«

»Schön. Wollt ich nur wissen.«

»Wieso?«

»Ach, nur so.«

Da ich psycho-motorische Defizite bei Markus nunmehr ebenfalls ausschließen konnte, wollte ich in Erfahrung bringen, ob es vielleicht einen kognitiven Mangel gab.

»Du weißt aber schon, dass man diese Markierungen nicht überfahren darf?«

»Ja.«

»Gut. Wollt ich nur wissen.«

Also auch keine Wissensmängel. Blieb eigentlich nur noch die mangelnde Akzeptanz dieser Regel, also der affektiv-emotionale Bereich in seinem Kopf.

Ich fragte mal nach – so ruhig und besonnen, wie es mir möglich war:

»WARUM ÜBERFÄHRST DU NASENBÄR DANN STÄNDIG SÄMTLICHE MARKIERUNGEN?!?!«

»Brüll doch nicht so! Was regst du dich denn so auf?«

»Weil du ständig die Markierungen überfährst!«

»Und? Ist doch nicht so schlimm.«

»Doch, ist es!«

»Ach, Quatsch. Mein Papa macht das ständig.«

»AAAH!«

Ich kam gar nicht dazu, auf diesen Unsinn großartig einzugehen, denn ich musste uns unter lautem Angstgeschrei mit einem fixen Griff zum Lenkrad vor der Kollision mit einem entgegenkommenden Vierzigtonner bewahren.

»Alles nicht so schlimm, hä?«, fragte ich Markus zynisch, nachdem ich uns wieder in die Spur gebracht hatte.

»Aber ich darf die Leitlinie doch überfahren«, protestierte er.

»Aber doch nur, wenn du überholen willst und dir niemand entgegenkommt! Mann, wir wären beinahe Fuchsfutter geworden!«

»Aber der Lkw-Fahrer konnte doch sehen, dass ich weiter links fahre. Hätte doch ausweichen können.«

»Sag mal, spinnst du? Wer bist du denn? Moses, der das Meer teilt? Nicht der Brummifahrer hat dir auszuweichen, sondern du hast gefälligst in deiner Spur zu bleiben!«

»Aber mein Papa hat gesagt, man soll immer Ideallinie fahren, weil es dann schneller geht …«, versuchte er seinen geistigen Dünnschiss zu verteidigen.

»Das kann dein Papa gerne auf einer Rennstrecke machen, aber nicht im öffentlichen Straßenverkehr. Außerdem ist nicht dein Vater dein Fahrlehrer, sondern ich.«

Wir brachten die restlichen Minuten der Fahrstunde hinter uns und ich lieferte Markus zu Hause ab. Sein Erzeuger stand gerade im Vorgarten und beseitigte die letzten Spuren von Herbst und Winter, um klar Schiff für den Frühling zu machen.

»Und, wie macht er sich?«, erkundigte er sich durch meine geöffnete Seitenscheibe.

»Na ja«, begann ich meine Ausführungen, während ich ausstieg, »es ist natürlich schwer für mich, gegen die Flausen anzukämpfen, die Sie Ihrem Sohn in den Kopf gesetzt haben.«

»Wie … was … wieso … welche Flausen?«, stammelte Markus' Vater.

»Seit zwei Doppelstunden weigert sich Ihr Sohnemann beharrlich, jegliche Art von Fahrbahnmarkierungen zu beachten, seien es Fahrbahnbegrenzungen oder Fahrstreifenbegrenzungen oder Leitlinien, weil Sie ihm angeblich gesagt haben, er möge immer Ideallinie fahren.«

»Meine Güte, bist du ein Depp«, wandte er sich augenrollend seinem Sohn zu, »ich hab dir gesagt, wenn du den Motorradschein machst, sollst du Ideallinie fahren! So ein Teil ist ja nur halb so breit, da kannst du das auch machen, stimmt's, Herr Fahrlehrer?«

»Stimmt. Mit einem Kraftrad geht das«, antwortete ich gewissenhaft.

»Eben. Aber doch nicht mit dem Auto! Da bringst du dich und andere ja in höchste Schwulitäten …«

»… wie zum Beispiel einen Trucker, nicht wahr, Markus?«, ergänzte ich seines Vaters Satz. Markus schaute bedröppelt zu

Boden und ging dann auf Geheiß seines Daddys ins Haus, um sich mit Wattestäbchen den Gehörgang zu reinigen.

»Entschuldigen Sie bitte die Unannehmlichkeiten, aber manchmal frage ich mich, warum der liebe Gott meinem Jungen zwei Ohren gegeben hat, wenn er sowieso immer nur mit einem zuhört«, erklärte er mir kleinlaut.

»Sie brauchen sich nicht bei mir zu entschuldigen, Sie können ja nichts dafür«, beschwichtigte ich ihn und machte mich auf den Weg zur nächsten Schülerin.

Zwei Tage später trafen sich Markus und ich zu unserer dritten Doppelstunde, allerdings unter anderen Voraussetzungen als bisher. Der Winter hatte nämlich noch mal ordentlich zurückgeschlagen und den Frühling wieder in seine Schranken verwiesen. Knappe zehn Zentimeter Neuschnee waren in den letzten Stunden gefallen, sehr zum Ärger von Markus' Vater, dessen Frühlingsvorbereitungen im Garten wieder zunichte gemacht wurden, aber sehr zur Freude von Markus selbst. Denn obwohl sich die Räumfahrzeuge der Gemeinde redlich Mühe gegeben hatten, die Straßen zu säubern, so waren die Fahrbahnmarkierungen – auch für mich – trotzdem nur spärlich auszumachen. Und wenn Markus sie wegen des weißen Schnees nicht erkannte, konnte – und durfte – er sie auch nicht beachten. (Es soll übrigens Menschen geben, die aus diesem und noch ein paar anderen Gründen ihren Führerschein extra im Winter machen.) Und so musste ich nach dem Prinzip »im Zweifel für den Angeklagten« grummelnd akzeptieren, dass Markus weiterhin unverdrossen seinen Stiefel fuhr, als hätte es den Einlauf von seinem Vater und mir niemals gegeben. Aber wie heißt es so schön: Wie gewonnen, so zerronnen …

Denn jetzt dirigierte ich Markus auf eine frisch geräumte Hauptstraße und ließ ihn nach links abbiegen. Hier konnte man trotz einiger Schneereste die Markierungen wesentlich besser erkennen und prompt verfiel Markus wieder in sein altes Muster, seine Fahrspur nach eigenem Gusto zu wählen – wofür er von mir sogleich einen Tadel erhielt.

»Markus, wenn eine Wartelinie zum Linksabbiegen vorhanden ist, dann musst du bei Gegenverkehr davor stehen bleiben und nicht dahinter!«, ermahnte ich ihn mit einem schwer genervten Unterton.

Um keine Ausrede verlegen, antwortete er: »Die hab ich aber jetzt echt schwer sehen können, bei dem ganzen Schnee auf der Fahrbahn!«

»Freundchen, jetzt pass mal auf: Erstens kann man dank des Winterdienstes die Markierungen wieder einigermaßen erkennen – wenn du das nicht kannst, dann muss ich dich wohl oder übel nochmals zum Augenarzt schicken. Zweitens biegen wir an dieser Stelle nicht zum ersten Mal ab und hatten denselben Fehler inklusive Belehrung schon das letzte Mal. Und drittens sind wir unweit von deinem Zuhause – und nachdem ich dir jetzt einfach mal einen IQ über Raumtemperatur unterstelle, gehe ich davon aus, dass du diese Stelle, wenn auch als Beifahrer, sehr wohl kennst!«

»Aber …«, wollte er sich herausreden, kam aber nicht mehr dazu …

RUMMS! Sein Rechtfertigungsversuch wurde jäh durch einen lauten Knall unterbrochen.

Ein Sportwagen war aus der Seitenstraße gekommen und hatte es beim Rechtsabbiegen aus der Straße, in die wir eigentlich gerade nach links einbiegen wollten, mit der Beschleunigung etwas übertrieben. Hätte er seinen Führerschein im Winter gemacht, dann hätte er gewusst, was bei unsachgemäßen Beschleunigungsvorgängen und entsprechend miesen Reibbeiwerten passieren kann. Denn was auf trockener Fahrbahn nur zu einem leichten Drift geführt hätte, wuchs sich bei der rutschigen Fahrbahn zu einer handfesten Pirouette aus, die erst durch das Fahrzeug gestoppt wurde, das sich hinter uns befand und vorschriftsgemäß an der Wartelinie und somit dort stand, wo wir eigentlich hätten stehen sollen.

Ich nutzte die Situation, um Markus das richtige Verhalten am Unfallort zu erklären. Ich ließ ihn den Schalter für die Warnblinkanlage betätigen und stellte mit ihm das Warndreieck in gebührendem Abstand zur Unfallstelle auf.

Nachdem wir uns um die glücklicherweise unverletzten Unfallbeteiligten gekümmert und der mittlerweile verständigten Polizei unsere Zeugenaussagen zu Protokoll gegeben hatten, setzten wir unsere Fahrt fort.

Unsere Gurtschlösser hatten geklickt, der Motor wurde angelassen und ich gab den stereotypen Satz »Spiegel schauen, Schulterblick, Blinker links!« von mir. Es tat sich erst mal nichts; Markus war damit beschäftigt, mich dümmlich triumphierend anzugrinsen.

»Was ist, wollen wir jetzt nicht mal losfahren?«, fragte ich ihn ungeduldig.

»Erst wenn du dich bei mir für meine Heldentat bedankt hast!«

»Was denn für eine Heldentat?«, fragte ich verdutzt zurück.

»Hey, Mann, ich hab voll den richtigen Riecher gehabt!«

»Wobei denn?«

»Na, dass ich hinter der Wartelinie stehen geblieben bin!«

»Du sprichst in Rätseln.«

»Ist doch glasklar: Wenn ich vor der Wartelinie stehen geblieben wäre, wie du es wolltest, dann wäre der Sportwagen in uns reingeschleudert und nicht ins andere Auto. Mann, ich hab deine Karre gerettet!«

Dem hatte ich wirklich wenig entgegenzusetzen. Denn in der Tat: Hätten wir an dieser Stelle an der Wartelinie gestanden, dann hätten wir die geschätzten 5.000 Euro Schaden an unserem Auto gehabt und nicht unser armer Hintermann.

Nichtsdestotrotz bedankte ich mich bei Markus natürlich nicht. Denn wir hatten diesen glücklichen Umstand nicht Markus' Riecher, sondern eher seiner Nichtbeachtung der Fahrbahnmarkierungen zu verdanken. Er sah das natürlich ganz anders und lobte sich selbst, nachdem er von mir kein Lob erhalten hatte.

*

Beim nächsten Theorieunterricht prahlte er mit seiner Heldentat vor versammelter Mannschaft: »Mein Fahrlehrer hat so ein Schwein, dass er in dieser Situation so einen Checker wie mich als Schüler hatte – sonst könnte er jetzt nur Gehstunden geben, weil seine Karre für die nächsten zwei Wochen in der Werkstatt stehen würde. Wer ist jetzt hier der Fahr-Checker, hä?«

So abschätzig, wie mich die Schülerinnen und Schüler jetzt ansahen, weil es Markus und nicht ich gewesen war, der das Fahrschulauto vor Blessuren gerettet hatte, könnte man über meine neu gewonnene Autorität als Fahrlehrer denken: Wie gewonnen, so zerronnen. Doch meine Autorität blieb gewahrt, da Markus eine Theoriestunde später zugab, dass die Unfallverhütung eher dem Glück als seinen hellseherischen Fähigkeiten zuzuschreiben war.

Warum er dies letztlich doch zugab? Ich glaube, diese Eingebung hatte er in einem Kreisverkehr, der nicht aus einer Mittelinsel, sondern ausschließlich aus Fahrbahn- und Fahrstreifenbegrenzungen bestand.

Durch den musste er nämlich jedes Mal eine weitere Runde drehen, wenn er diese Markierungen berührte – bei 41 Runden hörte ich dann zu zählen auf und Markus begann zu winseln, was er denn tun müsse, um aus diesem Kreisverkehr wieder hinausfahren zu dürfen …

Tja, wie gewonnen, so zerronnen – wer ist denn jetzt der Fahr-Checker, hä?

8. KAPITEL

UND JETZT SIND WIR DURCH DIE PRÜFUNG GEFALLEN!

Mit Sperenzchen à la Fahren mit Schrittgeschwindigkeit bis zum Erbrechen und Drehwurm im Kreisverkehr mit dem Ziel der Autoritätsherstellung war nun Schluss.

Das lag wohl auf der einen Seite daran, dass diese Horde Heranwachsender endlich begriffen hatte, dass ich mich von ihnen und ihrem Gehabe nicht unterkriegen lassen würde und mein Engagement in dieser Fahrschule trotz aller Störfeuer wohl etwas länger Bestand hatte als das eine oder andere Versprechen von Politikern. Außerdem hatten sie aufmerksam den Berichten von Kevin und Markus über meine Erziehungsmethoden gelauscht und somit eine Art ehrfurchtsvollen Respekt mir gegenüber entwickelt.

Auf der anderen Seite stand mittlerweile bei einem halben Dutzend meiner Schüler die praktische Prüfung an. Vielleicht hatten sie sich aus Panik davor den Satz von Richard eingebläut: »Der Weg zum Führerschein führt nur über den Fahrlehrer.« Anders war es kaum zu erklären, dass sich diese wilden Bestien, äh, Schüler, so lammfromm wie Anwärter für eine Ordensbruder- beziehungsweise -schwesternschaft verhielten. Geradezu andächtig setzte jeder von ihnen in der praktischen Ausbildung meine Anweisungen in die Tat um, im Theorieunterricht wurde mir jedes Wort von den Lippen abgelesen und zwei Schülerinnen kamen sogar noch einmal über ihr abzuleistendes Pensum hinaus in den Unterricht, weil sie »das letzte Mal nicht so aufgepasst haben«. Man höre und staune, wozu so eine bevorstehende Prüfung alles gut sein kann.

Ich gebe aber ehrlich zu: Die Nervosität, die sich wegen der näherrückenden praktischen Prüfung bei meinen Schülern langsam breitmachte, griff auch auf mich über. Schließlich waren es für mich die ersten Prüfungen als Fahrlehrer und somit ja auch eine erste Kontrolle meiner Schulungsqualität.

Ich wollte Richard, den Schülerinnen und Schülern, meiner Frau und meinen Freunden beweisen, was ich draufhatte, und gleich mit der ersten Prüfung ein Zeichen setzen. Wäre ja ein schlechter Einstand, wenn gleich die erste Prüfung in den Sand gesetzt würde.

Deswegen wollte ich auf Nummer sicher gehen und erkor Maximilian, kurz Max, zum ersten Prüfling meiner noch jungen Karriere als Fahrlehrer. Und das nicht ohne Grund. Erstens war Max einfach ein sehr sympathischer Bursche. Vielleicht ist das ja für einige ein niederer Beweggrund, aber ich wollte mich ein paar Jahre später immer noch mit einem guten Gefühl an meine erste Prüfung erinnern und keine Albträume davon bekommen. Man stelle sich nur vor, ich hätte Kevin oder Markus den Vortritt gelassen! Außerdem war Max nicht nur ein sympathischer, sondern auch ein recht cleverer Kerl, der mir bei der Fahrzeugbedienung und der Einhaltung der Verkehrsregeln wenig Kopfzerbrechen bereitete. Letzteres lag wohl auch daran, dass er bereits seit knapp eineinhalb Jahren mit seinem Moped am motorisierten Straßenverkehr teilnahm, was für mich ein weiterer Grund war, mit ihm als Erstem in die Prüfung zu ziehen. Er hatte schon einiges an Erfahrung im Straßenverkehr und auch bereits eine Prüfung hinter sich – was sollte da also noch schiefgehen?

Den Führerschein der Klasse M hatte Maximilian seinerzeit bei meinem Chef Richard erworben und sich deswegen auch an ihn gewandt, als es um den Führerschein der Klasse B fürs Auto ging, just zu der Zeit, als ich mein Praktikum bei Richard zu absolvieren hatte. Die erste Fahrstunde mit Max bestritt Richard noch selbst, während ich von der Rückbank aus hospitierte. Bei der zweiten Fahrstunde saß er als mein Ausbilder hinten und beobachtete mich bei meinem Treiben.

»Max, ist das in Ordnung für dich, wenn du die restliche Ausbildung und dann auch die Prüfung mit unserem Fahrlehrer-Anwärter bestreitest?«, fragte Richard, kurz bevor wir Maximilian bei der Konditorei absetzten, wo er eine Lehre zum Konditor absolvierte und die ihm zustehende Mittagspause für eine Fahrstunde geopfert hatte.

»Selbstverständlich«, antwortete er.

»Willst du den Max als Schüler übernehmen?«, richtete Richard die nächste Frage an mich. Man kam sich vor wie bei einer Eheschließung …

»Ja klar«, antwortete ich pflichtbewusst.

»Dann gib aber gut auf ihn acht, denn der Max neigt dazu, auch mal ein bisschen schlampig in der Ausführung zu werden.«

Max schaute etwas betreten, was auch kein Wunder war, wenn man dermaßen vor seinem neuen Fahrlehrer bloßgestellt wird. Um ihn nicht weiter zu brüskieren, hakte ich bei Richard erst nach, als wir unseren Schüler wieder seinen Torten überlassen hatten und uns auf den Rückweg zur Fahrschule machten:

»Was meintest du vorhin damit, als du Max eine gelegentlich schlampige Ausführung attestiert hast?«

»Na ja, eigentlich war es ja nicht so tragisch. Beim Fahren ist er halt immer schleichend schneller geworden: 30, 31, 32, 33, 34 Stundenkilometer, bis ich ihm per Funk Einhalt geboten habe. Bei Stoppschildern hat er auch gern mal so einen Rollstopp hingelegt, ist also nicht wirklich stehen geblieben, sondern immer noch ein bisschen weitergerollt. Per se kein Weltuntergang, solange man noch in der Ausbildung ist, aber …«, schüttelte Richard den Kopf.

»Aber was?«

»Ich weiß nicht, wie ich es sagen soll, aber … ich hatte manchmal das Gefühl, dass er eine Show abzieht. Stets penibel genau sein, aber sich in vermeintlich unbeachteten Momenten das Leben ein bisschen leichter machen, indem man fährt, wie man gerade Lust hat. Verstehst du?«

»No.« Ich hatte wirklich keinen blassen Schimmer, was Richard mir zu verklickern versuchte.

»Das kennst du doch: Wenn irgendwo eine Radarfalle aufgestellt ist, fahren die Leute ordentlich, um danach gleich wieder auf die Tube zu drücken. Oder wenn ein Streifenwagen hinter ihnen ist, dann benutzen sie immer schön den Blinker, um ihn gleich, wenn die Polizei weg ist, nur noch aus Versehen zu betätigen. Und das Gefühl hatte ich eben auch bei Max … als ob er glaubte, ich würde es nicht merken!«

»Hat er seine Mopedprüfung eigentlich auf Anhieb bestanden?«, fragte ich nach.

»Nein. Ist zielgerade in ein Verbot für Krafträder reingefahren … Das war zwar nicht so leicht zu erkennen, weil da ein Ast davorhing, aber es war auch nicht unmöglich. Und vor allem kannte er die Stelle schon, weil ich vorher ein paar Mal mit ihm da vorbeigefahren bin – du weißt schon, da vorn in der Nähe der Fahrschule.«

»Und warum fährt er dann trotzdem rein und versaut sich seine Prüfung?!« Ich war ein wenig erstaunt.

»Tja, wenn ich das wüsste …«, seufzte Richard. Und dann sah er zu mir rüber und sprach ganz ernst und beinahe geheimnisvoll:

»Merk dir eins: Du kennst deinen Schüler, aber nicht deinen Prüfling! Prüfungen haben ihre eigenen Gesetze …«

Ich tat so, als ließe ich diesen bedeutungsschwangeren Satz auf mich wirken, obwohl ich nicht genau wusste, was ich damit anfangen sollte. Ich beendete das mysteriöse Schweigen, indem ich das Thema auf mich und mein Anliegen lenkte:

»Was muss ich eigentlich alles beachten, wenn ich bald meinen ersten Schüler – also Max – zur Prüfung vorstelle? Muss ich da irgendwas vorbereiten?«

»Fahrschulschild vom Dach runternehmen, akustische Signaleinrichtung – also den Piepser – für die Doppelpedalerie einschalten und auf Funktion überprüfen«, betete Richard herunter. Und ergänzte: »Da das deine erste Prüfung ist, zeigst du dem Prüfer auch noch unaufgefordert deinen Fahrlehrerschein. Und sei nicht überrascht, wenn in der Prüfung ein lockeres Gespräch entsteht; das machen wir immer so, um eine angenehme Atmosphäre herzustellen. Und nach der Prüfung soll dir der Prüfer ein Feedback für dein Berichtsheft geben – das führst du doch ordentlich, oder?«

»Jaja«, beschwichtigte ich ihn. Wenn der wüsste, wie ich mir teilweise die Nächte um die Ohren schlagen musste wegen diesem Sch…

»Und wann greife ich im Falle eines Falles mit den Pedalen oder einem Griff ins Lenkrad ein?«, kam ich auf mein Thema zurück.

»So wie in der Ausbildung – wenn Gefahr für Leib, Leben und Eigentum besteht, okay?!« Mit genügend Informationen gefüttert, setzte ich Richard vor der Fahrschule ab. Bevor er zu Dagmar ging und sie in den Arm nahm, weil sie wieder mal wie ein Häufchen Elend vor der Fahrschule stand und ihre Tränen trocknete (Hatte ich schon erwähnt, dass es zwischenzeitlich Frühling war und die Röcke der Fahrschülerinnen zu Bertholds Freude und Dagmars Kummer wieder kürzer wurden?), steckte er noch mal kurz seinen Kopf in mein Auto und ordnete an:

»Und nimm dir den Max ordentlich zur Brust, verstanden?! Nicht, dass in einem unbeobachteten Moment wieder der Schlendrian einzieht!«

Zu Befehl! Aber eigentlich war es nicht nötig, mich noch einmal darauf hinzuweisen. Denn wie gesagt: Mit dieser ersten Prüfung wollte ich eine Duftmarke setzen ...

*

Entsprechend gründlich, ja geradezu verbissen ging ich vor, als nach einigen Wochen die Prüfung von Max bevor- und somit der Endspurt in der Ausbildung anstand. Ich prügelte den Knaben durch den Verkehr, als gäbe es kein Morgen:

Linksabbiegen, mehrspuriges Linksabbiegen, Linksabbiegen in Einbahnstraßen, Rechtsabbiegen, mehrspuriges Rechtsabbiegen, Rechtsabbiegen mit Grünpfeilschild, Kreisverkehre, Stoppschilder, rechts vor links, Vorfahrt gewähren, Fußgängerüberwege, Beschleunigen auf die Autobahn, Rechtsfahrgebot und Überholen auf der Autobahn, Verlassen der Autobahn, Verbotszeichen ... Jeder Masochist hätte mir am Ende der Fahrstunde wahrscheinlich einen Hunderter in die Hand gedrückt und gesagt:

»Danke, mein Herr und Gebieter!«

»Andi, jetzt biegen wir heute schon zum dritten Mal bei so einem Grünpfeilschild ab – du kannst damit aufhören, ich hab schon gecheckt, wie's läuft: erst ganz rechts einordnen, dann stehen bleiben wie bei einem Stoppschild, und wenn niemand kommt, zügig abbiegen«, stöhnte Max gelangweilt.

Gut, vielleicht war ich etwas zu panisch, was die Prüfung anging, und hatte ein wenig übertrieben. Denn Max machte seine Sache wirklich gut, aber für mich Perfektionisten einfach niemals gut genug. Dies ging so weit, dass ich ihn sogar anlog: Als er beim Einparken ganze sechs Zentimeter – ja, ich hatte tatsächlich ein Lineal dabei – Abstand zum Bordstein hatte, was eigentlich eine fabelhafte Distanz für einen Fahrschüler ist, gaukelte ich ihm vor, dass er in der Prüfung maximal fünf Zentimeter Abstand haben dürfe – was absoluter Quatsch ist, erlaubt sind nämlich 30 Zentimeter …

»Durchgefallen, jetzt wärst du durchgefallen!«, quittierte ich ihm hysterisch, nachdem er bei einem erneuten Parkversuch sieben Zentimeter benötigt hatte. Max rollte mit den Augen, wohl ahnend, dass ich mir vor der Prüfung mehr in die Hose machen würde als er …

Einen Tag vor seinem und meinem großen Tag hatten wir unsere letzte Fahrstunde. Ich fuhr mit ihm noch einmal ein paar spezielle Ecken im Umkreis der Fahrschule ab – unter lautem Protest von Max auch noch mal ein Grünpfeilschild –, um sicherzugehen, dass mir nicht dasselbe passieren würde wie damals Richard, als Max das Verbot für Krafträder, einen Steinwurf von der Fahrschule entfernt, übersah. Wir fuhren an besagter Stelle vorbei und Max gluckste vor lauter Lachen: »Oh Mann, da bin ich bei meiner ersten Mopedprüfung durchgefallen!«

Grundsätzlich schätze ich Leute, die über sich selbst lachen können, aber hier war ich doch etwas verwundert. Wie kann man über eine versemmelte Prüfung lachen? Ich versuchte, der Sache auf den Grund zu gehen, und wollte sowohl für mich als auch für Richard im Nachhinein Klarheit schaffen:

»Ich weiß es, Richard hat mir davon berichtet. Woran lag es? Schild nicht gesehen?«

»Nein, weil da so ein blöder Ast davorhing«, versuchte er sich zu rechtfertigen.

»Auch darüber hat mich Richard informiert, er sagte aber auch, dass man das Schild trotzdem noch einigermaßen sehen konnte und du die Stelle eigentlich kanntest. Warum wolltest du denn trotzdem da reinfahren? Du hättest doch wissen können, dass man das nicht darf«, tadelte ich ihn.

»Ich möchte nicht darüber sprechen«, antwortete er pikiert.

Sei's drum, dann würde das Rätsel eben weiterhin ungelöst bleiben. Bei dem Jungen jetzt bloß keine alten Wunden aufreißen und das Trauma kurz vor der Prüfung wieder ins Gedächtnis rufen!, dachte ich mir und hakte nicht weiter nach.

Am nächsten Tag war der große Moment gekommen. Max machte einen recht entspannten Eindruck, während ich mir überlegte, über welche Körperöffnung ich mich meiner Nervosität entledigen sollte.

Doch weder für Dünnschiss noch fürs Erbrechen blieb nunmehr Zeit: Der Prüfer trabte locker federnden Schrittes heran.

»Grüß Gott, mein Name ist Stark. Und mit wem habe ich die Ehre?«

Ich begrüßte Herrn Stark mit einem Handschlag, der seinen Namen nicht verdiente, da er eher einem nassen Waschlappen glich, und stellte Max und mich vor.

»Okay, Herr Gutmann«, wandte er sich an Max, »Sie können sich schon mal alles einstellen, während mir Ihr Fahrlehrer noch kurz seinen Fahrlehrerschein zeigt. Nicht, dass ich es hier mit Ihrem großen Bruder zu tun habe«, scherzte er, um meine offensichtliche Verkrampfung zu lösen. Max nahm Platz, stellte sich alles ein und Herr Stark und ich folgten ihm, nachdem er meinen Fahrlehrerschein in Augenschein genommen hatte.

»So, Herr Gutmann, ich hoffe, Sie machen das heute alles gut, Mann«, begann er lachend seinen Prolog. »Aber Spaß beiseite: Wie schon gesagt, mein Name ist Stark und ich bin heute Ihr Prüfer. Ein paar Worte zum Ablauf Ihrer Prüfung: Die Richtungsangaben bekommen Sie heute von mir und nicht von Ihrem Fahrlehrer, wie sonst üblich. Wenn ich nichts sage, fahren Sie bitte immer geradeaus, natürlich unter Beachtung der Verkehrszeichen ...«

»Was heißt das?«, unterbrach ihn Max.

»Na ja, wenn Sie in eine Situation kommen, wo Sie nicht geradeaus weiterfahren dürfen, dann entscheiden Sie selbst, wohin Sie fahren wollen, oder fragen Sie mich einfach.«

»Und bei welchen Verkehrszeichen darf ich nicht weiterfahren?«

Hervorragend! Mit seiner dummen Frage hatte mir Max gleich mal einen superben Einstand beim Prüfer geliefert, der nun daran zweifeln musste, dass ich Max auch etwas über Verbotszeichen beigebracht habe. Warum fragte Max nicht gleich danach, wie man überhaupt den Motor startet und ob man eigentlich auch bei Rot fahren dürfe? Mich über den Innenspiegel taxierend, antwortete Herr Stark: »Das müssen Sie schon selbst wissen, Sie haben ja wohl eine Fahrausbildung genossen, oder?!«

»Hm, schon«, antwortete Max, wohl ahnend, dass seine Frage kein gutes Licht auf ihn und vor allem auf mich warf. Um die Situation zumindest für mich zu retten und den bei Herrn Stark aufkommenden Zweifel über meine Ausbildungsqualität gleich wieder im Keim zu ersticken, herrschte ich Max an:

»Frag nicht so blöd, spätestens seit deinem ersten Versuch beim Mopedschein dürftest du wohl wissen, wo man reinfahren darf und wo nicht!«

Max schwieg, Herr Stark lächelte und fuhr fort: »Gut, weiter im Text, also geradeaus unter Beachtung der Verkehrszeichen. Wenn wir uns auf einer abknickenden Vorfahrtsstraße befinden ...«

»Das Schild mit dem fetten Strich, oder?«, unterbrach ihn Max.

»… dann folgen Sie der Vorfahrtsstraße …«, ließ sich Herr Stark gar nicht stören.

»Also dem fetten Strich?«

»Ja, Herrgott noch mal! Herr … Herr Fahrlehrer, kann ich Sie mal kurz draußen sprechen?« Wir stiegen aus und Herr Stark fragte mit einem leicht zynischen Unterton: »Die Ausbildung bei Herrn Gutmann ist schon abgeschlossen, oder?«

»Natürlich, sonst wären wir ja heute nicht hier«, antwortete ich selbstbewusst.

»Wollte mich nur noch mal vergewissern, denn wenn ein Schüler nicht mal weiß, was eine Vorfahrtsstraße ist, kommen mir da so ein paar Zweifel … Und nehmen Sie gefälligst das Fahrschulschild vom Dach ab! Nicht, dass Ihr Sprössling von den anderen Verkehrsteilnehmern aus Mitleid bevorzugt wird.«

Fantastischer Einstand in meine erste Prüfung! Ein Schüler, der mich wie einen Trottel aussehen lässt, und dann bin ich sogar tatsächlich einer, weil ich vor lauter Aufregung vergessen habe, das Schild runterzunehmen. Bombig, einfach bombig …

»Gut, Herr Gutmann, wenn dann alle Unklarheiten beseitigt sind, können Sie losfahren. Ich wünsche viel Erfolg! Der Herr Fahrlehrer darf noch für eine kleine Melodie sorgen … Herr Fahrlehrer, so sehr ich die Bee Gees auch schätze, Sie sollen nicht das Radio einschalten, sondern in meinem Beisein kontrollieren, ob der Piepser für Ihre Pedale aktiviert ist!!!«

Wo sind eigentlich die Taliban, wenn man sie mal braucht? Ich hatte jetzt gute Lust, erschossen zu werden. Meine Güte, vor lauter Nervosität hatte ich statt des akustischen Signals für meine Doppelpedalerie das Radio eingeschaltet, wie peinlich!

»Das kann ja was werden … Fahren Sie los, Herr Gutmann«, murmelte Herr Stark, nachdem ich den Piepser aktiviert und damit sichergestellt hatte, dass der Prüfer jeglichen Eingriff mittels der Pedalerie von meiner Seite aus laut und deutlich vernehmen würde.

Endlich fuhren wir los. Wie von Richard vorhergesagt, begann Herr Stark ein Gespräch mit mir über Gott und die Welt. Nichts Tiefgreifendes, es wurde über das schöne Wetter frohlockt, über das letzte Reiseziel ausführlich berichtet – klassischer Small Talk eben. Während Herr Stark und ich uns unterhielten, fuhr Max brav durch die Landschaft und hatte, zeitlich gesehen, schon fast zwei Drittel der 45-minütigen Tour hinter sich gebracht. Herr Stark ließ ihn rückwärts einparken, das Ergebnis rang ihm ein »Respekt! Das sind ja allerhöchstens zwei Zentimeter Abstand!« ab. Damit wäre die erste Grundfahrübung auch schon erledigt gewesen. Wir näherten uns langsam, aber sicher wieder heimatlichen Gefilden und kamen an eine uns vom Vortag bekannte, gerade auf Rot gewechselte Ampel.

»An der nächsten Ampel bitte rechts abbiegen«, befahl Herr Stark dem Prüfling.

Ah, jetzt will er von Max sehen, wie man sich beim Grünpfeilschild verhält, und ihn danach wahrscheinlich noch die Gefahrenbremsung machen lassen, dachte ich mir und lehnte mich entspannt zurück. Die Gefahrenbremsung hatten wir zigmal geübt und das Grünpfeilschild …

… anscheinend doch nicht oft genug geübt!

»PIIIIIIIEP«, ertönte das Signal zeitgleich mit meiner Vollbremsung.

»Und jetzt sind wir durch die Prüfung gefallen«, unterbrach Herr Stark den Bericht von seinem letzten Restaurantbesuch.

Max hatte versucht, mit etwas mehr als 30 Stundenkilometern rechts abzubiegen. Beim Abbiegen ist so eine Geschwindigkeit ja schon per se ein Wahnsinn und so wurde es auch bisher nie von uns praktiziert. Der noch viel größere Wahnsinn war aber, dass

Max dies bei einer roten Ampel mit Grünpfeilschild versuchte, was doch voraussetzt, dass man vorher an der Haltelinie stehen bleibt, wie wir es bis zum Erbrechen geübt hatten.

Die Prüfung war durch meinen Eingriff beendet, Herr Stark füllte das Prüfprotokoll aus, während Max und ich schweigend die paar Meter zur Fahrschule zurückfuhren.

»Tja, Herr Gutmann, das war nicht gut, Mann«, beschied Herr Stark Max, »die Gefahrenbremsung, die ich Sie eigentlich noch durchführen lassen wollte, hat jetzt leider Ihr Fahrlehrer übernehmen müssen. Sie wissen aber schon, dass man bei einem Grünpfeilschild vor dem Abbiegen an der Haltelinie stehen bleiben muss?«

»Ja«, antwortete Max ziemlich resigniert.

»Und warum ... Ach, ist ja auch egal, hier ist Ihr Prüfprotokoll, mehr Glück beim nächsten Mal«, verabschiedete sich Herr Stark von Max und stieg aus.

Max und ich taten es ihm gleich und standen dann draußen am Auto. Während ich mir gerade überlegte, wie ich Max am besten hinrichten sollte und wo ich seine Leiche verscharren könnte, machte Herr Stark auf dem Absatz kehrt und kam auf mich zu.

»Haben Sie noch einen Moment Zeit für ein Vier-Augen-Gespräch?«

Vielleicht wollte er ja noch mal ein Wortspiel mit dem Namen Gutmann machen – dann würde ich ihm wohl oder übel sagen müssen, dass ein dummer Witz nicht besser wird, wenn man ihn wiederholt. Wir gingen ein paar Schritte zur Seite, außerhalb von Max' Hörweite.

»Ich gebe Ihnen jetzt mal ein kurzes Feedback für Ihr Berichtsheft: Der Bursche ist wirklich exzellent gefahren, gute Arbeit. Aber – haben Sie ihm das mit dem Grünpfeilschild auch wirklich ausreichend genug beigebracht?«, fragte er.

»Sie werden lachen«, antwortete ich ihm, »der Herr Gutmann hätte fast gekotzt, so oft haben wir das gemacht – sogar an der Stelle, wo er es gerade versaut hat!«

Herr Stark lächelte, legte seine Hand auf meine Schulter und sprach:

»Hören Sie mal: Ich kann Sie trotz des holprigen Starts echt gut leiden. Deswegen gebe ich Ihnen jetzt mal eine Weisheit mit auf den Weg, die Sie sich hinter die Ohren und in Ihr Berichtsheft schreiben können: Man kennt seinen Schüler, aber nicht seinen Prüfling!«

Ich nickte ihm dankbar zu, obwohl ich den Spruch ja auch schon von Richard vernommen hatte – doch jetzt erst verstand ich ihn in seiner ganzen Bedeutung.

Nun wollte ich meinen Prüfling aber kennenlernen – und vor allem würde er mich jetzt kennenlernen!

»Sag mal, was war das denn für eine Nummer?«, fuhr ich Max an – nur verbal, obwohl es mir mehr danach war, ihn mit dem Auto anzufahren.

»Brauchst nichts zu sagen, ich weiß selbst, dass das suboptimal war«, schämte er sich.

»Das ist ja wohl die Untertreibung des Jahres, du Pfeife! Mann, wir üben das bis zum Erbrechen, und dann baust du so 'ne Scheiße! Und sogar noch an einer Stelle, an der wir es vor nicht mal 24 Stunden geübt haben!«

»Ich weiß, hab mich halt getäuscht …«

»Wie – getäuscht?«

»In dir und dem Prüfer«, seufzte er.

»Ich versteh nur Bahnhof …«, hoffte ich auf eine Erklärung.

»Mann, ich hab gedacht, ihr checkt es nicht«, platzte er mit entwaffnender Ehrlichkeit heraus. »Ihr wart beide so in euer Gespräch vertieft, dass ich gedacht habe, ihr bekommt das gar nicht mit.«

An dieser Stelle ist es wohl angebracht, einen meiner Wesenszüge hervorzuheben: Schlagfertigkeit. Aber nach dieser Aussage versagte sie völlig. Ich war fassungslos: Hatte er wirklich allen Ernstes gedacht, wir bekommen das nicht mit?

ER HATTE ALLEN ERNSTES GEDACHT, WIR CHECKEN DAS NICHT???

Die Bilder, die jetzt durch meinen Kopf schossen, will ich Ihnen, werte Leser, nicht schildern – zu viel Blut ...

Ich schloss meinen Mund erst wieder, als sich eine Mücke in meinen Rachen verirrt hatte. Als ich diese mit einer gehörigen Portion Speichel unsanft ans Tageslicht befördert hatte, stotterte ich:

»Wie ... wir checken nicht ... Gespräch ...?«

»Na ja, die Fahrschule war ja nicht mehr weit weg und ich hab gedacht, vielleicht merkt es ja keiner mehr und ich bin früher fertig.«

»Das ist dir ja fraglos geglückt!« Ich fand wieder Worte, obwohl man eigentlich keine mehr haben konnte. Ich mutierte nun zu einem Verhörspezialisten: »Kann es sein, dass du dieselbe Denkweise auch schon bei deiner Mopedprüfung an den Tag gelegt hast?«

»Da war doch der Ast ... und damals hab ich gedacht, wenn ich es kaum sehen kann, dann kann es der Prüfer vielleicht auch nicht sehen ...«

»Du hältst uns Fahrlehrer und die Prüfer also quasi für blind und blöd?«

»Nein, verstehen Sie mich nicht falsch ... aber ein Fehler ist es doch nur, wenn man dabei erwischt wird, oder?«

Ich würdigte diese Anschauung keines Kommentars. Kopfschüttelnd stieg ich ins Auto und brauste davon.

*

Max und ich fuhren noch zweimal gemeinsam. Gemeinsam schweigend in einer Fahrstunde und gemeinsam bei der zweiten Prüfung, bei der nur er schwieg.

»Denk daran, wir haben ein Auge auf dich« und »Gratulation« nach 45 Minuten Prüfungsfahrt waren die einzigen Worte, die ich ihm noch zukommen ließ – so sauer war ich auf ihn aufgrund des Erlebnisses in der ersten Prüfung und der anschließenden Begründung seines Tuns.

Es waren einige Wochen ins Land gegangen, als ich mich eine halbe Stunde vor Beginn des Theorieunterrichts in der Fahrschule einfand.

»Kollege, bist du das?«, schallte es aus dem Büro.

»Ja, in meiner ganzen Pracht!«, rief ich zurück.

»Komm rein, Torte essen!«, befahlen mir Richard und Berthold.

Ich ging hinein und erblickte eine riesige Prinzregenten-Torte.

»Hat etwa jemand Geburtstag?«

»Nö! Ist von deinem und meinem ehemaligen Schüler Max Gutmann. Probier mal, ist echt gut, Mann!«, sprach Richard, während sein Bruder vor Lachen über das – mittlerweile echt ausgelutschte – Wortspiel einen ganzen Batzen Kuchen aushustete. Auf der Torte waren zwei Verkehrsschilder aus Marzipan angebracht: ein Verbotsschild und ein Grünpfeilschild.

Richard gab mir die dazugehörige Karte zum Lesen. Sie stammte vom Schöpfer der Torte, unserem Max.

Lieber Richard, lieber Andi, vielen Dank für die tolle Ausbildung und Entschuldigung für den jeweiligen Lapsus in meinen Prüfungen! Ich hoffe, Ihr versteht den Joke mit den Schildern auf der Torte ;), stand dort zu lesen.

Ich ließ mir die Torte schmecken und setzte danach ein Antwortschreiben auf:

Lieber Max, herzlichen Dank für die wohlschmeckende Torte! Den Witz mit den Schildern haben wir nicht verstanden, denn du weißt ja: Fahrlehrer und Prüfer sind doch blind und blöd und bekommen nicht alles mit ;)

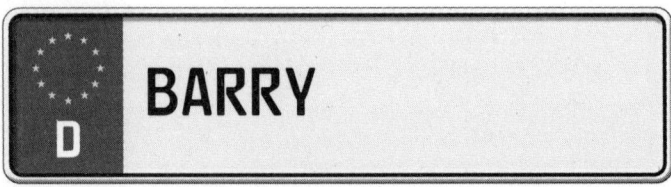

9. KAPITEL

KING OF THE AUTOBAHN

Zwanzig Minuten Mittagspause. Ab ins Büro, schnell einen Espresso kippen und ein Hörnchen vertilgen!

»Servus, Richard, alles cool in Kabul?«, begrüßte ich den Boss.

»Ruhe! I am on the telephone«, zischte mich Richard an, »sorry, not you, I mean the teacher.«

»Wo ist denn der Zucker schon wieder hin? Die Dagmar verräumt aber auch alles!«

»No sugar here, go to the Scheiß-shop!«, brüllte Richard in meine Richtung. »Not you, not you, I mean the teacher ... Hey, Andi, kannst du eigentlich Englisch?«

»Of course, Sir!«, antwortete ich im Stile eines englischen Bobbys.

»Yes, we have there one at us that is speaking English«, jubelte Richard in den Hörer.

»Hier muss doch irgendwo noch ein Krümelchen Zucker sein ...«, fluchte ich vor mich hin. Nur noch 18 Minuten Pause ...

»Yes, you come here and we make a ...Vertrag, Vertrag, hey, was heißt Vertrag auf Englisch?«

»Contract. Das gibt es doch nicht, dass hier innerhalb von einer Woche ein Pfund Zucker verschwindet, verdammt noch mal!«

»… we make contract here and then you drive with the teacher some rounds!«

»Ich dreh ab, wenn ich keinen Zucker für meinen Espresso kriege!«

»… okay, we see tomorrow. Goodbye, Sir!« Richard legte auf und drehte sich zu mir um: »So, Junge, du wirst jetzt von mir befördert. Ab heute bist du unser Englisch-Fahrlehrer, understand? Der Typ heißt Barry Wilson, ist grad frisch aus den Staaten eingetroffen und will seinen Lappen umschreiben lassen. Muss 'ne Prüfung in Theorie und Praxis machen, das war's. Kümmer dich gut um ihn, seine beiden Töchter wollen auch irgendwann den Schein machen, also streng dich an und vermassel das nicht! Nicht, dass die beiden später zur Konkurrenz gehen!«

»Okay, Boss! Gibt's wirklich keinen sugar mehr?«

»Nein.«

»Well, dann pull ich mal Leine, gell? Und Richard: Do a smile in your Gesicht«, verarschte ich ihn und seine Englischkenntnisse.

»Out or you get a kick in the Arsch!«, kommandierte er mich nach draußen.

Some days later … sorry, einige Tage später lernte ich Officer Barry Wilson kennen. Er war Mitte vierzig, ein drahtiger, sportlicher Kerl, dem ich meines Wissens schon mal beim Joggen begegnet war, ihn allerdings nur flüchtig zu Gesicht bekommen hatte, da er ein Höllentempo vorlegte, mit dem ich im wahrsten Sinne des Wortes nicht Schritt halten konnte. Er war von jener amerikanischen Herzlichkeit, wie ich sie schon bei meinen mannigfachen Trips in God's own country erlebt hatte. Und nachdem ich erfahren hatte, dass er ein ehemaliger Cop aus meiner so oft besuchten Herzensstadt New York war, gab es kein Halten mehr.

Er erfuhr von meiner Liebe zu NYC, ich erzählte ihm, wie oft ich diese Stadt schon besucht hatte und wann es das nächste Mal wieder dort hingehen würde. Im Gegenzug erfuhr ich die Gründe, warum er seine amerikanische in eine deutsche Fahrerlaubnis umschreiben lassen wollte beziehungsweise musste:

Vor etwa 15 Jahren kontrollierte er eine junge Frau auf der Interstate 78, die mit wesentlich höherer Geschwindigkeit als erlaubt unterwegs war.

Auf die Vorhaltungen von Officer Barry Wilson reagierte das »German Fräulein« namens Karin mit der Ausrede, sie komme schließlich aus Deutschland und von den dortigen Autobahnen her sei sie es einfach gewohnt, wesentlich schneller zu fahren als die 55 bis 80 Miles per hour, also circa 89 bis 129 Stundenkilometer, die hier in den Staaten erlaubt sind. Barry, der beinharte Cop, ließ sich jedoch nicht erweichen und stellte Karin ein gesalzenes Ticket aus – das er allerdings wegen ihres bezaubernden Lächelns mit seiner Telefonnummer versah. Sie könnten ja vielleicht mal privat über die deutschen Autobahnen sprechen, schlug er ihr vor.

Karin schmollte zunächst ein paar Tage wegen dem Strafzettel, erinnerte sich dann aber doch an die athletische Figur und das markante Gesicht dieses Cops und rief ihn an. Sie speisten zusammen in dem Hotel, wo Karin als Managerin arbeitete, und … Lange Rede, kurzer Sinn: Ein Jahr später wurde in Las Vegas geheiratet, wieder ein Jahr später kam Britney zur Welt und noch mal zwei Jahre später vervollständigte Kimberley die Familie.

Vor einem halben Jahr erhielt Karin einen Anruf aus der Firmenzentrale ihrer Hotelkette. Man plane, demnächst in Deutschland eine Dependance zu eröffnen. Ob sie nicht daran interessiert sei, diese aufgrund ihrer Herkunft zu leiten. Der

Familienrat der Wilsons tagte und man kam zu dem Entschluss, dass man wegen der sprachlichen Barrieren – Barry, Kimberley und Britney sprachen trotz einer deutschen Ehefrau respektive Mutter kein einziges Wort Deutsch – und auch der Verwurzelung in den USA von dem Angebot doch lieber absehen würde.

Die Konzernzentrale übermittelte ihnen daraufhin ein Gehaltsangebot – eine Zahl, bei der die ganze Familie große Augen machte und die sie ihre Meinung noch einmal überdenken ließ.

Die Koffer wurden gepackt, Barry kündigte seinen Job bei der New Yorker Polizei, Karin verkaufte das Haus und wenige Wochen später trat sie ihren Job als General Manager im Hotel in Deutschland an.

Barrys Job sollte es von da an sein, die Kinder tagtäglich in die weit entfernte International School zu transportieren und auch wieder abzuholen. Weil dies nur einige Monate lang mit seinem amerikanischen Führerschein erlaubt war, musste er wohl oder übel in seinem Alter noch einmal die Fahrschule besuchen.

Und so begann die Geschichte von Barry und mir, die ich zum besseren Verständnis nicht in dem von uns beiden gesprochenen Englisch, sondern auf Deutsch erzählen werde.

Und diese Geschichte hätte alle Voraussetzungen dafür gehabt, eine kurze, eine sehr, sehr kurze zu werden. Oder erwarten Sie ernsthaft etwas anderes als überdurchschnittliche Fahrkünste von einem Mann, der bereits im zarten Alter von 16 Jahren durch die Bronx cruiste, später auf Verfolgungsjagd im Streifenwagen durch die Straßen von Queens heizte und Verkehrsverstöße in Manhattan ahndete? Nein, dieser Kerl hätte mich nahezu arbeitslos gemacht, wenn da nicht zwei kleine Schatten das Bild getrübt und mir etwas Arbeit verschafft hätten …

Die erste Baustelle war unsere Autobahn. Man kennt das ja: Wenn man sich irgendwo im Ausland als Deutscher zu erkennen gibt, erntet man meistens drei Schlagwörter, die sofort mit Deutschland assoziiert werden: Bier, Wurst, Autobahn. Und was verbindet man mit Letzterem gemeinhin? Richtig – Vollgas, Vollgas und nochmals Vollgas! Dass das bundesdeutsche Autobahnnetz inzwischen mit Tempolimits übersät ist, wissen die wenigsten. Dass 130 Stundenkilometer als Richtgeschwindigkeit empfohlen werden, wissen auch kaum Einheimische. Dazu gesellen sich dann auch noch so ulkige Vorschriften wie das Rechtsfahrgebot, das Verbot des Rechtsüberholens, Abstandsregeln und die Besonderheiten beim Beschleunigen auf die Autobahn und beim Verlassen der Autobahn. Und so geschieht es, dass sich Autobahntouristen nicht selten die Augen reiben ob der Dinge, die man können und beachten muss. Auch mein lieber Barry gehörte zu denen, die sich das Ganze viel einfacher vorgestellt hatten.

»Wir biegen nach rechts in Richtung Autobahn ab«, gab ich Barry die Richtung vor. Wir zuckelten gemütlich mit 50 Stundenkilometern im vierten Gang dahin und Barry machte keinerlei Anstalten, ein oder zwei Gänge nach unten zu schalten, geschweige denn, Gas zu geben.

»Noch mal: auf die AUTOBAHN!«, wiederholte ich meine Angabe, diesmal allerdings wesentlich lauter und mit einem Fuß auf dem Gaspedal.

»Was war denn verkehrt? Ich wäre doch auch so auf die Autobahn gekommen, oder?«, fragte Barry etwas naiv zurück.

»Ja, in den Staaten vielleicht, wo alle gemütlich auf dem Highway spazieren fahren – aber hier kommen die Autos von hinten mit 200, 250 oder 300 Sachen an. Du musst zusehen, dass du die Geschwindigkeitsdifferenz beim Auffahren so stark wie möglich dezimierst, okay?«, erläuterte ich ihm die Gefahr einer unzureichenden Beschleunigung.

»Okay, lass es uns noch mal versuchen«, zeigte er sich bereitwillig.

Wir verließen die Autobahn am nächsten Rastplatz – das Verzögern auf dem Verzögerungsstreifen gelang ihm gut – und durchfuhren ihn, um am Ende wieder auf die Autobahn zu beschleunigen. Und Barry tat das, als wäre der Leibhaftige hinter ihm her. Zweiter Gang, roter Bereich, dritter Gang, roter Bereich, rauf auf die Autobahn … ich bremste.

»Was ist denn jetzt schon wieder los?«, verzweifelte Barry.

»Super beschleunigt, Barry, gut auf die Autobahn gekommen – aber da war gerade ein Tempolimit von 120, das dürfen wir trotz aller Bemühungen, auf die Autobahn zu kommen, nicht überschreiten«, erklärte ich ihm.

»Wie, Tempolimit? Ich denke, ich hab hier freies Schussfeld?!«

»Das denken viele, wenn sie nach Deutschland kommen, aber es ist nur ein Mythos, dass man von Hamburg nach München durchgehend mit 250 fahren kann …«

»Oh Mann, das ist echt kompliziert …«, seufzte er.

Neuer Versuch. Wieder am nächsten Rastplatz raus und gleich wieder rauf. Klappt wunderbar.

Next try. Selbes Prozedere. Raus und rauf. Barry wollte gefühlte 30 Zentimeter vor einem Lkw einscheren, was ich durch einen beherzten Tritt aufs Bremspedal zu verhindern wusste.

»Den hätte ich doch noch geschafft, oder?«, fantasierte Barry.

»Vielleicht hättest du es geschafft, aber so wie du zu deinem Vordermann Abstand halten musst, so darfst du auch deinen Hintermann beim Einscheren nicht behindern. Und wenn du vor einem anderen Fahrzeug nicht rüberwechseln kannst, musst du halt hinter ihm reinfahren. Situativ, verstehst du?«

»Okay, okay, lass es uns bitte noch mal probieren!« Ehrgeiz hatte Barry, das musste man ihm lassen …

Once again. Wir überholten auf dem Beschleunigungsstreifen einen Brummi und schossen mit Tempo 120 auf die Autobahn, gleich auf den linken Fahrstreifen, um noch einen Pkw mit Anhänger auf der rechten Spur zurückzulassen. Barry erkannte gerade noch eine Geschwindigkeitsbegrenzung von 80 Stundenkilometern und bremste das Auto auf diese Geschwindigkeit herunter. Triumphierend sah er mich an und sagte: »Passiert mir alles nur einmal!«

Und so fuhr er mit einem glückseligen Lächeln und der vermeintlichen Gewissheit, alles richtig zu machen, gemütlich weiter. Weiter auf der linken Spur. Mein Seufzen hätte ihn vielleicht stutzig machen können, ebenso wie der Umstand, dass wir zunächst von dem eben erst überholten Pkw mit Anhänger und dann auch noch von dem Brummi rechts überholt wurden. Spätestens als sich von hinten ein nach Außendienstmitarbeiter aussehender Raser in einem Mittelklassekombi mit hoher Geschwindigkeit näherte, uns wild gestikulierend und unter Disco-ähnlichem Einsatz seiner Lichthupe bedrängte, hätte Barry stutzig werden müssen. Nachdem das nicht geschah, stupste ich ihn kurz an:

»Woran könnte es denn liegen, dass der Herr hinter uns so aufgebracht ist?«

»Weil wir uns ans Tempolimit halten, nur 80 fahren und er schneller fahren will?«, rätselte Barry.

»Könnte durchaus sein …«, hielt ich die Spannung hoch. »Und wo würden wir ihn in seinem Geschwindigkeitsrausch weniger stören?«

Barry stand auf dem Schlauch, weshalb ich die Auswahl an möglichen Antworten eingrenzte: »Warum haben uns denn der Lkw und das Fahrzeug mit Anhänger rechts überholt? Das dürfen sie ja eigentlich nicht, wegen dem Rechtsüberholverbot.«

»Weil wir links fahren?«

»Genau«, stimmte ich zu.

»Und ich müsste … rechts sein?!« Barry begriff langsam.

»Richtig. Rechtsfahrgebot nennt sich das Ganze.«

Er setzte den Blinker nach rechts und wechselte rüber.

»Oh fuck, da sagt man immer, dass Deutsch eine schwere Sprache ist, aber die deutsche Autobahn ist ja fast wie eine Doktorarbeit!«

Wir trainierten das Ganze natürlich noch sehr ausgiebig und Barry hatte nach einer Doppelstunde auf der Autobahn den Dreh raus.

Die erste Baustelle war somit geschlossen, aber jetzt tat sich die zweite auf, und zwar zum ungünstigsten Zeitpunkt, nämlich zu Beginn der Prüfung.

»Guten Tag, mein Name ist Müller, ich bin heute Ihr Prüfer. Haben Sie Ihren Ausweis zur Hand?«

Vollkommene Ratlosigkeit in Barrys Gesicht.

»His name is Müller, give him your passport«, übersetzte ich.

»Oh, sure, here it is«, antwortete Barry und überreichte Herrn Müller seinen Pass.

»Do you speak German?«, wollte Herr Müller wissen.

»No«, bekam er von Barry zur Antwort.

»Dann haben wir jetzt ein kleines Problem«, wandte sich der Prüfer mir zu.

»Wieso? Sie sprechen doch Englisch, Herr Müller!«

»Aber nicht im Dienst.«

»Versteh ich jetzt nicht …«

»Im Dienst spreche ich weder Englisch noch Französisch noch Italienisch, auch nicht Japanisch – der Prüfling will eine deutsche Fahrerlaubnis erwerben, also muss er auch der deutschen Sprache mächtig sein … Denken Sie mal an die deutschsprachigen Verkehrszeichen und Zusatzschilder wie ›bei Nässe‹ oder ›Achtung Schule‹ …«

»Die Schilder kann er lesen, das hat er ja in der Theorieprüfung bewiesen. Was machen wir denn jetzt?«

»Passen Sie auf: Ich geh jetzt in die Fahrschule und trinke dort mit Ihrem Chef einen Espresso. Danach rauche ich noch eine Zigarette. In der Zwischenzeit geben Sie Ihrem Schüler einen fünfminütigen Schnellkurs in Deutsch mit den wichtigsten Begriffen, okay? Bis gleich …«

Müller ging in die Fahrschule. Ich tat wie befohlen und begann meinen Deutschunterricht:

»So, Barry, wir müssen jetzt ein Sprach-Intensivtraining machen, denn du musst die Angaben des Prüfers auf Deutsch verstehen …«

»Wieso denn?«

»Frag nicht, hör mir zu und sprich mir nach: ›Straight ahead‹ means in German ›geradeaus‹.«

»Giradiaus«, wiederholte er.

»Sehr gut. ›Turn to the left‹ is in German ›Linksabbiegen‹ …«

»Lenks appicken.«

»Gut, sehr gut. ›Turn to the right‹ is ›Rechtsabbiegen‹.«

»Reckts appicken.«

»›Change lanes‹ means ›Spur wechseln‹.«

»Sbuhr weckseln.«

»›To park‹ means ›Einparken‹.«

»Einparken.«

»Exzellent! ›Motorway approach road‹ is ›Autobahn-Auffahrt‹.«

»Audobahn…«

»Passt schon, das muss jetzt reichen. Herr Müller, wir wären so weit!«

Die zweite Baustelle war geschlossen. Seine neu erworbenen Sprachkenntnisse, das Workout auf der Autobahn und seine langjährige Fahrpraxis als New Yorker Cop machten die Prüfung zu einer vergnüglichen Spazierfahrt, gekrönt von der Aushändigung des Führerscheins und Herrn Müllers Lob, er hätte seit langer Zeit keinen amerikanischen Staatsbürger mehr gehabt, der sich so dynamisch und sicher auf der Autobahn bewegt hätte.

Barry bekam seinen Führerschein ausgehändigt und die Zeit des Abschieds war gekommen.

»Andi, mein Freund, danke für alles. Hat echt fun gemacht«, bedankte er sich bei mir.

»Mir auch, my friend, mir auch«, erwiderte ich.

»Wenn du mal Bock und Zeit hast, können wir ja eine Runde joggen gehen!«

Dieser Einladung folgte ich gern. Aber nur einmal und nie wieder.

Es machte einfach keinen Spaß, die ganze Zeit keuchend hinter ihm herzutraben. Seine Zurufe von vorn nervten am allermeisten: »Hurry up, schneller, schneller, schneller, wie auf der Autobahn, beschleunigen, beschleunigen, beschleunigen ...«

10. KAPITEL

REFLEXIONSWOCHE

Erstes Wiedersehen mit meinem Fahrlehrerkollegen Oliver bei der für Fahrlehreranwärter obligatorischen Reflexionswoche:

»Servus.«

»Servus.«

»Und – wie geht's?«

»Beschissen ist noch geprahlt. Selber?«

»Wie ein an die Wand gekotztes Kotelett.«

Schweigen. Gefühlte zehn Minuten später:

»Sind deine Schüler auch so …«

»Ja.«

»Hast du auch …«

»Ja.«

»Bist du auch …«

»Ja.«

»Gott sei Dank, dann geht's ja nicht nur mir so.«

Schweigen. Eine gefühlte Ewigkeit später:

»Siehst aber echt scheiße aus …«

»Du auch.«

»Deine Augenringe …«

»Hast du wieder mit dem Rauchen angefangen?«

»Ja.«

»Ich auch.«

»Treibst du noch Sport?«

»Ins Auto reinhüpfen und aus dem Auto rausspringen – zählt das auch?«

»Nö.«

»Dann nicht.«

»Lass uns ins Klassenzimmer gehen, wird langsam Zeit.«

Oliver und ich hingen in den Seilen wie zwei angeschlagene Boxer. Die letzten Wochen hatten ihre Spuren an uns hinterlassen, wir waren körperlich und mental ausgepowert. Körperlich, weil sich unsere Rückenmuskulaturen nur schwerlich an dieses dauernde Sitzen gewöhnen konnten, die Nahrungsaufnahme fast ausschließlich aus Fast Food zwischen den Fahrstunden bestand und die Nachtfahrten zu später Stunde das Schlafpensum enorm schrumpfen ließen. Mental, weil ein unglaublicher Druck auf unseren Schultern lastete: Druck, die bevorstehenden Lehrproben zu bestehen und das hierfür vorzulegende Berichtsheft mitsamt seinen Unterrichtsplanungen und Dokumentationen penibel zu führen. Druck, es dem Chef immer recht zu machen. Druck, die Schüler gut auszubilden und auf Anhieb durch die Prüfung zu bringen. Druck durch die Eltern der Schüler, dies so gut, schnell und kostengünstig wie nur irgend möglich zu machen. Druck, diesem Wunsch der Eltern auch trotz der gelegentlichen Einfalt und eigenwilligen Prioritätensetzung ihrer Bambini, in der die Fahrstunden einen unteren Platz einnehmen, zu erfüllen und so weiter und so fort …

Wir schlurften zu unserem Klassenraum, öffneten die Tür und sahen dort, wo vor einigen Monaten noch weitere sieben

Fahrlehreranwärter saßen, nur noch fünf abgemagerte und abgekämpfte Gestalten hocken.

»Wo sind denn Hannah und Daniel?«, fragten wir überrascht.

»Daniel hat als Fahrlehrer aufgehört. Hält den ganzen Wahnsinn nicht mehr aus. Fährt wieder Bierkisten aus. Und die Hannah hat sich von so 'nem Typen, den sie auf ihrer Weltreise kennengelernt und irgendwann wiedergetroffen hat, schwängern lassen und macht künftig nur noch Fahrstunden mit dem Bobbycar«, klärte uns Simone auf, das nun einzig verbliebene Schneewittchen. Wobei: Von Schneewittchen konnte bei ihr eigentlich kaum noch die Rede sein, wenn man sich deren Schönheit vor Augen führt. Schneewittchen, äh, Simone hatte etwas davon eingebüßt. Jetzt zeigten sich ein paar Sorgenfältchen, hängende Mundwinkel und die Haare waren nur notdürftig zurechtgemacht. Der psychische und physische Verschleiß hatte also nicht nur bei Oliver und mir eingesetzt, sondern auch bei unseren Kameraden. Jan, der ehemalige Fitnesstrainer mit Lehrerambitionen, sah aus, als wenn er im Fitnessstudio nicht Trainer, sondern Kunde war. René schien, was man kaum für möglich gehalten hätte, noch mal geschrumpft zu sein, unser Best Ager Stefan sah jetzt so alt aus, wie er wirklich war, und Michael, dem verkappten NASA-Genie, war jenes wissbegierige Funkeln aus den Augen entwicht, das er immer hatte, wenn es um Feinheiten in der Straßenverkehrsordnung und um Berechnungen von Überholwegen ging.

Der Einzige, der sich bester Laune, Vitalität und Gesundheit erfreute, war unser Dozent, der just nach Simones Berichterstattung über das Ausscheiden von Hannah und Daniel den Klassenraum betrat und seine Aktentasche aufs Pult knallte. Er sah uns alle an und grinste diabolisch.

»Und, liebe Nachwuchsfahrlehrer, wie läuft's?« Der Sarkasmus in seiner Stimme war selbst für einen Hörgeschädigten unüberhörbar.

Als Antwort zeigten wir ihm mit unserer Mimik, dass wir in Pädagogik bei dem Thema »nonverbale Kommunikation« gut aufgepasst hatten und somit fähig waren, unsere Strapazen mittels missmutiger Fratzen auszudrücken …

»Ist doch ein bisschen mehr als spazieren fahren, oder?«, lachte er lauthals.

Fast wäre ich aufgestanden und hätte ihn mit einer Backpfeife links und rechts daran erinnert, dass er es war, der mir noch vor ein paar Monaten in den höchsten Tönen von diesem Beruf vorgeschwärmt hatte. Nennt man so was nicht Vorspiegelung falscher Tatsachen?

»Wo sind eigentlich das zweite Schneewittchen und der Bierkutscher abgeblieben?«, unterbrach er meinen Gedankengang. Simone klärte ihn so auf, wie sie es zuvor bei Oliver und mir getan hatte.

»So, dann hab ich mich ja ordentlich verschätzt. Da hat es ja nicht mal bis zur ersten Fortbildung gedauert, bis die ersten Herrschaften abgesprungen sind«, triumphierte er verhalten, mit deutlich geknicktem Unterton. Als wollte er sagen: Schon wieder zwei Fahrlehrer weniger auf dem Markt. Schon wieder zwei gute Leute weg, die eigentlich eine wichtige Aufgabe in der Gesellschaft hätten verrichten sollen. Damit das nicht noch mal passierte und der Exodus gestoppt würde, gab er sich einen Ruck, schmiss seine Aktentasche mitsamt dem Lehrmaterial in die Ecke und betrieb bei uns, seinen Schützlingen, Seelenmassage: »Kinder, was habt ihr denn auf dem Herzen?«

»Keine Ahnung. Irgendwie hab ich mir das anders vorgestellt …«, begann Jan.

»Mit den Schülern?«, hakte der Dozent nach.

»Ja – die sind so …« Jan rang nach den richtigen Worten.

»… irre«, vollendete Simone seinen Satz.

»Na ja, nicht irre, aber anders, als man sich das vorgestellt hat«, milderte er ihre Worte ab.

»Ich hab einen, der singt die ganze Zeit während der Fahrstunde die Charts rauf und runter«, begann Michael den Reigen von Anekdoten, der nun einsetzte.

»Und ich hab eine, die wollte sich über mich beschweren«, berichtete Oliver.

»Weswegen denn?«, fragte unser Dozent nach.

»Weil ich ja gar kein richtiger Fahrlehrer sei.«

»Wieso denn nicht?«

»Hab ich sie auch gefragt. Da kramt die doch aus ihrer Tasche so ein Schmuddelheftchen hervor und zeigt auf das Titelblatt: ›So treiben es geile Fahrlehrer mit ihren sexhungrigen Fahrschülerinnen‹, stand da. Warum ich nicht auch so was machen würde, das gehöre doch wohl zu einem richtigen Fahrlehrer dazu, meinte sie.«

Nachdem sich das Gelächter gelegt hatte, gingen die Anekdoten weiter.

»Ich hatte einen, der nach seiner vierten nicht bestandenen Prüfung den Prüfer zusammenschlagen wollte – ich konnte gerade noch dazwischengehen und ihn beruhigen«, berichtete Stefan.

»Meine Schülerin will sich partout nicht anschnallen, weil ihre Mutter der Meinung ist, dass man das nicht mehr machen muss, wenn man Airbags hat«, wusste René zu berichten.

»So was Ähnliches hab ich auch. Die weigert sich, das Anfahren am Berg zu üben, weil sie davor so viel Angst hat. Sie hat sogar was von ›Trauma‹ gefaselt«, erzählte Simone.

»Hast du ihr nicht erklärt, dass sie das spätestens im Skiurlaub braucht, wenn nicht schon vorher in der Prüfung?«

»Klar hab ich das. Daraufhin meinte sie, dass sie gar nicht in die Berge fahren will, und bat mich, den Prüfer zu beeinflussen, nur eine ebene Strecke auszusuchen … Aber ich hab noch was: Bei mir fährt die ganze Zeit ein Prüfer mit …«

»Hä?«

»Der Vater fährt immer bei den Fahrstunden seines Sohnes mit, um zu kontrollieren, ob ich das auch alles richtig mache – ich wäre ja nur eine Fahrlehreranwärterin und noch so jung und zudem eine Frau …«

»Und was sagt dein Chef dazu?«

»Der findet das okay, dann muss er nicht so sehr auf mich achtgeben.«

»Ich hatte bei meiner ersten Prüfung einen, der ohne zu halten bei einer roten Ampel mit Grünpfeilschild abgebogen ist, weil er dachte, dass es der Prüfer nicht sieht«, gab ich meinen bisher größten Ausreißer zum Besten, obwohl mir diese Geschichte jetzt wie ein Gutenachtmärchen vorkam – bei alldem, was die Kollegen zu bieten hatten.

»Hast du ihn am Leben gelassen oder wegen so viel Dummheit gleich an der Ampel exekutiert?«, wollte Simone wissen.

»Der Prüfer saß doch im Auto – ich kann ja so was nicht vor Zeugen machen!«

»Also«, unterbrach uns unser Dozent, »dann wollen wir mal einen Cut machen. Lasst euch mal von mir ein paar Denkanstöße geben, wie man das alles sehen kann und vielleicht auch sehen muss:

Ihr seid jetzt ganz frisch in der Branche, man könnte auch sagen, dass ihr noch nach Pausenbrot stinkt. Und wie heißt es so schön: Aller Anfang ist schwer. Sicherlich ist auch der eine oder andere mit falschen Erwartungen an den Job rangegangen und deswegen jetzt ein bisschen desillusioniert und resigniert wegen des Wahnsinns, der da draußen tobt. Aber, hey: So ist die Welt heute! Alles ist schnelllebiger geworden, austauschbar, Prioritäten werden anders gesetzt, der Umgang der Menschen miteinander ist ein anderer geworden … Fragt mal einen Polizisten oder einen Schullehrer. Die haben sich das zu Beginn ihrer Karriere sicherlich auch anders vorgestellt, was Respekt, Anerkennung, Autorität, Arbeitszeiten und so weiter angeht.

Aber glaubt mir: Was ihr tut, ist wichtig, richtig und gut. Geht euren Weg weiter, lasst euch nicht verunsichern. Setzt das um, was ihr bei uns gelernt habt. Und mit der Zeit wird der ganze Wahnsinn für euch zur Normalität werden.«

»Aber wenn man den ganzen Tag nur von Wahnsinn umgeben ist, muss man ja selber irgendwann mal wahnsinnig werden«, unterbrach ich seine Bergpredigt.

»Ich glaube euch gar nicht mal, dass ihr nur Wahnsinn erlebt. Könnt ihr euch noch daran erinnern, wie wir über Tempolimits gesprochen haben und ihr alle der festen Überzeugung wart, dass sich keiner daran hält?«

Wir nickten alle zustimmend.

»Denkt mal an die Hausaufgabe, die ich euch daraufhin gegeben habe. Wie lautete die?«

»Wir sollten auf dem Weg ins Institut exakt die zulässige Höchstgeschwindigkeit fahren und beobachten, wie viel Prozent der motorisierten Verkehrsteilnehmer sich ebenfalls an die Begrenzungen halten«, wiederholte Simone die Aufgabenstellung.

»Und? Was war das Ergebnis?«, bohrte der Dozent nach.

»Über die Hälfte«, erinnerten sich Jan und Simone vage.

»67,5 Prozent«, gab Mathe-Genie Michael zu Protokoll.

»Eben. Mehr als zwei Drittel aller beobachteten Fahrzeugführer hielten sich an die Tempolimits. Das sind, um es mit den Worten unseres Mathematikers zu sagen, 67,5 Prozent mehr, als ihr vorher geschätzt hattet. Und ich wette, wenn ihr mal einen prüfenden Blick auf euren Arbeitstag werft, dann werdet ihr feststellen, dass es auch da mehr Licht als Schatten gibt.«

»Wetten, dass nicht?«, ulkte ich, während ich durchs Fenster in die Frühlingssonne blinzelte, die sich gerade verfinsterte.

Der Dozent stand vor mir, reichte mir die Hand und sagte:

»Um was wetten wir?«

»Keine Ahnung ... machen Sie einen Vorschlag!«

»Hm ... wir wetten um ein Abendessen!«

»Pah, ich hab im Burger-Laden gesehen, wie Sie zuschlagen. Sie machen mich ja arm! Nee, anderer Vorschlag!«

»Essen gehen halt ich jetzt auch nicht für eine gute Idee ...«, sagte Simone, während sie unseren Dozenten von oben bis unten musterte.

»Wieso?«, empörte er sich.

»Na ja ... zu Beginn des Kurses waren Sie noch schlank ... und jetzt ...«

»Ich höre ...«

»... sieht man, dass Sie schon längere Zeit nur Fahrlehrer und nicht Fahrschüler ausbilden, wenn Sie verstehen, was ich meine ...«, kratzte Simone gerade noch die Kurve.

»Okay, dann kein Essen. Sie haben doch mal erzählt, dass Sie joggen?«

»Stimmt«, nickte ich ihm zu.

»Gut, ich gehe auch hin und wieder laufen, auch wenn man es mir anscheinend nicht ansieht. Schon mal bei einem Stadtlauf mitgemacht?«

»Klar!«

»Gut. Dann laufen wir beide beim nächsten Stadtlauf mit und der Verlierer unserer Wette zahlt die Startgebühr und danach ein isotonisches Getränk.«

»Abgemacht, die Wette gilt!«, schlug ich ein.

Was für ein Spaß! Ich entwickelte schon jetzt eine ungeheure Vorfreude. Erst die Wette gegen den pausierenden Fahrlehrer gewinnen – der bildet doch seit Jahren nur noch Fahrlehrer aus, was will der denn noch von der Realität eines Fahrlehrers im Umgang mit den Fahrschülern wissen –, dann seinen vollschlanken Körper beim Stadtlauf hinter mir her japsen sehen und dafür nicht mal zahlen müssen. Meine Laune hellte sich schlagartig auf.

»Also, unser Wettkollege wird ab sofort auf Ehr und Gewissen so eine Art Logbuch führen, in dem er Licht und Schatten, respektive positive und negative Erlebnisse festhält. Und dann wird abgerechnet! Die anderen Kursteilnehmer dürfen selbstverständlich auch so vorgehen, und wenn jemand ebenfalls an einer Wette interessiert ist, soll er sich jetzt melden.«

Ich weiß nicht, ob meine Kollegen zu feige oder von der Arbeit zu erschöpft waren, um ihre Arme zu heben. Vielleicht hatten sie aber auch die Zeit, in der ich mit dem Dozenten den Wetteinsatz ausgehandelt hatte, dazu genutzt, um in sich zu gehen und für sich selbst so eine kleine Licht-und-Schatten-Liste aufzustellen. Jedenfalls meldete sich keiner mehr.

»So, rien ne va plus, nichts geht mehr. Nachdem wir jetzt genügend über Sonne und Wolken beziehungsweise Licht und Schatten diskutiert haben, will ich mal eure Berichtshefte sehen. Speziell der Eintrag mit dem singenden Schüler und den Sex-Heftchen interessiert mich …«

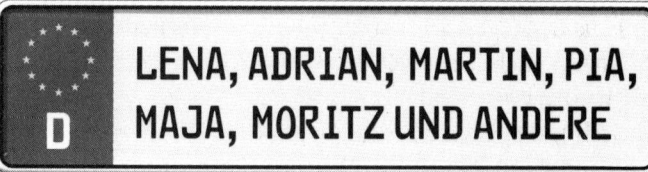

11. KAPITEL

LENA, ADRIAN, MARTIN, PIA, MAJA, MORITZ UND ANDERE

LOGBUCH

Also gut, führe ich halt Logbuch. Der liebe Herr Dozent wird schon sehen, was er davon hat. Ich nenne es schon mal weitsichtig Protokoll des Wahnsinns. Los geht's. Donnerstag, 24. April 2008.

6:30 Uhr: Wecker klingelt. Stehe auf und ächze meinen 30 Jahre alten Körper so ungelenk aus dem Bett wie mein Vater im Alter von 50. Die Nachtfahrt, die vor siebeneinhalb Stunden geendet hat, steckt mir noch schwer in den Knochen. Ausschlafen ist nicht, muss um neun Uhr bei Lena sein, die nur heute Vormittag Zeit hat.

6:36 Uhr: Werfe einen Blick auf mein Handy. SMS von Moritz.

Hey, muss die Fahrstunde heute absagen, bin krank. LG Moritz

Schaue auf die Empfangszeit: 4:16 Uhr.

Welcher Student wacht denn bitte kurz nach vier auf und stellt fest, dass er krank ist? Gesoffen wie ein Loch wird er halt mal wieder haben und keinen Bock zum Autofahren. Wurscht, jetzt zahlt er. War schon oft genug nachsichtig.

6:37 Uhr: Streiche die Nachtfahrt von Moritz aus meinem Kalender. Schicke ihm eine scheinheilige SMS: *Du Armer!*

Wünsche dir gute Besserung! Fahrstunde musst du leider trotz-dem zahlen! VG.

6:43 Uhr: SMS von Moritz: *Oh, echt? Dann geh ich jetzt ins Bett, fahre doch. Wann noch mal?*

6:44 Uhr: Schreibe zurück: *Um 20:45 Uhr. Stell dir einen Eimer nebens Bett. Sonst schimpft Mutti wieder.*

7:12 Uhr: Studiere nach der morgendlichen Dusche und dem ersten Kaffee des Tages meinen Terminplan:

9:00 – 10:30 Uhr: Lena

12:00 – 13:30 Uhr: Adrian (Grundfahraufgaben)

13:30 – 15:00 Uhr: Martin

15:30 – 17:00 Uhr: Pia

17:15 – 18:45 Uhr: Maja

19:00 – 20:30 Uhr: Theorieunterricht, Lektion 12

20:45 – 21:30 Uhr: Moritz (Nachtfahrt)

Elf Fahrstunden und zwei Theoriestunden, also die gesetz-lich maximal zulässige Arbeitszeit eines Fahrlehrers pro Tag. Volle Auslastung. Noch. Glaube, das wird sich bald ändern, da meine beiden Bosse Richard und Berthold beschlossen haben, die Preise saftig zu erhöhen. Werden wohl einige Schüler zur Konkurrenz in den Nachbarort wechseln, der ist vier Euro pro Stunde günstiger. Hoffentlich kommt dann noch genügend Kohle ins Haus, muss ja meine Miete auch irgendwie be-zahlen …

7:26 Uhr: Anruf von Herrn Berger. Herr Berger hat sich in unserer Fahrschule mittlerweile den zweifelhaften Ruf eines Schreckgespensts eingehandelt. Seine Zwillingssöhne Tristan und Florin nehmen in extrem unregelmäßigen Abständen Fahrstunden bei mir. Unregelmäßig deswegen, weil die beiden Jungs zwar am Ende der Fahrstunde immer brav ihre nächsten Stunden vereinbaren, die dann aber normalerweise binnen 24 Stunden vom Vater wieder storniert werden, weil die beiden schusseligen Kerle sich andere, viel wichtigere Termine nicht gemerkt hatten, wie zum Beispiel den Besuch bei Omi, den Besuch von Opi, Rasen mähen und so weiter. Diesmal war es ein wichtiges finales Training beim Tennislehrer vor dem entscheidenden Match um die goldene Ananas.

Diesmal fragt Herr Berger, ob man die für den morgigen Tag vereinbarte Fahrstunde von Tristan nicht um zwei Stunden nach vorn und die von Florin nicht um eine Stunde nach hinten verlegen könnte. Ich lehne dies ab und weise ihn auf meinen übervollen Kalender hin. Zähneknirschend murmelt er in den Hörer, dass er dann eben noch mal mit dem Tennislehrer reden würde, vielleicht könne der ja das sehr, sehr wichtige Training verschieben. Herr Berger werde sich noch mal gegen Mittag bei mir melden. Trinke meine zweite Tasse Kaffee und verbrühe mir dabei die Zunge.

8:35 Uhr: Abfahrt zur Fahrschule und zum dort befindlichen Fahrschulwagen. Lege den Weg mit dem Fahrrad zurück. Freue mich über jede Minute, die ich nicht im Auto verbringen muss und mich bewegen kann.

8:44 Uhr: Abfahrt von der Fahrschule zu Lena, der ersten Schülerin des Tages.

8:58 Uhr: Ankunft vor Lenas Wohnung. Anbringen des Fahrschulschildes auf dem Dach des Schulungsfahrzeugs. Überlege, ob ich nicht bei der Fahrweise von Lena noch ein weiteres Fahrschulschild anbringen sollte, als Warnung für die (noch) Lebenden. Verwerfe den Gedanken. Wird schon schiefgehen.

9:00 Uhr: Eigentlicher Beginn der Fahrstunde.

9:03 Uhr: Klingle an der Haustür von Lena.

9:04 Uhr: Klingle erneut. Eine verschlafene Stimme wünscht zu wissen, wer Einlass begehrt. Biete über die Gegensprechanlage die Inanspruchnahme einer Fahrstunde an. Nach dem Ausruf eines Fäkalwortes registriert Lena, dass es bereits kurz nach neun Uhr ist, und verspricht, in fünf Minuten unten zu sein.

9:18 Uhr: Klingle bei Lena Sturm und teile ihr in barschem Ton über die Gegensprechanlage mit, dass sie ihren Hintern jetzt gefälligst runter ins Auto zu schwingen habe.

9:24 Uhr: Schülerin rennt mit triefnassen Haaren auf Schulungsfahrzeug zu.

»Boah, ich hab voll verpennt!«, versucht sie sich zu entschuldigen.

»Ach was«, antworte ich sarkastisch.

»Können wir schnell an einer Tankstelle vorbeifahren? Ich brauch erst mal einen Red Bull.«

9:27 Uhr: Halten an einer Tankstelle. Lena gönnt sich auf nüchternen Magen erst mal eine munter machende Brause. Hilft nicht viel. Noch an der Tankstelle lernt Lena sämtliche Warntöne des Autos kennen – Tür nicht richtig geschlossen, nicht angeschnallt, mit angezogener Handbremse losgefahren …

9:28 Uhr: Geschätzte 600 Meter nach der Tankstellenausfahrt haben wir tatsächlich die im Ort zulässige Höchstgeschwindigkeit erreicht. Ist ja auch echt schwer, dieses Gaspedal nach unten zu drücken …

9:31 Uhr: Die mühsam aufgebaute Geschwindigkeit vernichtet Lena mit einem beherzten, aber überflüssigen Tritt auf das Bremspedal. Hätte sie nicht nur auf das 30er-Schild geschaut, sondern sich den darunter befindlichen Zusatz »22–6 h« angesehen, hätten wir die grüne Welle weiterhin nutzen können. So mussten wir erst mal an der nächsten roten Ampel stehen bleiben, sehr zum Amüsement der Truppe von Supersportmotorrädern, die sich hinter uns befanden. Als uns mehrere geballte Fäuste und Mittelfinger von den Fahrern der Ninjas und GSX-Rs entgegengestreckt wurden, kam sie zu dem geistreichen Schluss, dass sie das nächste Mal genauer hinsehen sollte.

10:15 Uhr: »Jetzt gib halt Gas und trödel hier nicht mit 40 herum!«, fahre ich Lena etwas gereizt an.

»Aber hier sind doch 40!«, empört sie sich.

»Lies das ganze Schild ...«

»... oh, nur bei Nässe«, antwortet sie kleinlaut.

»Ist es nass?«

»Nicht wirklich ...«

So viel zum Vorsatz »genauer hinsehen«.

10:30 Uhr: Ende der Fahrstunde. Nachbesprechung mit Schülerin.

»Mädchen, du musst die Schilder genauer lesen!«

»Hey, ich schwör, das lag nur an meiner Müdigkeit. Das nächste Mal passiert mir das nicht, ich schwör's!«

Schwör du mal schön, denke ich mir, wohl wissend, dass Schwüre dieser Art bedeuten, dass es nächstes Mal noch schlechter läuft. Mache mich auf den Weg zum nächsten Schüler.

11:58 Uhr: Treffe bei Adrian ein. Grundfahraufgaben stehen auf dem Programm.

12:00 Uhr: Adrian stellt sich erst die Spiegel und dann den Sitz ein. Bemerkt, dass ich längere Beine und Arme habe als er, und erinnert sich daran, dass zuerst der Sitz und dann die Spiegel eingestellt werden müssen.

12:02 Uhr: Abfahrt von Adrians Zuhause in Richtung Supermarkt. Nicht um einkaufen zu gehen, sondern weil man da herrlich Quereinparken üben kann.

12:09 Uhr: Treffen am Parkplatz ein. Schwer, eine Lücke zu finden, wo links und rechts ein Fahrzeug steht – schließlich möchte ich es Adrian ja nicht zu leicht machen –, weil der Parkplatz wie leer gefegt ist.

12:10 Uhr: Finde eine Lücke zwischen zwei Geländewagen, sorry, SUVs. Lasse Adrian den Blinker nach rechts setzen, den Rückwärtsgang einlegen und erkläre ihm kurz die Lenkpunkte.

12:11 Uhr: Ein Cabrio der Kategorie Ich-bin-die-Frau-eines-Zahnarztes fährt dreist in unsere Parklücke. Öffne die Tür und beginne eine Konversation mit der blöden Kuh: »Das ist jetzt ein Witz, oder?«

»Was denn?«, gibt sich die Dame unschuldig.

»Dreimal dürfen Sie raten, warum unsere Rückfahrscheinwerfer leuchten und unser rechter Blinker blinkt. Wir wollen jetzt hier einparken!«

»Dann nehmen Sie doch einen anderen!«

»Nein, wir nehmen den. Nehmen Sie einen anderen!«

»Können Sie das Parken nicht bei einer anderen Lücke üben?«

»Es gibt keine andere Lücke zum Üben.«

»Aber ich parke immer an dieser Stelle …«, jammerte sie.

Jetzt wurde es wirklich lächerlich: »Hören Sie mal, der ganze Parkplatz ist menschenleer und Sie wollen mir erzählen, dass Sie aus Gewohnheit auf diesen Parkplatz müssen?«

»Ja. Hier ist es nämlich so schön schattig, da wird das Leder nicht so heiß, wissen Sie?!«

»FAHREN SIE JETZT SOFORT AUS DER SCHEISS LÜCKE RAUS, SIE SCHATTENPARKERIN!«

»Ich hab mal gelernt, dass demjenigen die Parklücke gehört, der zuerst da war.« Ich hatte wohl nicht laut genug geschrien – jetzt wollte Miss Parkplatzbesetzerin auch noch zu diskutieren anfangen …

»Die Indianer waren auch zuerst da und Sie sehen ja, was aus ihnen geworden ist … Wollen Sie sich jetzt mit einem Fahrlehrer anlegen und über die StVO diskutieren?«

»Ich will mich nicht mit Ihnen anlegen, ich bin nämlich ein gebranntes Kind, das letzte Mal hat mir ein Autofahrer eine runtergehauen.«

»Das mache ich mit Ihnen nicht …«

»Da bin ich aber froh«, ätzte sie.

»… aber trotzdem bewegen Sie jetzt ihre Tussi-Schleuder aus MEINER Lücke heraus!«

Jetzt wurde sie renitent: »Nö!«

»Gut, dann rufen wir jetzt die Polizei …«

Demonstrativ zog ich mein Handy hervor und – schwupps, war sie mit ihrem Auto verschwunden.

»Hättest du jetzt wirklich die Cops gerufen?«, fragte mich Adrian, nachdem er zu kichern aufgehört hatte.

»Quatsch, die lachen dich ja aus, wenn sie wegen so einer Lappalie ausrücken müssen … Jetzt Lenkrad voll nach rechts einschlagen und rein mit der Karre, bevor es sich die Tussi noch mal überlegt und wieder ankommt.«

»… und uns dieses schattige Plätzchen wegnimmt. Auf Parken in der prallen Sonne hab ich nämlich auch keinen Bock«, nölte Adrian.

»Bist du mit der Kuh verwandt, oder was? Bin ich jetzt auf eine direkte Blutlinie von Schattenparkern gestoßen? Ich glaub, ich spinne! Park jetzt endlich da ein, du Weichei!«

Zwischenstand fürs Protokoll: Frühes Aufstehen, sinnloser SMS-Verkehr mit Moritz, der mich 27 Cent gekostet hat, nervenaufreibendes Telefonat mit Schülervater, im doppelten Sinne verschlafene Lena, durchgeknallte Parkplatzräuberin, die scheinbar mit meinem Schüler verwandt ist – fünf fette Striche auf der Negativseite. Der Herr Dozent kann schon mal den Geldbeutel zücken und die Teilnahmegebühr bezahlen …

13:30 Uhr: Hole Martin, meinen nächsten Schüler, am Gymnasium ab. Soll – einschließlich heute – noch zweimal fahren, um morgen in einer Woche praktische Prüfung zu machen.

14:56 Uhr: »Wenn du nächsten Donnerstag in deiner Prüfung so fährst wie heute, bestehst du locker«, motiviere ich ihn kurz vor Ende der Fahrstunde.

»Ach, weil du es gerade ansprichst – ich hab mir überlegt, dass ich die Prüfung jetzt doch noch nicht machen will, weil ich ja bald Abitur schreibe.«

»Äh, ich hab dich doch beim TÜV schon zur Prüfung angemeldet.«

»Kann man doch sicherlich noch absagen, oder?«

»Kann es mal probieren.«

Rufe beim TÜV an. Herr Pfahl geht ran. »Kommt der Termin für das Abitur für Ihren Schüler so überraschend?«, höhnt der Sachbearbeiter am Telefon, und ich kann mich seinem Kopfschütteln, das ich am Ende der Leitung vermute, nur anschließen. Termin ist gecancelt.

15:00 Uhr: Ende der Fahrstunde. Lasse Martin den Tagesnachweis unterschreiben und verabschiede ihn.

»Du meldest dich, wenn du deine schulischen Aktivitäten beendet hast, dann sehen wir, wie es weitergeht.«

»Mach ich, aber es kann sein, dass ich nach dem Abi erst mal für ein halbes Jahr nach Australien verschwinde …«

»Da frag ich mich ja ernsthaft, warum wir uns mit deiner Ausbildung so einen Stress gemacht haben. Erst kommt das Abi völlig unerwartet auf dich zu, und dann … Aber gut, kein Problem, dann machst du halt im Winter deine Prüfung. Denke aber bitte schon heute daran, dass Weihnachten auch dieses Jahr wieder auf den 24. Dezember fällt – nicht, dass du davon vollkommen überrumpelt wirst.«

»Haha, sehr witzig.«

15:07 Uhr: Fahre schnell zur Tankstelle, Luft aus dem Tank rauslassen. Dieselpreis schockt mich brutal, kann Richard und Berthold verstehen, dass sie die Preise erhöhen. Beschließe spontan, wo ich schon mal da bin, die Karre auszusaugen. Stelle fest, dass Martin vor dem Einsteigen offensichtlich in einen Kaugummi getreten ist und ihn über den Velourteppich verteilt hat.

Fluche so laut, dass der Vorwäscher von der Waschstraße zu mir eilt, um nachzufragen, ob es mir gut geht. Bejahe dies, woraufhin er mir mitteilt, dass es in der Waschstraße gerade Happy Hour gibt und ich mein Auto für einen Euro weniger als sonst waschen kann. Stelle mit kurzen Blicken auf Dach, Motorhaube und Kofferraumdeckel fest, dass sich darauf wohl eine ganze Vogelschar ihrer Nahrung entledigt hat. Eine Wäsche tut wahrlich not.

15:23 Uhr: Auto sieht aus wie frisch von der Produktionsstraße kommend, mit Ausnahme des Kaugummis, den ich wohl nie wieder rausbekomme. Mache mich auf den Weg zu Pia.

15:29 Uhr: Komme bei Pia an, die auch nächste Woche ihre praktische Prüfung machen soll und schon vor der Haustür auf mich wartet.

»Hi, Pia, alles klar bei dir, wie geht's?«

»Super, und dir?«

»Frag besser nicht ...«

»Dann frag ich dich was anderes – ich mach doch jetzt bald Abitur ...«

»IST MIR EGAL – DU MACHST DEINE PRÜFUNG NÄCHSTE WOCHE! ICH SAG NIX MEHR AB, DIE BEIM TÜV HALTEN MICH JA FÜR EINEN KASPER!«, fahre ich sie an. Mit großen Augen guckt sie mich an.

»Was geht denn mit dir ab? Natürlich mach ich meine Prüfung nächste Woche – ich wollte nur fragen, ob eure Fahrschule Interesse hat, einen Teil unseres Abiballs zu sponsern.«

»Oh, entschuldige ... ich dachte nur, dass du auch ... ich rede mal mit den Chefs, okay? Und jetzt setz dich mal ins Auto und stell dir schon mal Sitz und Spiegel ein, während ich hier vor lauter Scham im Erdboden versinke ...«

15:30 Uhr: Nehme im Auto Platz und studiere kurz Pias Ausbildungsdiagrammkarte. Alle Ausbildungsinhalte vermittelt, steht nur noch selbstständiges Fahren auf dem Programm.

16:01 Uhr: »Pia, gefällt es dir eigentlich bei uns in der Fahrschule?«

»Total, ihr seid ein netter Haufen.«

»Gefällt es dir so gut, dass du noch länger bei uns bleiben willst?«

»Na ja, so gut nun wieder auch nicht.«

»Warum tust du dann alles dafür, dass du länger bleiben musst?«

»Ich versteh nicht …«

»Haben wir schon mal was vom Rechtsfahrgebot auf der Autobahn gehört? Ich frag nur, weil du seit zwei Kilometern mit einer Seelenruhe in der Mitte fährst.«

»Scheiße!«

»Genau!«

16:02 Uhr: Lasse Pia von der Autobahn abfahren.

16:04 Uhr: Lasse Pia wieder auf die Autobahn auffahren.

16:05 Uhr: Bin einer Verschwörung auf der Spur: Vermute, dass sich alle Fahrschüler dieser Welt untereinander abgesprochen haben, ihren Fahrlehrer in den finalen Stunden vor der Prüfung in den Wahnsinn zu treiben. Gebe Pia noch dreißig Sekunden, um selbstständig zu bemerken, dass wir wieder in der Mitte fahren.

16:06 Uhr: »Gib es doch endlich zu!«

»Was denn?«

»Dass ihr Fahrschüler euch alle gegen eure Fahrlehrer verschworen habt.«

»Hä?«

»Ihr wollt sie aus Rache wegen der Anfahrübungen in den Wahnsinn treiben.«

»Hä?«

»RECHTSFAHRGEBOT!!!!«

»Schei … benkleister, ich bin so hohl!«

Ich widerspreche nicht.

16:23 Uhr: Herr Berger ruft bei mir an, wenn auch mit einiger Verspätung. Frage Pia, ob ich kurz über die Freisprechanlage telefonieren könne, und nehme nach einer positiven Resonanz das Gespräch an.

»Hallo, hier Berger noch mal. Ich habe jetzt eine Lösung für unser Problem erarbeitet. Haben Sie was zum Schreiben?«

»Unser« Problem ist ja schon mal witzig. Mein Problem ist es nicht, wenn private Nichtigkeiten mit den Fahrstunden seiner Söhne kollidieren. Ich stelle meine Lauscher auf Empfang, schreibe aber in weiser Voraussicht nichts auf.

»Also, Tristan und Florin haben morgen um 13 Uhr Unterrichtsschluss. Sie holen Tristan ab und fahren 50 Minuten mit ihm, während Florin in die Nachhilfe geht. Dann setzen Sie Tristan um zehn vor zwei beim Tennisplatz ab, dann hat er noch zehn Minuten Zeit zum Umziehen und ist rechtzeitig um zwei beim Training. In der Zwischenzeit fahren Sie wieder zur Schule zurück und holen um zwei Florin von der Nachhilfe ab. Dann fahren Sie mit ihm auch 50 Minuten und setzen ihn dann ebenso beim Tennis ab. Dann warten Sie kurz, bis Tristan aus der Dusche kommt, fahren mit ihm die restlichen 40 Minuten der Doppelstunde und bringen ihn anschließend hierher nach Hause. Dann kehren Sie um und holen pünktlich um vier Florin ab, fahren mit ihm die übrigen 40 Minuten und setzen ihn dann am Friedhof ab, wo wir auf ihn warten und anschließend an das Grab meines Großvaters pilgern, um seines Todestages zu gedenken. Passt doch, oder? Warum lachen Sie denn so? Ich finde das nicht zum Lachen, sondern eine logistische Meisterleistung!«

»Das bin nicht ich, der lacht, das ist meine Schülerin, die mithört …«, seufze ich. Nach Lachen ist mir nicht zumute, im Gegenteil.

»Ach so … also, können wir das so machen?«

»Herr Berger, ich …«

»Hallo, sind Sie noch dran? Sind Sie im Funkloch?«

Schön wär's, aber ich ringe, ehrlich gesagt, um Worte.

»Herr Berger, ich weiß nicht, was ich sagen soll. Ob ich überhaupt was sagen soll. Ich weiß auch nicht, ob ich lachen oder weinen soll … Sie erleben mich gerade ratlos!«

»Wieso denn? Ist doch ein astreiner Plan!«

»Herr Berger, jetzt mal Spaß beiseite und ein paar Worte zu Ihren aberwitzigen Plänen: Erstens bin ich nicht der Chauffeur, sondern der Fahrlehrer Ihrer Söhne.

Zweitens interessieren mich deswegen auch nur ihre Fahrstunden und nicht, welchen privaten Verpflichtungen Tristan und Florin nachzukommen haben.

Drittens sind beide über 18 Jahre alt, also geschäftsfähig. Ob beide mündig sind, lasse ich mal dahingestellt. In jedem Fall haben sie einen Ausbildungsvertrag unterzeichnet, in dem steht, dass Fahrstunden 48 Stunden vor Antritt abgesagt werden müssen, ansonsten müssen sie bezahlt werden. Beide Jungs haben für morgen mit mir Stunden vereinbart, Tristan von ein Uhr bis halb drei, und Florin von halb drei bis um vier. Entweder die beiden erscheinen und fahren, oder sie gehen zum Tennistraining und bezahlen meinen Stundenausfall. Aber ich schwöre Ihnen, dass ich mich nicht zum Affen machen lasse und den Freizeitstress, wie wichtig oder unwichtig er auch sein mag, in irgendeiner Form unterstütze, kapiert?«

»Hm … ich rede noch mal mit dem Tennislehrer. Ich melde mich wieder bei Ihnen«, verabschiedet er sich beleidigt.

Werde den Rest des Tages nur noch durch Funklöcher fahren.

16:27 Uhr: Pia hat sich mit dem Lachen wieder eingekriegt.

16:34 Uhr: Fahre mit Pia noch mal einen Schlenker auf die Autobahn, in der Hoffnung, dass sie das mit dem Rechtsfahrgebot jetzt endlich umsetzt.

16:35 Uhr: Pia hält sich an das Rechtsfahrgebot. Fährt auf dem Standstreifen. Jetzt bin ich es, der lachen muss.

16:36 Uhr: Habe mich mit dem Lachen wieder eingekriegt, während Pia heult.

»Warum mach ich denn so einen Scheiß? Und das kurz vor der Prüfung! Das hab ich doch noch nie gemacht«, verzweifelt sie.

16:59 Uhr: Stehe mit Pia vor ihrer Haustür. Aufbauendes Fahrlehrerverhalten nennt sich das, was ich jetzt tue. Erkläre ihr, dass sogenanntes Verlassen des Lernplateaus kurz vor der Prüfung nicht selten ist. Verspreche ihr, dass wir in der nächsten Stunde noch mal an das Problemchen rangehen. Schlage ihr nächsten Montag um 14 Uhr vor.

»Da kann ich nicht, da hab ich Tennistraining!«

»WILLST DU MICH VERARSCHEN?«

»Ja genau, das will ich. Scherz, Montag um zwei geht in Ordnung. Übrigens – da ist Kaugummi auf der Fußmatte ...«

17:15 Uhr: Komme bei Maja an. Vierte Doppelstunde. Heutiger Ausbildungsschwerpunkt: mehrspuriges Abbiegen. Erkläre ihr anhand einer Zeichnung das zwei- und dreispurige Links- und Rechtsabbiegen. Maja hört gelangweilt zu, da sie das ganze Thema und das dazugehörige Prozedere schon letzte Woche im Theorieunterricht über sich ergehen lassen musste.

17:27 Uhr: Biegen zum ersten Mal mehrspurig nach links ab. Sage ihr vorher, dass sie jetzt auf der kurvenäußeren Spur rauskommen müsse. Greife trotzdem ein, weil sie außen und innen verwechselt.

17:28 Uhr: Nach dem zweiten missglückten Anlauf versuche ich es mit einer leichteren Diktion: »Maja, vielleicht merkst du es dir so: links rein, links raus; rechts rein, rechts raus.«

»So kann ich es mir besser merken. Außen und innen verwirrt mich zu sehr.« Aha ...

17:31 Uhr: Schraube die Anforderung herunter und gebe ihr eine narrensichere Variante: Zwei aufeinanderfolgende Schilder weisen auf das mehrspurige Abbiegen hin und die Pfeilmarkierungen auf der Fahrbahn sind geradezu üppig vorhanden und erst vor einem halben Jahr erneuert worden. Ein Maler würde jetzt ein Schild mit »Frisch gestrichen« aufhängen. Bringt trotzdem nichts. Wir fahren auf dem linken Fahrstreifen ein und landen auf dem rechten. Muss nicht eingreifen, da kein Fahrzeug hinter oder neben uns ist.

17:39 Uhr: Nächster und vierter Versuch und es geht wieder schief. Hole tief Luft, lasse Maja rechts ranfahren, hole erneut Schmierpapier und Kugelschreiber hervor und zeichne ihr die Situation und ihren Fehler auf.

17:44 Uhr: Fünfter Versuch, aber keinen Deut besser. Tadele Maja, dass es bei den vielen Versuchen langsam, aber sicher mal klappen sollte. Maja nickt.

17:52 Uhr: Sechster Versuch, es klappt. Hoffnung keimt in mir auf.

17:53 Uhr: Schülerin tötet beim Abbiegen fast einen Motorradfahrer. Diesmal standen wir auf der rechten Spur und landeten fast auf der linken. Ermahne Maja nun in einer etwas höheren Tonlage.

17:56 Uhr: Lasse Maja umkehren und fahre noch mal dieselbe Stelle mit ihr. Muss in das Lenkrad greifen, da wir sonst einen Schulbus rammen würden. Diesmal fuhren wir links rein und kamen rechts raus.

17:57 Uhr: Nach dem Versuch, eine spezielle Atemtechnik zur Beruhigung anzuwenden, was jedoch grandios scheitert, rede ich Maja ins Gewissen:

»Du musst dich mehr konzentrieren! Du fährst heute einen Scheißdreck zusammen, das ist unglaublich! Das muss jetzt besser werden!«

»Besser, besser, besser«, pampt sie mich an. »Immer muss ich alles besser machen. Mein Chef sagt, ich muss besser arbeiten, mein Mann sagt, ich muss besser vögeln, meine Tochter sagt, ich muss besser kochen, du sagst, ich muss besser fahren – ich mag nicht mehr!«, schreit sie und springt an der nächsten roten Ampel aus dem Auto. Sitze da und werde erst durch das Gehupe der Autos hinter mir aus meiner Schockstarre geweckt. Fahre das Auto zur Seite, steige aus und gehe zur Schülerin, die heulend an der Ampel lehnt. Beruhige sie, baue sie auf und fahre den Rest der Stunde mit ihr nur kerzengeradeaus in Richtung Fahrschule.

18:45 Uhr: Komme mit Maja an der Fahrschule an. Lasse Maja aussteigen und ins Haus gehen, damit sie ihren Zahlungsverpflichtungen nachkommen kann. Resümee für den Nachmittag und somit Teil zwei des Protokolls: eine geplatzte Prüfung mit dem Timing-Genie Martin, ein weiteres, aber nur noch Kopfschütteln hervorrufendes Telefonat mit dem Vater von Tristan und Florin, eine ungekrönte Standstreifen-Königin namens Pia und Maja, die ich zur Desperate Housewife der mehrspurigen Straßen kröne. Hätte besser wirklich um ein Abendessen bei einem Nobel-Italiener wetten sollen – die Blasen an den Füßen des Dozenten verheilen schneller als ein 200-Euro-Loch in seinem Geldbeutel und tun somit weniger weh …

18:47 Uhr: Betrete die Fahrschule, begrüße Dagmar per Handschlag und bemerke dabei, dass sie schon wieder ein vollgeheultes Taschentuch in den Fingern hat. Frage, was los ist.

»Der gleiche Scheiß wie immer mit diesem Hurenbock!«, flennt sie los.

Gebe ihr meine Tagesnachweise von dieser Woche. Frage, ob es Neuanmeldungen gegeben hat, und ernte wieder Tränen. »Nein – bei der riesigen Preiserhöhung, die Richard und der

Casanova beschlossen haben –, aber dafür werde ich dann wieder gut genug sein, um das Säckel aufzufüllen ...«, schluchzt sie. Gehe zum Lehrerpult, schalte Computer und Beamer an und begrüße die Schülerschaft, die aus einem Jungen und einem Mädchen sowie Maja besteht, die nach ihrem Tränenausbruch wieder ganz passabel aussieht.

18:49 Uhr: Dagmar holt mich ins Büro, Besuch wäre für mich da. Gehe ins Büro. Kevin und Markus stehen da. Der Tag wird immer besser ...

»Hey, Andi, kannst dich noch an uns erinnern?«, fragt Kevin.

Wie könnte ich denn den Weihnachtsmann und den Osterhasen und die vielen Schrittgeschwindigkeitsorgien und Kreiselfahrten vergessen?

»Wir wollten uns bei dir für die Ausbildung bedanken. Unsere Eltern und Freunde schwärmen alle, wie gut wir Auto fahren würden.« Jetzt laufe ich tatsächlich rot an.

»Als kleines Dankeschön haben wir dir was mitgebracht – du hast doch erzählt, dass du kein Laufshirt für den Sommer hast ...«

Muss jetzt aufpassen, dass ich vor lauter Rührung nicht wie Dagmar und Maja zur Heulsuse werde. Haben mir die beiden doch echt ein Laufshirt in meiner Größe besorgt!

»Danke noch mal für alles«, verabschieden sie sich und lassen mich sprachlos zurück. So viel Dankbarkeit von den beiden Rabauken hätte ich wirklich nicht erwartet.

19:00 Uhr: Beginne den Theorieunterricht. Lektion zwölf, »Lebenslanges Lernen«. Passt irgendwie ...

19:59 Uhr: Dagmar kommt in den Raum und legt mir ein Post-it hin.

»Ein gewisser Herr Berger hat gerade angerufen und die Fahrstunden für Tristan und Florin abgesagt. Tennis wäre wichtiger, hat er gesagt.«

20:30 Uhr: Ende des Theorieunterrichts. Der Junge und das Mädchen kommen auf mich zu.

»Du bist der neue Fahrlehrer, oder?«

»Wie er leibt und noch lebt«, antworte ich.

»Wir würden gerne Fahrstunden bei dir ausmachen ...«

»Puh, in den nächsten Tagen wird das schwierig ... Wollt ihr vielleicht mit einem Kollegen fahren?«

»Nein. Nur mit dir!«, bestimmen beide im Chor.

»Warum nur mit mir?«

»Weil alle unsere Freunde gesagt haben, dass wir nur zu dir gehen sollen – nicht zu Richard, Berthold, Tarek oder Frank«, erklärt das Mädchen.

Erst Kevin und Markus mit ihrem Präsent, jetzt diese überschwänglichen Empfehlungen anderer Schüler – wenn das so weitergeht, muss ich Dagmar um ein Taschentuch bitten ...

Schaue noch mal in den Terminkalender, in der Hoffnung, noch irgendwo ein freies Plätzchen zu finden. Da trifft mein Blick das vor mir liegende Post-it.

»Mir fällt gerade auf, dass morgen Nachmittag etwas frei geworden ist. Könnte euch nacheinander drannehmen – außer ihr habt zufällig Tennistraining ...«

»Nö, haben wir nicht. Fahrschule hat jetzt Priorität«, sagen die beiden zu. Zwei Fliegen mit einer Klappe geschlagen: Die beiden ambitionierten Schüler gleich mal mit Fahrstunden versorgt und den Berger-Brüdern Stornierungskosten erspart.

20:33 Uhr: Rufe Herrn Berger an und teile ihm mit, dass seine Söhne die abgesagte Fahrstunde nicht bezahlen müssen, da ich zwei Ersatzleute gefunden habe, die ihre Prioritäten vernünftig setzen. Er teilt mir mit, dass er mich eigentlich gerade anrufen wollte, um mir mitzuteilen, dass Tristan und Florin doch fahren können, weil das Tennisturnier abgesagt wurde. Lache laut und lege auf. Pech gehabt, Familie Berger!

20:34 Uhr: Sperre die Fahrschule ab und mache mich auf den Weg zu Moritz für 45 Minuten Nachtfahrt. Denke an Berthold, meinen Co-Boss, der zu Nachtfahrten folgende Einstellung vertritt: »Ich fahr schon um sieben Uhr mit den Schülern los, wenn es noch hell ist, und schick sie durch ganz viele Tunnel – da ist es doch auch dunkel. Und ich hab früher Feierabend und Zeit für die Fahrschülerinnen – oder für Dagmar …«

20:41 Uhr: Komme bei Moritz an. Noch vier Minuten bis zur Fahrstunde. Rauche eine Zigarette und begutachte mein blank gewienertes Schulungsfahrzeug.

20:45 Uhr: Eigentlicher Fahrstundenbeginn. Keine Spur von Moritz.

20:47 Uhr: Klingle an der Haustüre. Mutter öffnet die Tür und teilt mir mit, dass der Junge noch seinen Rausch ausschläft. Frage, ob er denn überhaupt fahrtüchtig sei. Bekomme zur Antwort: »Wer saufen kann, kann auch studieren. Und wer studieren kann, kann auch fahren lernen!« Interessante Denkweise …

20:56 Uhr: Moritz erscheint. Begutachte ihn und lasse mich von ihm anhauchen. Augen sind klar, Atem stinkt nach Zahnpasta, er kam nicht in Schlangenlinien auf mich zu – schauen wir mal, ob und wie viel Restalkohol noch in diesem Studentenkörperchen steckt …

20:57 Uhr: Beginne mit der Erklärung der Scheinwerfer.

»So, Moritz, jetzt wäre das Standlicht eingeschaltet. Jetzt schalte ich mal auf das Abblendlicht um. Siehst den Unterschied?«

»Hm«, gibt er sich wortkarg, während er sich mit seiner linken Hand auf der Motorhaube abstützt.

»Jetzt schalte ich vom Abblendlicht auf das Fernlicht um. Schau mal nach vorn … nach vorn, nicht auf die Motorhaube schielen … Moritz, NEIN!!!«

20:58 Uhr: Moritz hat sich komplett entleert. Langsam und zäh fließt das Erbrochene über die frisch gewaschenen Scheinwerfer, weiter über die Stoßstange bis hinunter zum Nebelscheinwerfer. Beende nach dem Schock die Unterweisung und gleichzeitig die Fahrstunde mit der Erläuterung, dass die Lampe, wo die Kotze gerade abläuft, der Nebelscheinwerfer ist und er sich nach seiner Genesung zwecks Vereinbarung einer neuen Nachtfahrt bei mir melden solle. Moritz nickt, murmelt etwas wie »Entschuldigung« und übergibt sich auf dem Weg ins Haus in Muttis Kräutergarten.

21:11 Uhr: Komme zu Hause an. »Ist was passiert? Ich denke, du hast bis halb zehn Nachtfahrt«, begrüßt mich meine Frau.

»Warte, ich erzähl es dir gleich – muss nur noch schnell 'ne E-Mail schreiben …«

21:12 Uhr: Habe den PC hochgefahren. Schreibe an meinen Dozenten: *Guten Abend! Könnte jetzt eine Liste mit Plus und Minus im Attachement beifügen und würde bei all dem Negativen, angefangen mit zu spätem Erscheinen und endend mit einem vollgekotzten Auto, unsere Wette gewinnen – aber einige wenige positive Erlebnisse überstrahlen irgendwie das ganze Schlechte. Und selbst über die Minusseiten muss ich jetzt gerade lachen. Komisch: Irgendwie macht der ganze Scheiß auf seine Art Lust und Laune. Meinten Sie das vielleicht mit dem Ausspruch ›mehr Licht als Schatten‹? Viele Grüße, der Wettkontrahent*

Nächster Tag, 8:46 Uhr: Fahre den PC hoch. Neben unzähligen Spam-Mails auch die Antwort vom Dozenten: *;)*

8:47 Uhr: Trage in unser Haushaltsbuch unter »Soll« zwei Startgebühren für den nächsten Stadtlauf ein. Die Erkenntnis ist es mir wert.

8:52 Uhr: Blicke auf mein Handy: ein entgangener Anruf von Herrn Berger – bin schon jetzt gespannt, wo und wann ich Tristan und Florin im U-Bahn-Takt abholen und abliefern soll.

Und noch eine SMS von Moritz, eingegangen um zwei Uhr morgens: *Hi, sitze hier bei einem Konter-Bier und grüble, ob ich die Fahrstunde von vorhin eigentlich zahlen muss.*

8:59 Uhr: Beschließe, eines Tages ein Buch über den ganzen Wahnsinn zu schreiben. Titel: *So geht's in der Fahrschule ab.*

9:02 Uhr: Werfe mich in mein neues Laufshirt und gehe für den Stadtlauf trainieren.

12. KAPITEL

NADINE & PINOCCHIO

(PRÜFUNGS-)MÄRCHEN

Duhu ...« – »Jaha, Nadine ...?« – »Ich hab da mal 'ne Frage ...« – »Dann schieß mal los!«

»Eine Freundin hat mir erzählt, dass sie in der Prüfung durchgefallen ist, weil sie ...«

»Brauchst gar nicht weiterzureden«, unterbrach ich sie.

»Wieso denn nicht?«

»Weil das, was sie dir erzählt hat, aller Wahrscheinlichkeit nach großer Mist ist.«

»Warum denn?«

»Weil selbst der ehrlichste Mensch bei der Beurteilung seiner Fahrkünste in der praktischen Prüfung zu externalen Kausalattribuierungen neigt.«

»Externale ... was?«

»Lass mich mal raten: Sie hat nur einmal vergessen, den Blinker zu setzen, und ist deswegen durchgefallen. Und überhaupt war der Prüfer ein ganz fieses, sadistisch veranlagtes Schwein, oder?«

»Stimmt. Einmal hat sie vergessen zu blinken. Und beim Einparken hat sie den Bordstein berührt. Und deswegen ist sie durchgefallen. Und der Fahrlehrer hat das Parken mit ihr gar nicht richtig geübt! Und der Prüfer war total schlecht gelaunt!«

»Eben«, schmunzelte ich.

»Eben was?«

»Externale Kausalattribuierung.«

»Was heißt das denn?«

»Dass immer die anderen schuld sind ...«

»Und wann fällt man tatsächlich in der Prüfung durch?«

»Ich erzähl dir mal die Geschichte von einem gewissen Pinocchio ...«

Einige Monate waren zwischenzeitlich ins Land gegangen. Ich hatte meine beiden Lehrproben erfolgreich absolviert und war somit ein vollwertiges Mitglied der Fahrlehrer-Familie geworden. Das bedeutete, dass meine Stundenanzahl nicht mehr auf vierzig Unterrichtsstunden pro Woche reglementiert war. Das wiederum hatte zur Folge, dass die Anzahl meiner Schülerinnen und Schüler wuchs. Nicht, weil wir so viele Neuanmeldungen hatten – diese wurden sowohl durch die Preiserhöhung von Richard und Berthold als auch wegen der neueröffneten Fahrschule im Nachbarort mit ihren Dumpingpreisen verhindert –, sondern weil meine Kollegen Tarek und Frank mal wieder mit ihrer Ehe respektive Gesundheit zu kämpfen hatten und ich deren Schüler mit übernehmen musste. Demzufolge hatte ich in den vergangenen Monaten eine stattliche Schar von Kandidaten, welche ich mal mehr, mal weniger erfolgreich durch die praktische Prüfung schleuste. Von daher verfügte ich zu diesem Zeitpunkt schon über einen gewissen Erfahrungsschatz, was praktische Prüfungen betraf. Und ich hatte mir auch schon genügend Ammenmärchen von Schülern anhören müssen, welche diese wiederum von Freunden erfahren hatten. Die Essenz aus Erlebtem und Gehörtem lässt den Autor zu zwei Erkenntnissen kommen.

Erstens: Je näher der Termin für die praktische Prüfung rückt, desto mehr Gewicht bekommt die Frage »Wann fällt man eigentlich in der Prüfung durch?«. Es ist dann vollkommen uninteressant, ob man später wegen überhöhter Geschwindigkeit aus der Kurve fliegen, wegen unterlassenen Blinkens einen Unfall verursachen oder wegen Feindberührung beim Einparken seinen Schadenfreiheitsrabatt in die Höhe treiben würde – wichtig ist allein die Frage: Falle ich wegen diesem Fehler in der Prüfung durch?

Um den geneigten Leser nicht weiter auf die Folter zu spannen, der Wahrheitsfindung zu dienen und um der zweiten Schlussfolgerung Vorschub zu leisten, zitiere ich auszugsweise die »Richtlinie für die Prüfung der Bewerber um eine Erlaubnis zum Führen von Kraftfahrzeugen«, kurz Prüfungsrichtlinie – neben der StVO die zweite Bibel eines jeden Fahrlehrers –, und die für die Prüfungsfahrt zu beachtenden Grundsätze. Hier heißt es unter Punkt 5.17.2.1 wie folgt:

»Trotz sonst guter Leistungen ist die Prüfung als nicht bestanden zu bewerten und soll beendet werden, wenn ein erhebliches Fehlverhalten festgestellt worden ist. Dabei handelt es sich um:

► Gefährdung oder Schädigung
► Grobe Missachtung der Vorfahrt- und Vorrangregelung
► Nichtbeachten von ›Rot‹ bei Lichtzeichenanlagen oder entsprechenden Zeichen eines Polizeibeamten
► Nichtbeachten der Vorschriftzeichen
► Zeichen 206 Stopp-Schild
► Verkehrsverbote (Zeichen 250 bis Zeichen 266) ohne Zusatzschild wie zum Beispiel ›Anlieger frei‹
► Zeichen 267 Verbot der Einfahrt
► Nichtbeachten anderer Vorschriftzeichen mit der Folge einer möglichen Gefährdung

- ▶ Verstoß gegen das Überholverbot
- ▶ Vorbeifahren an Schul- und Linienbussen, die mit Warnblinklicht an Haltestellen halten, mit einer Geschwindigkeit von mehr als 20 km/h
- ▶ Endgültiges Einordnen zum Linksabbiegen auf Fahrstreifen des Gegenverkehrs
- ▶ Fahrstreifenwechsel ohne Verkehrsbeobachtung
- ▶ Fehlende Reaktion bei Kindern, Hilfsbedürftigen und älteren Menschen.«

Punkt 5.17.2.2: »Zum Nichtbestehen einer Prüfung kann außer dem in 5.17.2.1 genannten Fehlverhalten auch die Wiederholung oder Häufung von verschiedenen Fehlern führen, wie zum Beispiel:

- ▶ Mangelhafte Verkehrsbeobachtung
- ▶ Nichtangepasste Geschwindigkeit
- ▶ Vorbeifahren an Schul- und Linienbussen, die mit Warnblinklicht an Haltestellen halten, mit mehr als Schrittgeschwindigkeit, aber nicht mehr als 20 km/h
- ▶ Fehlerhaftes Abstandhalten
- ▶ Unterlassene Bremsbereitschaft
- ▶ Nichteinhalten des Rechtsfahrgebots
- ▶ Nichtbeachten von Verkehrszeichen, mit Ausnahme der unter 5.17.2.1 genannten Situationen
- ▶ Langes Zögern an Kreuzungen und Einmündungen
- ▶ Fehlerhaftes oder unterlassenes Einordnen in Einbahnstraßen
- ▶ Fehlerhaftes oder unterlassenes Betätigen des Blinkers
- ▶ Fehlerhafte oder unterlassene Benutzung der Bremsen und vorhandener Verzögerungssysteme
- ▶ Fehler bei der Fahrzeugbedienung
- ▶ Fehler bei der umweltbewussten und energiesparenden Fahrweise.«

Das waren die Durchfallgründe. Nicht die Magen und Darm schädigenden, wozu so eine Prüfung allerdings auch schon geführt haben soll, sondern die wahren und einzigen Gründe, warum der Führerschein nicht auf Anhieb gewährt wird.

So weit ZDF (Zahlen, Daten, Fakten). Kommen wir jetzt zu ARD (Allgemeine Rum-Dusselei) und der zweiten Erkenntnis des Autors:

Proportional zu den FAQ (Frequently Asked Questions), warum man in der Prüfung druchfällt, steigt auch der FTS. FTS ist eine Wortschöpfung des Autors (der hiermit um die Aufnahme dieser Kreation in den Duden bittet) und bedeutet Frequently Talked Shit. Fakt ist, dass noch kein Fahrschüler nach seiner Prüfung aus dem Auto gestiegen ist und »Hurra, ich bin durchgefallen! Ich bin ja so glücklich!« ausgerufen hat. Natürlich ist man traurig, wütend und enttäuscht. Nachdem diese Emotionen abgeklungen sind, trennt sich bei den gescheiterten Prüflingen die Spreu vom Weizen: Die einen analysieren ihre(n) Fehler zusammen mit ihrem Fahrlehrer und geloben Besserung beim nächsten Anlauf. Dies erfordert natürlich ein gesundes Maß an Aufrichtigkeit und Selbstkritik, zu der die meisten Menschen leider nicht fähig sind. Anstatt den oder die Fehler bei sich selbst zu suchen oder schlicht aus Scham kommt dann die bereits erwähnte externale Kausalattribuierung zum Vorschein.

Der Einfachheit halber spielen wir jetzt mal Gott und erschaffen eine Person, die ihre Prüfung nicht bestanden hat und für verschiedene Sachverhalte ihre eigene Betrachtungsweise offenbart. Wir nennen sie treffenderweise Pinocchio. Pinocchio hat also seine Prüfung wenig erfolgreich hinter sich gebracht und erzählt Freundinnen, Freunden, Eltern und Leuten, die das eigentlich gar nicht interessiert, die Geschichte der Prüfungsfahrt aus seiner Sicht. Der Autor erlaubt sich, den Redeschwall an Stellen, wo am meisten Shit getalkt wird, kurz zu unter-

brechen und Aufklärungsarbeit beziehungsweise Übersetzungs-
hilfe zu leisten.

»Boah, so 'ne Scheiße! Ich bin durch die Prüfung gerasselt –
obwohl ich richtig gut gefahren bin ...«

Gestatten Sie mir hier den ersten Break: Ein Fahranfänger,
der seine Fahrkünste trotz nicht bestandener Prüfung als
»richtig gut« beurteilt, ist in etwa so ernst zu nehmen wie ein
Jüngling, der nach seinem »ersten Mal« eine Karriere als Porno-
star anpeilt, weil er seine Bemühungen »voll gut« fand, ohne den
Geschlechtspartner dazu befragt zu haben.

»Aber wenn du richtig gut gefahren bist – wieso bist du dann
durchgefallen?«, fragen die aufmerksamen Zuhörer und Seelen-
tröster nach. Mit Recht! »Weil der Prüfer voll schlecht drauf
war ...«

Entschuldigung, aber ich muss schon wieder unterbrechen.
Prüfer sind, viele mögen es nicht glauben, tatsächlich auch nur
Menschen. Und jeder Mensch ist mal besser, mal schlechter
gelaunt. Das ist keine Modeerscheinung wie das Burn-out-
Syndrom, sondern seit Urzeiten ganz natürlich und menschlich.
Die Laune eines Prüfers ist jedoch niemals ausschlaggebend
für seine Beurteilung des fahrerischen Könnens eines Führer-
schein-Aspiranten. Um es zu verdeutlichen: Ich habe in meiner
Karriere schon erlebt, wie frisch verliebte und auf Wolke sieben
schwebende Prüfer die Aushändigung des Führerscheins wegen
eines Rotlichtverstoßes berechtigterweise verweigert haben.
Und ebenso durfte ich Zeuge sein, als einem Prüfer, dem kurz
nach dem Wohnungskauf unweit seiner Arbeitsstelle die Ver-
setzung in ein anderes Bundesland angekündigt wurde, tatsächlich die Führerscheine nach brillanten Fahrten nur so aus der
Hand flutschten! Wir halten also fest: Die Laune eines Prüfers
ist für die Prüfungsfahrt vollkommen nebensächlich und ganz
und gar nicht entscheidend!

»... und mich wegen lauter Kleinigkeiten hat durchfallen lassen!«

»Boah, wie fies! Was hast du denn gemacht?«

»Na ja, ich hab einmal den Motor abgewürgt, bin mal ganz kurz ein bisschen zu schnell gefahren und hab beim Stoppschild nicht bis drei gezählt. Beim Einparken habe ich den Bordstein leicht berührt und dann beim Aussteigen mit der falschen Hand die Tür aufgemacht. Und beim Linksabbiegen hat mein Fahrlehrer vollkommen grundlos gebremst – der war übrigens auch total gegen mich!«

»Ist ja krass streng und ungerecht ...«

»Ja voll, oder? Ein Freund hat mir erzählt, dass die Prüfer eine Quote haben, wie viele Fahrschüler pro Tag durchfallen müssen; wahrscheinlich war ich einer davon, der daran glauben musste ...«

Okay, stopp! Ich habe mich lange zurückgehalten, aber jetzt muss ich intervenieren. Zäumen wir mal das Pferd von hinten auf: Es gibt tatsächlich eine Quote, die Prüfer zu erfüllen haben – nämlich eine geforderte Häufigkeit von Situationen bei Fahrprüfungen, wie zum Beispiel Durchführen von Fahrstreifenwechseln oder Passieren von Fußgängerüberwegen. Die Aussage, es gäbe eine Quote, wie viele Fahrschüler ihre Prüfung bestehen oder nicht bestehen dürfen, ist ein weiteres Ammenmärchen und als reine Schutzbehauptung zu werten. Man stelle sich mal folgendes fiktives Resümee eines Prüfers vor: »Tja, eigentlich sind Sie fehlerfrei gefahren, aber ich muss leider meine Quote erfüllen ...« Apropos Schutzbehauptung: Sehen wir uns doch mal diese ominösen »Kleinigkeiten« und die offensichtliche Diskrepanz zur Prüfungslinie an. Um es vorwegzunehmen: Würde jeder Prüfer in der Bundesrepublik die Prüfungsrichtlinie eins zu eins anwenden, würden lediglich circa fünf Prozent aller Aspiranten ihre Prüfung beim ersten Mal bestehen. Dass die Bestehens-Quote – bundesweit unterschied-lich – in der Regel zwischen 60 und 80 Prozent beträgt, liegt daran, dass die Prüfer, wie schon erwähnt, Menschen sind und darüber hinaus auch in der Prüfungsrichtlinie vorgeschrieben ist, dass Vorschriften nicht kleinlich auszulegen sind und gute Leistungen berücksichtigt werden sollen (Punkt 5.17). Nach-dem sich der werte Leser anhand der Prüfungsrichtlinie nun-mehr ein Bild davon machen konnte, wann, wieso und warum man durchfällt, und auch erfahren hat, dass wir es bei Prüfern in der Regel nicht mit Korinthenkackern zu tun haben, wollen wir die von Pinocchio vorgetragenen Gründe für sein Scheitern unter die Lupe nehmen.

»Ich hab einmal den Motor abgewürgt« – das bedingt natürlich noch kein Prüfungsende, denn so etwas ist nach der Prüfungsrichtlinie eine mangelhafte Fahrzeugbedienung, die erst in der Wiederholung zu einem Nichtbestehen führt. Wir reden also von mindestens zweimal Abwürgen und selbst da habe ich es noch nicht erlebt, dass der Prüfer den Daumen nach unten senkt, sondern er wird den Schüler eher zum Durch-schnaufen ermahnen.

»Ich bin mal ganz kurz ein bisschen zu schnell gefahren« – ist eine Sache, die im Auge des Betrachters liegt. Fragen Sie mal einen Polizeibeamten, der eine Geschwindigkeitskontrolle durchführt und den Ertappten eine Überschreitung von mehr als 30 Stundenkilometern innerhalb einer Ortschaft vorhält, wie oft der die Replik zu hören bekommt, dass das ja nur ein biss-chen zu schnell war. »Ein bisschen zu schnell« wäre in einer praktischen Prüfung überhaupt kein Problem, wenn es sich kurzfristig (also wenige Sekunden) um eine Überschreitung von vielleicht ein bis drei Stundenkilometern handelt. Wenn ein Schüler also von »ganz kurz ein bisschen zu schnell gefahren« spricht, heißt das übersetzt, dass er sich minutenlang im hohen

Bußgeld-Bereich bewegt hat – ansonsten wäre auch aus diesem Grund die Prüfung nicht beendet worden.

»Ich hab beim Stoppschild nicht bis drei gezählt« klingt jetzt erst mal verwirrend. Die eigentliche Aufgabe bei einem Stoppschild ist ja nicht, bis drei zu zählen, sondern stehen zu bleiben und zu halten. Damit dies auch wirklich geschieht und ein Schüler oder eine Schülerin keinen sogenannten Rollstopp hinlegt, bei dem man zwar meint, schon zu stehen, aber de facto noch rollt, wendet jeder Fahrlehrer seine eigene Methode an. Manche bläuen ihren Schülern die 3-S-Regel ein – stoppen, schalten, schauen –, um sicherzustellen, dass der Schüler auch richtig anhält. Andere Kollegen nötigen ihre Schüler dazu, an der Haltlinie stehen zu bleiben und bis drei zu zählen, um denselben Effekt zu erreichen, nämlich das unbedingte Halten. Welche Methode besser ist, sei dahingestellt, aber auf jeden Fall haben wir jetzt den Fehler von Pinocchio erkannt – nicht das Nicht-bis-drei-Zählen war das Problem, sondern das Nicht-Stehenbleiben hat zum autofahrerischen Genickbruch geführt.

»Beim Einparken habe ich den Bordstein leicht berührt und dann beim Aussteigen mit der falschen Hand die Tür aufgemacht.« Diese Aussage teilen wir in zwei Hälften, wobei der erste Teil zügig geklärt sein dürfte. Wenn beim Parken der Bordstein mit dem Reifen touchiert wird, lässt das jeden Prüfer kalt. Ergo hat nicht eine leichte Berührung, sondern ein heftiges Auffahren auf den Bordstein für ein ordentliches Minus gesorgt. Beim zweiten Teil, nämlich dem Öffnen der Fahrertür mit der falschen Hand, haben wir es mit einer kleinen List der Fahrlehrer zu tun. Natürlich ist es für den Ausgang einer Prüfung völlig unerheblich, mit welcher Hand ein Prüfling die Tür öffnet. Für gewöhnlich tut man dies ja mit der linken Hand – außer, der Fahrlehrer verbietet es und ordnet an, dies zukünftig mit der rechten Hand zu tun. Dies hat nichts mit Schikane zu tun, sondern es hat einen speziellen Hintergrund: Als Fahrlehrer ordne ich dieses Prozedere an, um eine Gefährdung anderer Verkehrsteilnehmer auszuschließen, wenn mein Schüler beim Aussteigen partout gegen seine Sorgfaltspflicht verstößt. Das heißt, dass er einfach ohne zu schauen die Tür aufreißt und sich um den herannahenden Verkehr einen feuchten Kehricht schert. Beim Öffnen mit der rechten Hand zwinge ich ihn dazu, seinen Kopf in Richtung Schulter und somit zum Außenspiegel und zur Seitenscheibe zu richten. Wenn Pinocchio also von der Kleinigkeit eines falschen Türöffnens berichtet, so heißt das nichts anderes, als dass ein Fahrradfahrer fast gegen die Tür gekracht wäre und sich wegen Pinocchios Unachtsamkeit beinahe schwerste Verletzungen zugezogen hätte.

»Und beim Linksabbiegen hat mein Fahrlehrer dann aus mir unerfindlichen Gründen gebremst – der war übrigens auch voll gegen mich!«

Jaja, wenn der fiese Prüfer nicht Schuld am Ausgang der Prüfung trägt, dann ist es immer der böse Fahrlehrer. Mal im Ernst: Genauso wenig wie ein Prüfling begeistert ist, wenn er nicht besteht, genauso wenig ist es sein Fahrlehrer, spiegelt das Prüfungsergebnis doch auch das Ergebnis seiner Arbeit wider, stressbedingte Totalaussetzer oder Blackouts des Schülers mal ausgenommen – so was kann ein Fahrlehrer nur minimal beeinflussen. Deswegen greift ein Fahrlehrer während der Prüfung in der Regel nur bei krassen Behinderungen oder Gefahren für Leib, Leben und Eigentum ein. Der unerfindliche Bremseingriff beim Linksabbiegen dürfte wohl weniger aus Willkür erfolgen, sondern eher der Tatsache geschuldet sein, dass der Pinocchio die Geschwindigkeit eines heranbrausenden Pizzalieferanten vollkommen falsch, also zu niedrig, eingeschätzt hat. (An dieser Stelle eine kurze Bitte an die Fahrer solcher kulinarischen Expressdienste: Ich schätze durchaus die Ankunft der Mahlzeit in

Ofentemperatur bei mir vor der Haustüre – noch mehr schätze ich es jedoch, wenn sich der Belag dieser Teigware nicht den Fliehkräften beugen musste …)

»Und, Natalie, war dir diese Geschichte jetzt Antwort genug auf deine Frage?«

»Ich denke, ja. Dann hat mich meine Freundin also höchstwahrscheinlich angelogen. «

»Ich weiß nicht, ob ich es Lügen nennen würde – aber vielleicht hat sie dir nicht die ganze Wahrheit erzählt. Lass dir doch mal das Prüfprotokoll von ihr zeigen; das bekommt man vom Prüfer ausgehändigt, wenn es nicht geklappt hat. Und da sind alle relevanten Fehler aufgelistet.«

»Das soll sie mir mal zeigen, diese Schwindlerin! Hoffentlich hat sie so viel Rückgrat und behauptet nicht, dass es ihr kleiner Bruder zerrissen hat.«

Pinocchia hatte das Rückgrat und zeigte Nadine das Prüfungsprotokoll, wie diese mir bei der nächsten Fahrstunde mitteilte. Das DIN-A4-Blatt war über und über mit roter Tinte beschrieben – also doch ein bisschen mehr als eine Kleinigkeit …

Tja, was soll ich sagen? Traue keiner Prüfungsfahrt, an der du nicht selbst beteiligt warst!

13. KAPITEL

187 FAHRSTUNDEN

Die Grippewelle rollte und sie machte auch vor unserer Fahrschule nicht halt. Während sich komischerweise alle Fahrschüler bester Gesundheit erfreuten, fielen die Fahrlehrer nacheinander wie Dominosteine um. Zuerst zerbröselte es Frank (war ja klar, mal wieder Urlaub auf Kosten der Krankenkasse), dann erwischte es Tarek (war es wirklich die Grippe oder eine weitere Eskalation seiner Ehekrise?). Übrig blieben Richard, Berthold und ich. Eigentlich nur ich. Denn Berthold kümmerte sich wie gewöhnlich abwechselnd um eine neue Fahrschülerin – jung, hübsch und auf ein Abenteuer aus – und um die Bürodame Dagmar – alt, verheult und auf ein Happy End hoffend –, während sich sein Bruder Richard um die Neueröffnung einer Zweigstelle im Nachbarort kümmerte. In jenem Nachbarort, wo vor einiger Zeit eine neue Fahrschule aufgemacht und uns seitdem mit Dumping-Preisen das Leben schwer gemacht hatte. Richard wollte nun zum Gegenschlag ausholen und überließ mir alle seine Schüler und die von Tarek und Frank. Ich war ihm gar nicht böse, denn somit hatte ich endlich mal wieder einen vollen Terminkalender und gut zu tun, was sich letzten

Endes auch auf mein Gehalt auswirken sollte. Wie gesagt, die Konkurrenz im Nachbarort ...

Wegen dieser Situation wurde mir auch die zweifelhafte Ehre zuteil, Fahrstunden mit Milena bestreiten zu dürfen, die in weniger als 168 Stunden, also in sieben Tagen, ihre praktische Prüfung antreten sollte, nachdem sie zwei Wochen zuvor im sechsten Anlauf ihre Theorieprüfung bestanden hatte.

Diese und andere Informationen gab der Fahrschulcomputer preis, den ich an einem Vormittag konsultierte, um mich über den Ausbildungsstand der mir zugeteilten Schüler zu informieren. Milena war 45 Jahre alt, stammte aus Kroatien und hatte sich zusammen mit ihrem Sohn angemeldet, der noch keine einzige Fahrstunde genommen, dafür aber bereits seine Theorieprüfung im ersten Anlauf bestanden hatte. Milena hatte ihre erste Fahrstunde zu einem Zeitpunkt erhalten, als ich noch nicht einmal im Traum daran gedacht hatte, eines Tages Fahrlehrer zu werden, und in dieser Zeit hatte sich eine stattliche Anzahl von Fahrstunden angesammelt: 187! In Worten: einhundertsiebenundachtzig! Ich traute meinen Augen kaum, als ich diese Zahl sah.

Und einige Stunden später traute ich ihnen noch viel weniger.

Den baldigen Prüfungstermin und die beträchtliche Anzahl von Fahrstunden vor Augen, ging ich davon aus, dass es den Kollegen Frank zwar viel Geduld und Spucke gekostet hatte, Milena die Fahrzeugbedienung und die Verkehrsregeln beizubringen – aber irgendwann wird es wohl »Klick« gemacht haben, sonst hätte er sie nicht auf die Prüfungsliste gesetzt. Das glaubte ich jedenfalls ...

Nach der ersten halben Stunde mit Milena wusste ich, dass mein Glauben besser in der Kirche aufgehoben wäre als in der Beurteilung einer mir unbekannten Fahrschülerin. Ich will es ohne jegliche Übertreibung kurz machen: Ich hatte Todesangst!

Ich kann nicht von speziellen Fehlerquellen berichten, denn Milena war ein reißender Fluss voller Fehler. Verkehrsbeobachtung fehlerhaft (beim Fahrstreifenwechsel nach links schaute sie nach rechts), Kenntnis der Verkehrszeichen ungenügend (»Wer Vorfahrt haben bei diese Schild?«), Fahrzeugbedienung mangelhaft (vom bereits eingelegten zweiten Gang wieder in den zweiten Gang schalten zu wollen, ohne dabei die Kupplung zu treten, hatte schon was Lustiges an sich). Meine Hinweise, Belehrungen und Ermahnungen liefen aus sprachlichen Gründen vollkommen ins Leere – Milena sprach äußerst schlecht Deutsch und noch viel schlechter Englisch und mein Kroatisch war so gut wie ihre Fahrkünste, obwohl ich kroatische Freunde habe, die schon einige Male verzweifelt versucht hatten, mir wenigstens ein paar Brocken dieser Sprache beizubringen. Auch meine Versuche, ihr die Fehler per Zeichnung oder Gebärdensprache verständlich zu machen, hatten nur wenig Erfolg.

Nach neunzig Minuten war ich schweißgebadet und zitterte am ganzen Körper.

»Und? Ich in eine Woche schon können Prüfung bestehen, oder?«, fragte sie mich, ebenfalls etwas zitternd. Ob dieses Zittern an ihrer Fahrweise oder an ihrer Angst vor meiner Antwort lag, kann ich nur mutmaßen.

»Pah, eher friert die Hölle zu!«, antwortete ich.

»Nix verstehen, was frieren?«

»Sie sitzen bleiben, ich gleich wiederkommen, nix anfassen!«, befahl ich ihr – zum besseren Verständnis in verkrüppeltem Deutsch – und stieg aus dem Auto aus. Mein Entsetzen war derartig groß, dass ich zum Handy griff und den ach so kranken Frank zu Hause anrief, um ihm mitzuteilen, dass seine Schülerin Milena aus Versehen – etwas anderes konnte es ja wohl nicht sein – auf die Prüfungsliste gesetzt worden war, was ich jetzt gleich im Handumdrehen revidieren wollte, damit er noch mal geschätzte tausend Fahrstunden Zeit haben würde, um mit ihr zu üben.

»Nein, nein, passt schon, lass die mal ruhig in der Prüfungsliste stehen«, forderte er mich am Telefon auf, gar nicht so krank klingend.

»Das kann doch nicht dein Ernst sein«, erwiderte ich empört, »die Frau ist ja eine rollende Selbstmordattentäterin! Ich hab nach einer halben Stunde Fahrzeit überlegt, ob ich meinen Versicherungsmakler anrufen und eine höhere Lebensversicherung abschließen soll!«

»Ach, musst du jetzt mit der Alten fahren, du arme Sau? Ich dachte, die übernimmt der Richard oder der Berthold«, lachte Frank ins Telefon, jetzt schon gar nicht mehr krank klingend.

»Berthold zeigt einem neuen Liebesopfer seinen Schaltknüppel und Richard ist mit dem Aufbau der neuen Zweigstelle beschäftigt«, klärte ich ihn auf.

»Neue Zweigstelle? Puh, noch mehr Arbeit, dann lass ich mich doch gleich mal länger krankschreiben«, stöhnte er.

»Hör auf zu jammern«, fuhr ich ihn an, »sag mir jetzt lieber, was ich mit deiner Milena machen soll! Das ist ja wohl ein Witz, dass du die zur Prüfung vorstellen willst!«

»Will ich ja gar nicht«, verteidigte sich Frank.

»Jetzt versteh ich gar nichts mehr ... warum steht sie dann auf der Prüfungsliste?«, stotterte ich, äußerst verwirrt.

»Weil mich die Alte brutalst nervt. Die geht mir seit Monaten auf den Sack mit ihrer Jammerei! ›Habe keine Geld mehr, wann ich Prüfung machen?‹, textet sie mich Stunde um Stunde zu. Ich hab darauf einfach keine Lust mehr. Soll sie doch ihre Prüfung machen, das wird dann ein ordentliches Massaker und danach kann ich sie weiter schinden!«, brüllte Frank wutentbrannt, sodass mir Hören und Sehen verging.

Nach seiner vulkanartigen Explosion wurde Frank wieder sachlich und gab mir ein kurzes Briefing. Ja, er wisse, dass Milena noch ein paar Hundert Fahrstunden brauchen werde. Ja, er wisse auch, dass sie eher die Chance auf den Lotto-Jackpot habe, als die jetzt anstehende Prüfung zu bestehen. Und ihm sei völlig klar, dass sie dies nicht wisse, sondern davon überzeugt war, dass sie bei der hohen Anzahl von Fahrstunden schon genügend gelernt haben müsse, um zu bestehen. Und er wisse aber auch, dass Milena zu Hause einen Mann sitzen habe, der jetzt langsam die Geduld und die Mittel verliere, ihr diesen Traum vom Führerschein zu finanzieren. Vor allem deswegen, weil Milena bisher im Leben sehr gut ohne ein Kraftfahrzeug zurechtkam und eigentlich kein Mensch verstehen konnte, warum sie auf ihre alten Tage noch den Lappen bräuchte.

»Dann gehe ich jetzt zu ihr und werde sie davon überzeugen, dass das mit dem Führerschein in diesem Leben nichts mehr wird und sie es einfach lassen soll«, schlussfolgerte ich aus Franks Informationen.

»Den Teufel wirst du tun! Das hab ich schon versucht und du siehst ja, dass es nicht von Erfolg gekrönt war.«

»Aber ich kann mich doch nicht hinstellen und zu unserem Chef sagen, er soll in der Ausbildungsbescheinigung ankreuzen, dass die Ausbildung beendet ist, wenn sie es gar nicht ist«, empörte ich mich.

»Das musst du auch nicht. Das ordnen wir einfach unter ›Prüfung auf eigene Verantwortung‹ ein«, versuchte er, mein Gewissen zu beruhigen.

»Was heißt denn bitte in Gottes Namen ›Prüfung auf eigene Verantwortung‹?«, rätselte ich.

»Ganz einfach: Wenn wir es nicht schaffen, ihr zu erklären, dass sie es nicht kann, dann soll es eben der Prüfer tun! Du teilst ihr jetzt noch ordentlich Fahrstunden zu – wenn du Glück und mehr Erfolg hast als ich, dann macht es in dieser Zeit bei ihr vielleicht noch ›Klick‹. Wenn nicht, dann hast du noch ordentlich Geld verdient und der Prüfer macht ihr schließlich klar, dass das so nie etwas wird – und dann übernehme ich wieder, wenn ich gesund bin«, belehrte er mich.

»Aha. So läuft das also … Na ja, dann weiß ich jetzt erst mal Bescheid. Danke, Frank, dass du mich aufgeklärt hast …«

»Kein Problem, wofür hat man denn Kollegen.«

»… und Frank: Gib dir mal ein bisschen Mühe, auch krank zu klingen!«

»Unverschämtheit, ich liege hier auf dem Sofa und verrecke fast!«, brüllte er in das Telefon.

»Jaja, ist schon gut …«, beendete ich das Telefonat. Eher glaube ich, dass Milena eine gute Autofahrerin wird, als dass Frank krank ist …

Während Milena immer noch im Auto saß, rief ich bei meinem Boss Richard an, um mich wegen der »Prüfung auf eigene Verantwortung« rückzuversichern. Dieser teilte mir recht ungehalten mit, dass er aufgrund der Neueröffnung der Filiale für so einen Stuss jetzt keine Zeit hätte und ich gefälligst mit seinem Bruder Berthold darüber reden solle. Ich tat, wie mir befohlen, und rief meinen Co-Boss Berthold an.

Der gab mir zu meinem Erstaunen zu verstehen, dass er mit diesem in Fahrschulen angeblich durchaus üblichen Verfahren einverstanden sei und er die vermeintliche Beendigung der Ausbildung auf seine Kappe nehmen würde.

Ich solle sie noch ordentlich rannehmen – also im schulischen Sinne – und mit ihr die Prüfung durchführen. Er werde dann den Prüfer vorab über Milenas Fahrkünste instruieren und ihn darauf hinweisen, dass wir alle unser Möglichstes getan haben und die Schülerin auf eigenen Wunsch zur Prüfung antreten wollte.

Mir war kotzübel. Ich befand mich in einem richtigen Ge-
wissenskonflikt. Sollte ich entgegen der Vorschrift handeln, dass
nur der Fahrlehrer die Ausbildung zu beenden habe und nicht
der Schüler? Aber eigentlich war es ja Franks Schülerin und
eigentlich hatte ja er sie bei der Prüforganisation zur Prüfung angemeldet … Gleichzeitig schoss mir der vor einiger Zeit erlernte
Paragraf eins der Fahrschüler-Ausbildungsordnung in den Kopf,
wo es über die Ziele und Inhalte der Ausbildung heißt: »Ziel der
Ausbildung ist die Befähigung zum sicheren, verantwortungs-
vollen und umweltbewussten Verkehrsteilnehmer. Ziel der Ausbildung ist außerdem die Vorbereitung auf die Fahrerlaubnisprüfung.« Haha, weder als sicher, noch als verantwortungsvoll
oder umweltbewusst konnte man Milenas Fahrweise auch nur
in Ansätzen bezeichnen. Was würde passieren, sollte ich jetzt
Bertholds und Franks Drängen nachgeben und riskieren, dass
Milena etwa doch – ich traue es mir gar nicht auszumalen – bestehen würde und dann alleine … oh Gott!

Ich haderte mit mir und meinem Gewissen so stark, dass ich
die seit zwanzig Minuten im Auto sitzende Milena total vergessen hatte.

»Entschuldigung, wie lange noch warten müssen?«, fragte
sie irgendwann schüchtern durch die rechte Seitenscheibe,
nachdem sie zuerst ihre und dann die hinteren Scheiben
heruntergelassen hatte – ist auch ganz schön kompliziert, so ein
elektrischer Fensterheber …

Scheiß drauf, entschied ich spontan, wer nach 187 Fahrstunden zu blöd ist, die Fensterheber korrekt zu bedienen, der
verhaut mit Sicherheit auch die Prüfung. Somit bestand also
für Leib und Leben anderer Autofahrer keine Gefahr, außer
für meins. Und dieses setzte ich fortan täglich für neunzig
Minuten aufs Spiel. Ich fuhr jeden Tag mit ihr, allerdings nur
jeweils eineinhalb Stunden – drei Stunden wären angebracht

gewesen, aber mehr gab mein Terminkalender bei der nebenbei zu übernehmenden Krankheitsvertretung von Tarek und Frank einfach nicht her. Ich erbarmte mich deswegen und opferte meinen heiligen Samstag, um mit Milena noch mal kurz vor der Prüfung fahren zu können. Somit standen am vermeintlichen Ende aberwitzige 199 Fahrstunden (noch mal in Worten: einhundertneunundneunzig) in ihrer Kartei. Aber alle Stunden und alles Engagement halfen nichts, das Fahren wurde und wurde einfach nicht besser …

*

Schließlich war der Tag der Prüfung gekommen und ich hatte richtige Bauchkrämpfe. Nicht, dass auch ich mir irgendwie eine Grippe eingehandelt hätte, aber die Aussicht, mit Milena die Prüfung machen zu müssen, ließ meinen Magen auf das Heftigste rumoren. Herr Böck war unser Prüfer. Nach dem gemeinsamen Frühstück gingen wir raus zum Auto. Milena hatte ihren Mann und ihren Sohn zur mentalen Unterstützung mitgebracht. Während sie sich ihren Sitz und die Spiegel einstellte, raunte ich Herrn Böck zu: »Schwieriger Fall!« Er sah mich an, zwinkerte mit seinem linken Auge und sagte: »Hab ich schon von Ihrem Boss gehört. Schauen wir uns die Dame mal genau an …« Gut, Berthold hatte Wort gehalten und den Prüfer informiert, dass nicht ich, sondern Milena selbst ihre Ausbildung beendet hatte. Ich würde also unbefleckt aus dieser Nummer rauskommen und für Milenas Tun nicht den Kopf hinhalten müssen. Einigermaßen beruhigt nahm ich im Fahrzeug Platz, wo Herr Böck schon mal mit seinen Erklärungen und Hinweisen zur Prüfungsfahrt begonnen hatte.

»Okay, Frau Dukovic, wenn Sie sich alles eingestellt haben und bereit sind, dann können wir ja losfahren. Viel Erfolg!«

Milena startete den Motor, legte den ersten Gang ein, löste die Handbremse und fuhr los. »Piiiiep«, ertönte das Überwachungssignal meiner Pedale. Ich musste leider abbremsen, da Milena Folgendes nicht wusste oder vergessen hatte: Um aus einer engen Parklücke rauszukommen, empfiehlt es sich, dieses große, runde Ding namens Lenkrad zu benutzen. Da sie sich zu lenken weigerte, musste ich eingreifen, um eine Karambolage mit dem vor uns befindlichen Kleinwagen zu vermeiden. Ich wollte gerade mein Gurtschloss lösen, um auszusteigen, da die Prüfung aufgrund meines Eingriffs ja eigentlich bereits beendet war, als Herr Böck sagte: »Also, lenken müssen Sie natürlich schon, um aus dieser Lücke herauszukommen. Jetzt probieren Sie es noch einmal, Frau Dukovic, lassen Sie sich Zeit und schnaufen Sie mal ordentlich durch.«

Böck gab ihr also eine zweite Chance, was eigentlich sehr ungewöhnlich ist, aber vielleicht hatte er wegen ihrer Fahrstundenanzahl einfach nur Mitleid mit ihr. Milena tat, wie ihr befohlen, holte tief Luft, fuhr etwas zurück – immerhin mit einer korrekten Blickführung nach hinten – und startete den zweiten Versuch.

Sie blinkte nach links, um vom Fahrbahnrand auf die Straße zu fahren, schaute aber sinnigerweise nach rechts, gab Gas – »Piiiiep« – und hatte vergessen, sich über den Schulterblick zu vergewissern, ob sie überhaupt losfahren kann, was den neben uns befindlichen Fahrradfahrer fast seine Unversehrtheit gekostet hätte.

Jetzt hatte auch Prüfer Böck die Schnauze gestrichen voll, füllte das Prüfprotokoll aus und übergab es an Milena mit den Worten: »Da dürfen Sie aber noch viel üben, Frau Dukovic. Wir sind ja nicht mal aus der Parklücke rausgekommen! Solche Fehler, wie Sie sie gemacht haben, kommen vielleicht in der ersten Fahrstunde vor, aber nicht mehr in der Prüfung!«

Und an mich gerichtet, fügte er spöttisch hinzu: »Mit dieser Prüfung sind Sie ja zu den Spitzenverdienern der Republik aufgestiegen – 20 Euro für dreißig Sekunden Arbeit, nicht schlecht!« Mit diesen Worten verabschiedete er sich von mir und der sichtlich geknickten Milena, die sich mittlerweile in die tröstenden Arme von Ehemann und Sohn begeben hatte. Ich gesellte mich zu der traurigen Runde und richtete ein paar Worte an Milena, wobei ich mir größte Mühe gab, ihr nicht allzu sehr den Mut zu nehmen: »Frau Dukovic, das tut mir jetzt sehr leid für Sie, aber ich denke, dass dieses Ergebnis absehbar war – es reicht halt hinten und vorne noch nicht für eine Prüfungsfahrt. Ich weiß, dass Sie an einen anderen Ausgang geglaubt haben, aber jetzt haben Sie es vom Prüfer, von Frank und von mir bestätigt bekommen, dass Sie noch nicht so weit sind. Herr Dukovic, es tut mir leid, dass der Umfang der Ausbildung Ihrer Frau ordentlich ins Geld geht, aber Sie wurden ja gerade selbst Zeuge ihres Könnens. Entweder Sie brechen das Ganze jetzt ab, was natürlich rausgeschmissenes Geld wäre, oder Sie machen weiter, was dann allerdings noch mal kostet … Ich überlasse Ihnen die Entscheidung und verabschiede mich jetzt in meinen Urlaub. Geben Sie uns dann einfach in der Fahrschule Bescheid, wie Sie sich entschieden haben, okay?« Die ganze Familie nickte einträchtig. Ich schüttelte ihnen die Hände und zog erleichtert von dannen – wohl wissend, dass diese bisher kürzeste Prüfung meiner bisherigen Karriere viele Menschenleben gerettet hatte …

*

Ich hatte mir ein paar Brückentage Urlaub genommen und machte mit meinen Kumpels und unseren Motorrädern die österreichischen und italienischen Passstraßen unsicher. Wieder in heimatlichen Gefilden angekommen, traf ich mich an meinem ersten Arbeitstag mit Berthold zum gemeinsamen Kaffee im Büro, um mich wieder auf den Stand der Dinge zu bringen.

»Neuanmeldungen?«

»Keine einzige.«

»Wie läuft es bei Richard mit der neuen Zweigstelle?«

»Kostet Geld, bringt aber noch keines ...«

»Frank und Tarek?«

»Frank war gesund, als es geregnet hat, und ist wieder krank, seit die Sonne scheint. Und Tarek ist jetzt von zu Hause ausgezogen und verlottert immer mehr ... Aber schön, dass zumindest du wieder da bist! Wegen nächster Woche: Ich sehe, du hast diesmal nur einen Prüfling?«

»Äh, ehrlich gesagt hab ich gar keinen!«

»Doch, hier in der Prüfungsliste steht eine Frau Dukovic – ist das nicht dieses Langzeitprojekt?«

»Wer hat denn die schon wieder auf die Prüfungsliste gesetzt?«, brüllte ich entsetzt, sodass Berthold fast rückwärts vom Stuhl fiel.

»Öhm, offensichtlich Dagmar.«

»Gib mir mal das Telefon!«

Es klingelte dreimal und Dagmar meldete sich an ihrem Handy.

»Berthold?«

»Nein, der Andi hier. Sag mal, hast du die Dukovic auf die Prüfungsliste gesetzt?«

»Ja, schon. Die kam zu mir und erklärte, dass sie die Prüfung gleich noch mal machen will, und ich hab mir gedacht, dass das schon seine Richtigkeit haben wird ...«

»Überlass das Denken künftig den Pferden – die haben den größeren Kopf!«, schnauzte ich sie ungehalten an.

»Aber ...«

»Nix aber. Hat die sonst noch was gesagt?«

»Nur, dass du sie wegen einer Fahrstunde kontaktieren sollst.«

»Weger EINER? Weißt du, was das heißt? Genauso könnte ein Medizinstudent zu seinem Professor gehen und von ihm verlangen, dass er ihm in 45 Minuten das gesamte Studium näherbringen soll. Ich fasse es nicht! Da ist man 'ne halbe Stunde im Dienst und schon ist die ganze Erholung wieder wie weggeblasen!«

Ich legte stinksauer den Hörer auf und schaute Berthold so zornig wie hilflos an.

»Was soll ich machen, der Kunde ist König«, meinte der schulterzuckend.

Meine Replik, dass wir hier nicht in einem Kaufhaus wären, sondern in einer Schule, wo der Lehrer die Ausbildung abschließt und nicht der Schüler, kommentierte er folgendermaßen: »Wir, Frank und ich, haben die Ausbildung abgeschlossen, Punkt. Und wenn die Alte es dann immer noch nicht kann, umso besser, dann kommt zumindest Kohle für weitere Stunden und Prüfungen rein.«

»Das ist ja wohl die Höhe! Ich denke, hier geht es ums Fahrenlernen, und jetzt sagst du mir, dass du sie wie eine Weihnachtsgans ausnehmen willst! Weißt du, was das heißt, wenn die Frau auf die Menschheit losgelassen wird? Da gibt es so viele Opfer, dagegen wirkt ein Atomkrieg wie ein Kindergeburtstag!«

»Spiel jetzt nicht den Moralapostel. So läuft das Geschäft eben. Sie denkt, sie kann fahren, wir lassen sie zur Prüfung gehen, sie fällt durch, wir kassieren wieder … und eines Tages besteht sie dann schon! Haben schon ganz andere den Führerschein geschafft – hab ich dir eigentlich schon mal von dem Trottel erzählt, der …«

»Berthold, ich bin gerade zutiefst geschockt über solch ein Geschäftsgebaren. Ich hab jetzt keine Lust auf deine Horrorgrotesken«, wehrte ich seine Schauergeschichten ab und verkrümelte mich nach draußen, um alle Akteure zu bemitleiden: Berthold, weil er offensichtlich nur noch aus finanziellen und nicht aus schulischen Gründen unterrichten lassen wollte; Milena, weil sie aus der letzten Prüfung scheinbar keine Lehren gezogen hatte; und mich, weil ich die arme Sau war, die das alles ausbaden musste.

Mein Mitleid gegenüber Milena wuchs in der einzigen und letzten Fahrstunde vor ihrer zweiten Prüfung noch mehr. Vielleicht hatte ich während meines Motorrad-Trips verdrängt, wie schlecht sie eigentlich fuhr – oder hatte ich es gar nicht verdrängt und sie fuhr zwischenzeitlich noch schlechter? Ich konnte mir auf diese Frage keine Antwort geben.

»Bitte fahren Sie weiter, Frau Dukovic! Die Fußgänger haben Rot, nicht wir.«

»Ach, Fußgängerampel nicht auch für uns zählen?«

»Nur wenn wir Fußgänger sind, nicht wenn wir im Auto … ach, egal, Sie werden sowieso den Rest Ihres Lebens Fußgängerin bleiben.«

»Ich wirklich so schlecht fahren?«, fragte sie ängstlich.

»Nein. Noch schlechter«, antwortete ich ihr. Sorry, aber nach aufbauendem Verhalten stand mir jetzt echt nicht der Sinn.

»Ich gedacht, eine Stunde reichen …«

»Hängen Sie mal zwei Nullen hinter die Eins, dann reicht es vielleicht.«

»Ich sollen reden mit Mann? Vielleicht wenn Liebe machen mit ihm, ich noch eine Stunde fahren dürfen?«

»Dann müssen Sie aber noch viel Liebe mit ihm machen, denn eine Stunde reicht nicht, verstehen Sie das nicht?! Außerdem ist es jetzt auch schon egal, übermorgen ist Prüfung, ich bin hoffnungslos ausgebucht und habe keine Fahrtermine mehr frei …«

»Vielleicht anderer Fahrlehrer fahren können? Frank noch immer krank?«

»… ja, und Tarek immer noch depressiv. Ist egal, Sie bestehen sowieso nicht, auch wenn wir morgen noch fahren würden – ich muss Ihnen das jetzt so offen sagen, sonst platze ich!«

»Ich vielleicht doch bestehen«, antwortete sie trotzig, was mir zu verstehen gab, dass sie immer noch eine fatale Fehleinschätzung ihrer eigenen Fahrkünste hatte. Sei's drum, der Prüfer würde es schon richten …

Milenas zweiter großer Tag war gekommen und mit ihm auch eine Entscheidung meinerseits: Ich konnte und wollte Milena nicht auf die Menschheit loslassen. Genauso wenig würde ich den perfiden Plan von Berthold unterstützen, diese Cash-Kuh weiter zu melken, und zwar ohne Aussicht auf Erfolg für sie. Deswegen sprach ich an ihrem Prüfungstag zu unserem Prüfer, Herrn Brahms, folgenden Zaubersatz: »Bitte nicht zu weit wegfahren.«

Dieser Satz bedeutet für einen Prüfer, dass er es jetzt gleich mit einem Fahrschüler oder einer Fahrschülerin zu tun bekommt, deren Talent auf einer Skala von null bis zehn bei minus eins liegt. Somit kann er sich eine längere Tour sparen und gleich im näheren Umkreis, nach einer zu erwartenden Anhäufung von Fehlern, kurzen Prozess machen und die Prüfung beenden. Und in Milenas Fall könnte er unter Umständen Eignungszweifel an ihrer Fahrtüchtigkeit anmelden, was eine weitere Fahrausbildung sehr erschweren und Milenas Träume vom Führerschein zum Platzen bringen würde.

»Jetzt schauen wir uns die Dame erst mal in Ruhe an und dann sehen wir weiter, okay?«, antwortete Herr Brahms auf meinen Hinweis zu Milenas fahrerischen Qualitäten.

»Das Anschauen wird wohl die Dauer eines Wimpernschlags haben«, gab ich zurück und dann setzten wir uns ins Fahrzeug, wo Milena schon aufgeregt wartete. Ich überlegte noch, ob es sich überhaupt lohnen würde, sich anzuschnallen … Etwas später war die Prüfung beendet. Aus und vorbei. Mein Kopf sank erschöpft auf das Armaturenbrett. Ich hechelte wie eine schwangere Frau kurz vor der Entbindung von Zwillingen. Der Schweiß lief mir den Rücken hinab. Milena riss mich aus meiner Haltung, küsste, oder besser, schleckte mich im ganzen Gesicht ab und schrie hysterisch: »Ich geschafft, ich geschafft, oh mein Gott, ich wirklich geschafft«, während Herr Brahms die Formalitäten erledigte.

Was war passiert? Drehen wir die Zeit 45 Minuten zurück …

Wir fuhren also von der Fahrschule los. Ja, wirklich, wir fuhren tatsächlich. Sechs Minuten ging es auf der Landstraße entlang, wo Milena tadellos Tempolimit und ihre Fahrlinie einhielt, was sie in den Fahrstunden zuvor nicht mal zehn Meter weit geschafft hatte. Dann bogen wir nach links in eine echt fiese, schmale, aber umso längere Straße ein, wo es auf der rechten Seite vor kaum sichtbaren Einmündungen nur so wimmelte. Aber Milena hatte die Situation voll im Griff: Seitenabstand, entgegenkommenden Fahrzeugen ausweichen, rechts vor links beachten – sie fuhr, als hätte sie nie etwas anderes gemacht. »Ist wohl der Vorführeffekt«, meinte Herr Brahms süffisant von hinten.

Es kamen noch einige Kreisverkehre, ein paar Stoppschilder, auf die Autobahn wurde auch noch gefahren. Milena fuhr 130 Sachen und zuckelte nicht wie sonst mit 80 hinter den Lkw her. An einer Stelle, wo in der Regel 90 Prozent aller Fahrschüler das Rechtsfahrgebot missachten, setzte sie ordnungsgemäß den Fahrtrichtungsanzeiger und wechselte mit einer tadellosen Verkehrsbeobachtung nach rechts hinüber. Ich begann, ungeduldig in meinem Sitz hin und her zu rutschen – jetzt musste sie doch endlich einen Fehler machen! Prüfer Brahms schonte sie wahrlich nicht, aber sie machte ums Verrecken nichts falsch! Brahms peitschte sie durch das Prüfgebiet, dass so manchem Inhaber einer

Fahrerlaubnis schlecht geworden wäre. Aber nicht so Milena. Jede an sie gestellte Herausforderung bewältigte sie mühelos, geradezu spielerisch. Selbst das Einparken gelang in einem Zug. Ich spürte auf einmal, wie Herr Brahms seine Hand auf meine Schulter legte und mir zuflüsterte: »Also, ich lass sie jetzt noch zur Fahrschule zurückfahren, und wenn sie bis dahin keinen Bock schießt, hat sie bestanden.« Er konnte aufgrund des Sprachdefizits von Milena offen mit mir reden und mir sein Urteil vorab mitteilen. »Ich weiß«, antwortete ich verzweifelt. Ich hatte erkannt, dass sie eben die Fahrt ihres Lebens ablieferte und in einigen Minuten, sofern nicht noch ein Wunder passieren würde, ihren Führerschein ausgehändigt bekam. Herr Brahms registrierte mein Unwohlsein: »Denken Sie nicht weiter darüber nach, Herr Kollege, so was gibt's einfach. Die liefert jetzt gerade die Fahrt ihres Lebens ab! Sagen Sie ihr halt, dass sie danach besser nicht mehr Auto fahren soll«, lachte er hinten. Das war die Idee! Genau das würde ich machen, wenn das hier für Milena gut ausgehen würde.

Und wie gesagt: Es ging gut aus. Nachdem Milena ihren Führerschein erhalten und ich mich wieder gefangen und mir den Lippenstift aus dem Gesicht gewischt hatte, ging ich zu ihr. »Frau Dukovic, meinen Glückwunsch. Das war ja wirklich eine bemerkenswerte Fahrt«, gratulierte ich ihr.

»Ja, ich wissen, ich gefahren wie von Gott gelenkt. Ihnen vielen Dank, Fahrstunden mit Ihnen mir sehr geholfen.« Gerade als sie dabei war, mein Gesicht wieder wie ein Golden Retriever abzuschlecken, setzte ich mein Vorhaben in die Tat um: »Frau Dukovic, bei aller Freude über Ihren Erfolg: Sie wissen, dass das heute eine Ausnahmesituation war, oder?«

»Aber ich doch sonst auch …«, versuchte sie, ihre Fahrweise zu verteidigen, natürlich bestärkt von ihrem Erfolg.

»… sonst immer scheiße gefahren. Sie nix wissen, Sie nix können«, fuhr ich ihr in ihrem Slang über den Mund, »Sie ein größeres Risiko für Menschheit als alle Terrorzellen zusammen!«

»Vielleicht wirklich ich nicht immer ganz richtig gefahren …«, begann sie, ihre Künste etwas kritischer zu bewerten.

»Gar nix richtig gefahren – großes Katastrophe!«, bügelte ich sie nieder und begann damit, die Welt zu retten: »Frau Dukovic, ich sage Ihnen jetzt Folgendes: Sollte ich Sie jemals dabei erwischen oder mir zu Ohren kommen, dass Sie von Ihrem Führerschein Gebrauch machen, dann werden Sie das bitter bereuen. Ich werde dann alle mir zur Verfügung stehenden Hebel in Bewegung setzen, dass Sie Ihren Lappen schneller verlieren, als Sie schauen können. Sie sind jetzt 45 Jahre bestens durchs Leben gekommen, ohne alleine hinterm Lenkrad zu sitzen – belassen Sie es dabei! Kosten Sie Ihren heutigen Triumph aus, es allen, von Ihrer Familie bis zu den Fahrlehrern, gezeigt zu haben. Und versprechen Sie mir jetzt beim Leben Ihres Sohnes, dass Sie nie wieder auf öffentlichem Grund ein Auto fahren!«

Da stand sie. In der linken Hand den frisch und teuer erworbenen Führerschein. Die rechte Hand zuckte unschlüssig zwischen ihrer Hosentasche und meiner ihr entgegengestreckten Hand. Was tun? Der Meinung des Fahrlehrers vertrauen oder der eigenen Selbsteinschätzung Glauben schenken?

Milena und ich waren zum ersten Mal einer Meinung – nämlich, dass der Glaube in die Kirche gehört. Sie schlug ein und gab mir somit ihr Wort, nie wieder am Steuer zu sitzen.

»Aber ich dürfen behalten Führerschein?«, fragte sie mich zum Abschluss.

»Klar, nur benutzen Sie ihn nie wieder!«

»Gut. Versprochen. Ich nie mehr fahren.« Sie trottete davon und ward nie mehr gesehen.

Aber dafür ihr Sohn! Nein, nicht in der Fahrschule, sondern viele Monate später im Supermarkt, wo er sich als Kassierer das Geld für seinen Führerschein verdienen musste, weil Papi alle Kohle für Mamis Führerschein ausgegeben hatte.

»Du bist doch der Fahrlehrer von meiner Mutter, oder?«

»Wer ist denn deine Mutter, wenn ich fragen darf?« Ich konnte sein Gesicht leider nicht gleich zuordnen – wie gesagt, viel Arbeit ist in dem Job gleich bedeutend mit vielen Gesichtern und Namen.

»Milena Dukovic«, antwortete er, während er meinen Kopfsalat über den Scanner zog.

»Ach ja, Milena! Wie geht's denn der Frau Mama?«

»Gut, sehr gut! Sie ist ganz stolz, dass sie das mit dem Führerschein auf ihre alten Tage noch gepackt hat ...«

»Aber ... sie fährt doch nicht etwa, oder?«, fragte ich ängstlich nach und überlegte insgeheim, ob ich mein Fahrzeug wirklich an einer sicheren Stelle geparkt hatte – obwohl es gar keine vor Milena sicheren Stellen gab!

»Nein, nein, sie hat dir ja versprochen, dass sie nicht mehr auf der Straße fährt. Sie ist nur einmal auf dem Hof von meinem Opa in Kroatien gefahren ...«

»Und?«

»Da hat sie dann Papas neues Auto mit Vollgas gegen den Carport gesetzt. Papa war so sauer, dass er ihren Führerschein genommen und ins Feuer geworfen hat. Muss sie jetzt die Fahrschule eigentlich noch mal neu machen?«

Offensichtlich lag es in der Familie: Nichts können und trotzdem die Prüfung bestehen. Zwar hatte Milenas Sohn seine theoretische Prüfung auf Anhieb bestanden, hätte er aber mal ein bisschen besser im Unterricht aufgepasst, so hätte er gewusst, dass bei Verlust des Führerscheins ruck, zuck ein neues Exemplar bei der Führerscheinstelle beantragt werden kann und natürlich nicht die ganze Ausbildung neu gemacht werden muss.

Im Interesse der Menschheit ergriff ich die Gunst der Stunde, um das von mir ausgesprochene Fahrverbot für alle Ewigkeiten zu zementieren, und log Milenas Sohn nach Strich und Faden an: »Ja, leider. Da muss deine Mama wieder alles neu machen …«

»Boah, das tut sie sich, glaube ich, nicht noch mal an.«

Und mir hoffentlich auch nicht …

14. KAPITEL

JOBSUCHE

Jetzt könnte man eigentlich sagen: Ende gut, alles gut. Milena hatte ihre Prüfung geschafft, ich war sie los … Aber ein fahler Beigeschmack blieb. Nämlich Bertholds Ansinnen, sie weiter wie eine Weihnachtsgans auszunehmen. Dieses Verhalten hatte mir einen nachhaltigen Schock versetzt. Für mich war er vergleichbar mit einem Chef, der seinem Angestellten jahrelang eine Beförderung verspricht, um ihn und seine Arbeitskraft im Unternehmen zu halten, wohl wissend, dass der Mitarbeiter überhaupt nicht die erforderliche Qualifikation für den Posten besaß. Zu meinem Unmut über dieses Gebaren gesellte sich auch noch die miese Auftragslage. Meine Kollegen waren ja offenbar nach der Devise »Wenn das Geschäft nicht mehr läuft, erhöhen wir erst mal die Preise« verfahren, eine sehr eigenwillige Art, im Markt bestehen zu wollen, was zur Folge hatte, dass nunmehr gar niemand mehr kam. Die neu eröffnete Zweigstelle in der Höhle des Löwen, also der konkurrierenden Fahrschule im Nachbarort, die uns das Leben schwer machte, lief überhaupt nicht. Hinzu kam, dass sowohl Frank, der die angebliche Grippe auskuriert hatte, als auch Tarek, frisch geschieden und jetzt für den seiner Exfrau zustehenden Unterhalt ordentlich ranklotzend, wieder ihren Dienst antraten. Dies hatte zur Folge, dass wir uns um die wenigen verbliebenen Schüler fast prügeln mussten und ich nach den Verteilungskämpfen täglich für gerade mal vier Fahrstunden ausrückte, was sich natürlich auf meinen Verdienst auswirkte. Ich hatte große Mühe, überhaupt auf ein vierstelliges Gehalt zu kommen.

Es gab also genügend Gründe für einen Tapetenwechsel. Während man sich in anderen Berufen zu diesem Zweck über die Stellenanzeigen in der Zeitung oder im Internet informiert und dann Bewerbung um Bewerbung schreibt, so läuft das in der Fahrschul-Branche recht banal über den Flurfunk ab. Ich ließ also bei einigen Prüfern fallen, dass ich wechselwillig sei. Diese Information wurde dann an Fahrschulen weitergeleitet, die entweder ihre Teams vergrößern oder sich von unliebsamen Mitarbeitern trennen wollten.

Vier Fahrschulinhaber hatten bei mir angerufen und mich gefragt, ob man sich nicht mal zu einem Gespräch treffen könnte. Ich legte die Termine alle auf einen Freitag, da meine Schüler an diesem Tag sowieso lieber gechillt ins Wochenende gehen wollten, als sich von ihrem Fahrlehrer beim Einparken und Abbiegen drangsalieren zu lassen. Frohen Mutes schritt ich zu den Vorstellungsgesprächen, nicht ahnend, dass mir diese tiefe Einblicke in Teile des Berufsstandes liefern würden.

Der Autor möchte den werten Leser nicht deswegen an den Gesprächen teilhaben lassen, um Mitleid bezüglich der Gehälter oder Arbeitszeiten der Fahrlehrer zu erheischen. Jeder Fahrlehrer erfährt früh genug, was ihn in diesem Beruf erwartet, das eine oder andere Extrem mal ausgenommen. Warum würde ich wohl sonst dieses Buch schreiben? Deshalb sollte man auch nicht jammern. Vielmehr will ich diese Odyssee, zu der sich meine Jobsuche gestaltete, dazu nutzen, den Lesern unter Ihnen, die vor der Wahl einer Fahrschule oder eines Fahrlehrers stehen, aufzuzeigen und zu erklären, wo und mit wem man seine Ausbildung machen sollte, beziehungsweise eben eher nicht – das Ganze auch auf die Gefahr hin, von einigen schwarzen Schafen der Branche als Nestbeschmutzer angesehen zu werden, was mich jedoch nicht mal peripher tangiert. Und fürs Protokoll: Glücklicherweise gibt es bei uns mehr weiße als schwarze Schafe – bei dem Großteil aller Fahrschulen und Fahrlehrer kann man bedenkenlos die Vorbereitung auf den Führerschein in Angriff nehmen.

Für mich stellte sich jetzt auf jeden Fall die Frage, wo und bei wem meine berufliche Zukunft lag. Und auf diese Frage galt es, eine Antwort zu finden.

Ich putzte mich also heraus — nettes Jackett, blitzblanke Schuhe, ordentlicher Scheitel – und fuhr zu meinem ersten Vorstellungsgespräch bei der Fahrschule Nummer eins. Diese war aus moralischen Gründen nicht meine erste Wahl, wohl aber aus beruflichen Überlegungen heraus – es handelte sich nämlich um die frisch eröffnete Konkurrenz aus dem Nachbarort. Moralisch hatte ich gehöriges Bauchgrummeln, sorgte dieser Wettbewerber doch für den Niedergang meines bisherigen Arbeitgebers. Und ich wollte wahrlich nicht ein zusätzlicher Sargnagel für Richard und Berthold sein, wenn ich meine Arbeitskraft der Konkurrenz widmete und mir sogar unter Umständen einige Schüler dorthin folgten, weil sie weiter mit mir fahren wollten. Oder weil mich ehemalige Schüler bei ihren Freunden empfahlen und diese Umsätze dann nicht bei meinem jetzigen, sondern bei meinem künftigen Arbeitgeber landeten. Beruflich wäre ein Wechsel dorthin die müheloseste Variante: Ich kannte das Prüfgebiet, die Fahrzeuge waren die gleichen wie bei meinem jetzigen Arbeitgeber, ich hätte mir im selben Viertel bereits einen Namen gemacht und einen weiten

Arbeitsweg hätte ich weiterhin nicht, was gut für das Familienleben ist.

Ich betrat die modern eingerichtete Fahrschule und wurde von der Frau des Inhabers überschwänglich begrüßt: »Sie sind also das Riesentalent von der nachbarlichen Konkurrenz! Wir haben schon viel Gutes von Ihnen gehört, es aber nicht weitergesagt, hihihi …«

Ich verstand diesen Witz nicht so recht und fragte, ob denn ihr Ehemann schon da sei, mit dem ich das Vorstellungsgespräch vereinbart hatte.

»Der sieht sich mit dem Makler noch ein paar Läden im Umkreis an – wir wollen noch weiter expandieren, verstehen Sie? Und deswegen suchen wir auch unentwegt neue Fahrlehrer.«

»Soll ich vielleicht etwas später wiederkommen, wenn Ihr Mann dann hier ist?«, fragte ich etwas säuerlich. (Hatte ich schon erwähnt, dass ich nichts mehr hasse als Unpünktlichkeit?)

»Ach was, lassen Sie uns beide doch ein wenig schnacken … Wie laufen denn die Geschäfte bei euch da drüben?«, wollte sie wissen.

»Ich bin eigentlich nicht befugt, mit Ihnen darüber zu reden, deshalb bin ich nicht hier. Ich wollte wegen des Jobs …«

»Den werden Sie schon bekommen, da bin ich mir sicher. Wir können wirklich jeden Mann gebrauchen, erst recht, wenn wir die Konkurrenz schwächen, indem wir ihre Mitarbeiter abwerben. Wie viele Schüler bringen Sie denn mit zu uns?«

»Äh, eigentlich gar keine. Außer, es will jemand partout mit mir wechseln …«

»Sorgen Sie doch einfach dafür, dass alle wechseln wollen! Hier, nehmen Sie einen Stoß Flyer mit, da finden sie unsere Tiefstpreis-Angebote, das macht den Wechsel leichter.«

»Sie wissen aber schon, dass das Abwerben von Schülern verboten ist?«, belehrte ich sie.

»Jaja, schlecht über Konkurrenten reden soll man ja auch nicht, aber wir machen es trotzdem – haben Ihre Chefs und Kollegen eigentlich ein paar Leichen im Keller, von denen wir nichts wissen?«

Aha. Daher wehte der Wind. Krasses Geschäftsmodell: mit aggressiver Werbung in den Markt preschen, Mitarbeiter und Schüler von der Konkurrenz abwerben und diese nebenbei auch noch diskreditieren, damit keine neuen Schüler nachkommen.

Natürlich hätte ich dieser Spionin eine Menge erzählen können, was bei entsprechender Verbreitung durch die Mundpropaganda den Todesstoß für meine jetzige Fahrschule bedeutet hätte.

Beginnend mit dem Schinden von Fahrstunden zur persönlichen Umsatzsteigerung – das war ja auch ein Grund, warum ich wechseln wollte. Jeder ehrliche Fahrlehrer wird, was die Anzahl der Fahrstunden betrifft, nach dem Motto »So viel wie nötig, so wenig wie möglich« verfahren. Denn ein Schüler, der gut fährt, wird sich verschaukelt vorkommen, wenn der Fahrlehrer Stunde um Stunde draufpackt, um möglichst viel Kohle für sich und die Fahrschule zu erwirtschaften. Damit bekommt man zwar kurzfristig ein Plus auf dem Konto, langfristig jedoch ein Minus, was die Ausbildungsqualität und den Ruf angeht.

Weiter mit Berthold, dem Don Juan der Fahrschule. Weil seine erotischen Eskapaden mit einigen Fahrschülerinnen auf gegenseitigem Verlangen beruhten – was mir aufgrund seines Aussehens bis heute ein Rätsel ist –, war zumindest juristisch nichts dagegen einzuwenden. Jedem Mädel, das bereits 18 Kerzen auf der Geburtstagstorte ausblasen durfte, steht ja frei … Sie wissen schon, was ich meine. Aber unabhängig von der Geschmacksverirrung, die diese Mädchen bewiesen, indem sie sich mit Berthold einließen, und der juristischen Unbedenklichkeit, schicken sich solche Liaisons meiner Meinung nach nicht.

Das Lehrer-Schüler-Verhältnis kann zwar durchaus locker sein, es muss aber eben trotzdem auf einer professionellen Basis ablaufen und die kann ich nicht mehr erkennen, wenn Hormone die Fahrstundengestaltung steuern.

Ganz und gar unprofessionell und nicht akzeptabel wird das Ganze, wenn nur eine Seite Schmetterlinge im Bauch hat und diese sich dann auch noch auf dem Fahrlehrersitz befindet. Um es kurz zu machen: Jeder Fahrlehrer, der Schülerinnen als Freiwild ansieht und betatscht, ist ein Schwein und eine Schande für den Berufsstand. Ich erinnere mich sehr gut an meinen ersten Fall, wo eine junge Schülerin zu unserer Fahrschule wechselte, weil sie in einer anderen von ihrem Fahrlehrer verbal und körperlich belästigt worden war, und daran, wie vieler vertrauensbildender Maßnahmen es bedurfte, bis sie sich wieder mit Freude in ein Fahrschulauto setzte. Dabei ging es in ihrer vorherigen Fahrschule nicht um zufällige Berührungen, wie sie durchaus mal passieren können, wenn man als Fahrlehrer ins Lenkrad greifen muss und dabei den Handrücken der Schülerin streift, sondern um verbale Annäherungen, wie »Park mal da vorne ein, du süße Maus« oder »Beim nächsten Fehler beiße ich dir ins Ohr, aber ganz zärtlich«, und um körperliche Annäherungen, wie zum Beispiel die Gurtführung zwischen den Brüsten, die der Fahrlehrer übernimmt, oder seine Hand auf ihrem Oberschenkel, um ihr zu verdeutlichen, wie man das Gaspedal zu drücken hat. Solches Verhalten ist absolut inakzeptabel und kein Kollege kann mir verklickern, dass er diese Methoden braucht, um richtig auszubilden; dafür hat uns der liebe Gott einen Mund gegeben, um zu lehren.

Sollten Sie, werter Leser, also eine Fahrschule in Ihre engere Wahl gezogen haben, von der Sie gehört haben, dass es dort schon mal einen derartigen Zwischenfall gab, lautet die Devise: Finger weg! Und sollte Ihrer Tochter – oder Ihrem Sohn, wer weiß das heutzutage schon – oder Ihnen als Leserin im Führer-schein-relevanten Alter so ein Lüstling das Fahren beibringen wollen und seine Hände und schmutzigen Kommentare nicht bei sich behalten können, dann wählen Sie folgendes Prozedere: dem Fahrlehrer zunächst verbieten, sich so zu verhalten, und nach der Fahrstunde den Chef aufsuchen und sich beschweren. Je nach Verhalten des Chefs entweder den Fahrlehrer oder, mangels Alternative, gleich die Fahrschule wechseln. Je nach persönlicher Emotion oder auch nach der Intensität des Vorfalls die Fahrerlaubnisbehörde und/oder die Polizei kontaktieren und Anzeige erstatten.

Der Nächste, über den ich aus dem Nähkästchen hätte plaudern können, war Frank. Ja genau, derjenige, der mehr Krankmeldungen als Arbeitsnachweise bei seinen Chefs ein-reichte. In der knappen Zeit, in der Frank arbeitete, mutierte er schließlich zu einem sogenannten Kanaldeckelschuler. Das sind Fahrlehrer, die ausschließlich beliebte Prüfungsecken an-steuern. Man muss sich das so vorstellen: Anstatt beispielsweise das Linksabbiegen an verschiedenen Kreuzungen unterschied-licher Größe und mit unterschiedlichem Verkehrsaufkommen zu üben, fährt so ein Kanaldeckelschuler nur die Kreuzungen ab, von denen er vermutet, dass sie auch in der Prüfung befahren werden. Das mag zwar einem positiven Prüfungsausgang dien-lich sein, jedoch nicht einer soliden Ausbildung als Basis für das künftige mobile Leben. Denn den Führerschein bekommt man nicht nur für ein Stadtviertel, sondern für die ganze Welt ausgestellt. Deswegen empfiehlt es sich, seine Schüler mit unter-schiedlichen Situationen zu konfrontieren und sie darauf vor-zubereiten – denn nur dann sind sie für jede Eventualität im Straßenverkehr gerüstet. Und solche Eventualitäten kommen schneller als erwartet. Meistens schon in der Prüfung. Denn der Glaube daran, dass es sogenannte Prüfungsstrecken gibt oder ein Prüfer immer dieselben Ecken ansteuern lässt, entpuppt sich sehr schnell als Irrglaube. Für einen solide ausgebildeten Schüler ist das kein Problem, für Schüler, deren Fahrlehrer Kanaldeckelschuler sind, durchaus.

Kommen wir jetzt zu meinem letzten Kollegen, dem frisch geschiedenen Tarek. Über dessen inneren und äußeren Zustand habe ich ja bereits einige Worte verloren. Den Erzählungen nach muss Tarek wohl mal ein guter Fahrlehrer gewesen sein, aber seit seiner Ehekrise und der darauf folgenden Scheidung ließ er sich einfach gehen. Es gab keine Fahrstunde, zu der er pünktlich erschien, und wenn er überhaupt erschien, dann in einem geradezu erbarmungswürdigen Zustand: unrasiert, die Haare nicht gekämmt und mit Augenringen, die bis zu den Mundwinkeln reichten. Seine Fahrschüler ließ er, völlig unmotiviert, eigentlich nur geradeaus fahren. Machte man als Fahrschülerin oder Fahrschüler auf diesen anspruchslosen Strecken einen Fehler, so bereute man dies unmittelbar aus zweierlei Gründen:

Erstens erntete man vom Fahrlehrer einen infernalischen Wutanfall, der sich aus Brüllen und Beleidigung zusammensetzte, und zweitens musste man nach dieser Schreiattacke mindestens eine Minute lang die Luft anhalten, um seinem Mundgeruch zu entgehen, denn, wie schon gesagt, das Thema Körperpflege hatte bei Tarek nicht gerade oberste Priorität.

Einerseits hatte ich natürlich etwas Mitleid mit ihm. Die Scheidung und der damit verbundene eingeschränkte Kontakt zu seinen drei Kindern war ein heftiger Schlag für ihn. Andererseits konnte ich nicht nachvollziehen und somit auch nicht akzeptieren, dass er seinen ganzen privaten Frust an den Schülerinnen und Schülern ausließ, denn die konnten nun mal am wenigsten dafür. Am meisten überraschte es mich jedoch, dass sich kaum ein Fahrschüler über diesen Zustand beschwerte und sich alle dieses Verhalten gefallen ließen. Wäre eines meiner Kinder bei diesem Fahrlehrer gelandet, so hätte ich mich sofort zum Fahrschulinhaber begeben und ihm ordentlich meine Meinung gegeigt. Ein Fahrlehrer sollte der Ruhepol im Schulungsfahrzeug sein und den Schülern etwas beibringen, anstatt sie nur gelangweilt geradeaus fahren zu lassen, weil er mit anderen Sachen im Kopf beschäftigt war.

Je mehr ich über diese Dinge nachdachte, desto mehr wurde ich in meinen Abwanderungsplänen bestärkt. Jedoch kam diese Stasi-Fahrschule für mich nicht infrage. Nichts gegen freie Marktwirtschaft und aggressives Marketing, aber doch bitte ohne Schlammschlacht!

»Ob die Herrschaften Leichen im Keller haben? Das werde ich speziell Ihnen ganz bestimmt nicht sagen – aber so viele Leichen, wie Sie zu haben scheinen, gibt es bei ihnen gewiss nicht. Noch einen schönen Tag«, verabschiedete ich mich von der verdutzt dreinblickenden Frau des Fahrschulinhabers. Nein, zum Judas würde ich hier wirklich nicht werden ...

Ich stieg in mein Auto, schüttelte das erste Erlebnis meiner Vorstellungstour von mir ab und fuhr zur Fahrschule Nummer zwei. Dort angekommen, war ich mir zunächst nicht sicher, ob ich sie überhaupt betreten sollte. Zwei – es tut mir leid, ich muss es so sagen – abgefuckte Karren standen vor dem Laden, eine mehr versifft, zerkratzt und verbeult als die andere. Nur eine Luxuslimousine stach aus dieser Aneinanderreihung von Wracks heraus, welche offenkundig auch zur Fahrschule gehörte, wie an der Beschriftung unschwer zu erkennen war. Bevor ich den Laden betrat, warf ich noch einen Blick durchs Schaufenster, der mich jedoch frösteln ließ: alte, abgewetzte Stühle, ein Lehrerpult anno 1972, Poster und Bilder von Autos, die ihr Dasein nur noch auf Schrottplätzen fristen, eine Tafel, die ich nicht mal mit Handschuhen beschreiben würde, kein Overhead-Projektor, kein Beamer, kein Computer ... Hier hatte wohl der

Spar-Hans Einzug gehalten. Um mir keine Krankheit einzufangen, öffnete ich mit einem Taschentuch die Tür und betrat den speckigen Boden der Fahrschule.

»Seit drei Wochen warten wir auf unser Gehalt!« Die Druckwelle des Gebrülls schleuderte mich fast wieder auf den Gehsteig zurück.

Offensichtlich geriet ich gerade in eine ernsthafte Auseinandersetzung zwischen dem Inhaber der Fahrschule und zwei seiner Fahrlehrer.

»Jetzt versteht mich halt, ich kann doch nichts zahlen, wenn die Schüler immer günstigere Preise für die Fahrstunden fordern und diese dann noch nicht mal begleichen!«, brüllte der Chef, wie ein Kaiser in seinem Sessel thronend. »Und was wollen Sie?«, richtete er seine Aufmerksamkeit auf mich, wohl um nicht weiter mit seinen Angestellten diskutieren zu müssen.

Einer ließ mich gar nicht erst zu Wort kommen und raunte mir zu: »Sind Sie der Neue? Verlangen's von dem Kerl da kein Geld, sondern bringen Sie welches mit! Und 'ne neue Einrichtung gleich dazu!«

»Selber die fette Luxuslimousine fahren, aber die Leute, die die Kohle dafür ranschaffen, zur Armenspeisung schicken und in Müllwagen schulen lassen.«

»Haltet die Klappe«, fuhr der Häuptling seinen Indianer an. »Also, was kann ich für Sie tun?«

Offensichtlich nicht viel. Denn einen Inhaber, der seine Preisgestaltung der Schülerschaft überlässt, dann das unternehmerische Risiko auf seine Mitarbeiter abwälzt und selbst im Luxus badet, anstatt in eine saubere und moderne Einrichtung oder in seinen Fuhrpark zu investieren, benötigte ich echt nicht. Jetzt musste ich blitzschnell schalten. Ich wollte ja nicht vom Regen in die Traufe kommen. Bei Richard kam das wenige Geld zumindest pünktlich auf meinem Konto an. Hier wäre es wahrscheinlich mehr gewesen, was ich zwar verdienen, aber letzten Endes nicht bekommen würde.

»Ähm, ich, ähm … suche die Berliner Straße! Können Sie mir sagen, wie ich da hinkomme?«

»Hören Sie mal, ich bin kein Auskunftsbüro. Bei mir stellt sich gleich jemand vor. Und für Wegbeschreibungen habe ich jetzt keinen Nerv. Sie sehen ja, was hier los ist!«

Ich verließ das Büro und dankte insgeheim den Kollegen, die kurz vor meinem Vorstellungsgespräch eine Revolte gegen ihren Chef angezettelt und mir damit einen guten Einblick in die Geschäftspolitik dieses Herrn gegeben hatten.

Nächster Termin bei Fahrschule Nummer drei, eine Stunde später. Diese war eine der größten am Ort. Hier sollte die pünktliche und korrekte Gehaltszahlung wohl kein Problem darstellen. Ich betrat die modern eingerichteten Räume und wurde vom Chef sogleich sehr überschwänglich begrüßt. Wir nahmen Platz und hielten etwas Small Talk. »Wie viel wollen Sie denn arbeiten?«, fragte er mich, nachdem wir uns ausreichend über das beschissene Wetter beklagt hatten.

»Na ja, mehr als die jetzigen vier Fahrstunden pro Tag sollten es schon sein«, antwortete ich.

»Das ist überhaupt kein Problem, unsere Terminplaner sind übervoll. Also, wie viel?«

»Wenn das geht, würde ich gern die elf Stunden fahren, die …«

»Papperlapapp, elf Stunden. 14, 15 oder 16?«

»Aber gesetzlich darf ich ja nur elf Fahrstunden pro Tag erteilen.«

»Hören Sie mal, so eine Teilzeitkraft können wir hier nicht gebrauchen. Ich habe Fahrlehrer, die von sieben Uhr morgens bis elf Uhr abends schulen, bei einer Pause von 30 Minuten! Und wegen der Fahrschulüberwachung machen Sie sich mal keinen Kopf, da zählt die Devise: tarnen, tricksen, täuschen.«

»Aber das ist doch verboten«, empörte ich mich, »was ist denn, wenn ich total übermüdet irgendwas übersehe und ein Unfall passiert?!«

»Ist noch nie etwas passiert, müssen Sie sich halt am Sonntag ausschlafen!«

»… am Samstag wohl auch, bei der Belastung.«

»Nee, mein Lieber, da arbeiten Sie. Muss ja nicht bis 23 Uhr sein, aber bis acht Uhr abends sollten Sie hier schon Ihren Mann stehen.«

»Aber, Sie können mir doch nicht sagen, dass ein Fahrlehrer bei dem Arbeitspensum noch richtig schult – die beiden letzten Schüler des Tages müssen sich ja dann mit einem ausgepowerten Lehrer begnügen, der fix und fertig ist und nichts mehr erklären kann.«

»Ach was, mit Kaffee und Energy-Drinks geht alles … Also, kommen Sie nun zu uns ins Team?«

»Ich überlege es mir«, beendete ich das Gespräch, wohl wissend, dass es für mich nichts zu überlegen gab. Ich wollte schließlich arbeiten, um zu leben, und nicht leben, um zu arbeiten. Ganz zu schweigen von den illegalen Tricksereien bezüglich der Kontrolle durch die Fahrschulüberwachung.

Der Zwischenstand: eine Fahrschule, die ihren Laden erhöht, indem sie andere erniedrigt, ein Chef, der seine Angestellten nicht bezahlt, und ein anderer, der seine Mitarbeiter nicht ausschlafen lässt. Und da wundern sich die Berufsverbände, dass sie keinen Nachwuchs bekommen …

Vierter Termin des Tages: Fahrschule Nummer vier auf der anderen Seite der Stadt. Ich hatte erst mal Mühe, sie überhaupt zu finden, da ich mich in diesem Viertel bisher eigentlich nur aufhielt, wenn mein Steuerberater zum Gespräch einlud, was einmal im Jahr passierte. Sechs Minuten vor dem Termin hatte ich endlich das Gebäude und glücklicherweise auch gleich einen Parkplatz gefunden, allerdings geschätzte 1.500 Meter entfernt. Im Laufschritt betrat ich das Gebäude mit der Hoffnung, mein Deo würde den Versprechungen der Werbung gerecht werden.

»Wie weit erstreckt sich denn Ihr Prüfungsgebiet?«, stellte ich nach dem anfänglichen Small Talk mit dem Inhaber des Ladens eine nicht ganz unwesentliche Frage. Ja, ich weiß, ich habe gerade noch über die Kanaldeckelschuler geschimpft, natürlich bekommt man den Führerschein nicht nur für ein Stadtviertel ausgestellt, aber auch hier hat die Medaille zwei Seiten. Denn wie beim Fußball ist ein gewisser Heimvorteil nicht zu unterschätzen. Es macht ja auch keinen Sinn, wenn man den Schüler die Hälfte seiner Fahrstunde erst einmal irgendwohin gurken lässt, um dort mit ihm rechts vor links zu üben, damit er dann an der ersten Kreuzung in Fahrschulnähe durchfällt. Und da ich mich, wie gesagt, hier kaum auskannte, hatte meine Frage eine gewisse Berechtigung. Zumindest aus meiner Sicht. Jedoch nicht aus Sicht von Herrn Nummer vier:

»Ach ja, ein bisschen dahin, ein bisschen dorthin. Ich fahr mit denen da lang, wo es nicht so schwer ist, und manchmal, wenn ich keine Lust habe, lasse ich sie einfach den Stadtring entlangfahren.«

»Und wo üben Sie auf dem Stadtring das Abbiegen?«, fragte ich verwundert.

»Gar nicht, ich lasse sie einfach geradeaus fahren.«

»Dabei lernt man aber nicht sehr viel …«

»Na und? Muss ja nicht gleich jeder beim ersten Mal bestehen, verstehen Sie? Heutzutage ist der Konkurrenzkampf groß, die goldenen Zeiten sind vorbei. Da sollte man schauen, dass die Schüler so lange wie möglich bei einem bleiben und so viel Geld wie möglich dalassen. Schauen Sie, deswegen haben wir auch solche Autos, wie da draußen eines steht …«

Ich drehte mich um und sah den Kompaktwagen eines deutschen Herstellers.

»… miserable Rundumsicht, da brauchen die Schüler zwei Doppelstunden mehr, damit sie erst mal ein Gespür für die Fahrzeugabmessungen bekommen. Was ist los mit Ihnen, fühlen Sie sich nicht wohl?«

Mit mir war alles okay, ich bekam nur den Mund nicht mehr zu vor lauter Staunen. Dass Berthold die Ausbildung streckte, war mir ja bekannt und es war einer der Gründe für meine Jobsuche – aber dass es dafür noch eine Steigerung gibt, nämlich ein möglichst unübersichtliches Auto anzuschaffen, damit sich die Schüler schwertun, schlug dem Fass den Boden aus. So was Dreistes hatte ich ja noch nie gehört! Ich ergriff die Flucht, indem ich ihm sagte, dass ich mich wirklich nicht wohlfühlte, es läge wohl an den Frühstückseiern, und ich versprach – mit hinter dem Rücken gekreuzten Fingern –, mich wieder zu melden.

»Jaja, mit Eiern muss man immer vorsichtig sein, es können leicht ein paar faule darunter sein«, verabschiedete er mich. Wie recht er doch damit hatte …

Die letzten Spielminuten waren angebrochen, ich lag 0:4 hinten. Eigentlich hatte ich die Suche nach einem korrekten Arbeitgeber schon ad acta gelegt. Der Höflichkeit halber nahm ich aber noch meinen letzten Termin bei der Fahrschule Nummer fünf wahr. Ein spindeldürrer Herr gab sich, als er aus der Toilette kam, als Inhaber zu erkennen und schüttelte mir seine – wovon auch immer – feuchten Hände. Wir gingen an dem Schreibtisch der Fahrschulsekretärin, einer gewissen Renate, vorbei und nahmen in seinem Büro Platz.

»Hab schon viel von Ihnen gehört«, begann er das Gespräch.

»Ich hoffe, es war auch etwas Gutes dabei«, antwortete ich etwas verlegen.

»Ausschließlich Positives! Deswegen will ich es auch kurz machen: Ich will Sie unbedingt, wann können Sie anfangen?«

»Moment mal«, schnitt ich ihm das Wort ab, »zuerst möchte ich Folgendes klarstellen: Erstens werde ich Sie nicht mit Informationen über meinen jetzigen Arbeitgeber versorgen; zweitens arbeite ich nur im gesetzlichen Rahmen, was die Stundenzahl angeht, und lasse mich von Ihnen nicht verheizen; drittens bring ich meinen Schülern etwas bei und lasse sie nicht im Kreis fahren, um Stunden zu schinden; und viertens will ich am Ersten des Monats mein Geld auf dem Konto haben!«

Mit großen Augen blickte mich Herr Nummer fünf an. Die arme Sau hatte mit meinem Zwischenruf den ganzen Frust aller heutigen Vorstellungsgespräche abbekommen.

»Da hat aber jemand schon einige Vorstellungsgespräche hinter sich gebracht, oder?«, lachte er laut schallend. »Hören Sie: Uns gibt es hier seit über zwanzig Jahren. Noch nie hat sich ein Fahrlehrer bei mir beschwert oder gar gekündigt.«

»Und warum sitze ich dann hier?«

»Weil ich jetzt leider gezwungen bin, jemandem zu kündigen.«

»Wieso?«

Die Halsschlagader von Herrn Nummer fünf schwoll auf Größe eines Gartenschlauchs an. Er holte tief Luft und erzählte mir, sichtlich um Contenance bemüht:

»Ihr lieber Berufskollege bescheißt mich zum wiederholten Male um die Bareinnahmen der Schüler. Da versickert Kohle, das können Sie nicht glauben! Außerdem häufen sich die Beschwerden der Schüler über ihn: Der geht während der Fahrstunde einfach mal für 'ne halbe Stunde gemütlich einkaufen und fährt die Zeit nicht wieder rein. Der bescheißt also nicht nur mich, sondern auch die Schüler … und angeblich schaut er während der Fahrt auch noch Pornos auf seinem Handy. Also, wenn Sie bei uns anfangen, ist meine erste Amtshandlung sein Rausschmiss!«

Normalerweise wäre ich, bei aller Sympathie, die ich für Herrn Nummer fünf empfand, aufgestanden und gegangen. Dass wegen mir jemand gehen muss, wollte ich auf keineswegs. Dieser Fall war jedoch anders gelagert. Auf jemanden, der seinem Chef die Einnahmen unterschlägt und den Schülern Fahrzeit stiehlt, musste ich wirklich keine Rücksicht nehmen.

»Also, was ist jetzt – darf ich Sie in unserem Team begrüßen?«

Sachte, sachte. Nicht so schnell mit den jungen Pferden. Natürlich wollte ich erst mal wissen, wie die Auftragslage war (»Ihnen wird gewiss nicht langweilig«), wie viel Geld ich kassieren würde (»Angeblich sind Sie ja gut, also zahle ich auch gut«), wann ich anfangen könnte (»SOFORT!«) und wie das mit den Stundenvereinbarungen ablief (»Da liegt ein Plan aus, in den sich die Schüler eintragen – und die Renate, unsere Sekretärin, verwaltet ihn«).

Klang alles gut, auch die Geschichte mit dem ausliegenden Stundenplan gefiel mir: Im Gegensatz zu meiner bisherigen Wirkungsstätte, wo ich bisher jede einzelne Fahrstunde mit meinem Schüler direkt vereinbart hatte, lagen in der neuen Fahrschule sogenannte Stundenpläne aus, was bedeutete, dass die Schüler in einem vorgegebenen Zeitraster ihre Fahrstunden eigenhändig eintragen konnten. Absagen oder Verschiebungen würden durch Renate, die Bürokraft, bearbeitet. die mir später vorgestellt wurde. Das würde meine Handyrechnung und meinen Bedarf an Tipp-Ex für meinen Terminplaner ordentlich schrumpfen lassen und meine Nerven schonen. Für mich gab es nichts Nervigeres, als ständig wegen der Freizeitgestaltung meiner Schüler in meinem Terminbuch herumkorrigieren zu müssen, weil irgendjemand wieder überraschend für eine Seminararbeit lernen oder die Katze zum Tierarzt bringen musste … (Anmerkung des Autors: Hätte ich vorher gewusst, was dieses System mit den ausliegenden Stundenplänen bedeutet und welche Folgen dies haben konnte, so wäre ich aller Voraussicht nach schreiend davongelaufen – aber dazu später mehr.)

Per Handschlag besiegelten wir das Arbeitsverhältnis. Herr Nummer fünf freute sich wie ein Schnitzel, griff zum Hörer und bestellte Renate mitsamt drei Tassen Kaffee zu uns ins Büro. Dabei lernte ich sie und später einige zukünftige Kollegen kennen, die gerade ihre Tagesnachweise abgaben. Allesamt nette Leute. Während Renate an ihren Schreibtisch zurückging, um den Arbeitsvertrag auszufertigen, genoss ich mit Harald, wie ich meinen Chef fortan bei seinem Vornamen nennen durfte, meine zweite Tasse Kaffee. Obwohl, von Genuss konnte eigentlich keine Rede sein, denn es handelte sich eher um warmes Wasser mit Geschmack, welches mit so komischen Pads oder Kapseln gemacht wird (ist man eigentlich out, wenn man einfach normalen Filterkaffee trinken will?). Während Harald seinen zukünftigen Ex-Mitarbeiter für den nächsten Morgen für ein finales Gespräch ins Büro zitierte (»Um was es geht? Hm, sagen wir es so: Räum deine persönlichen Sachen aus dem Auto und bring den Büroschlüssel mit …«), griff ich zu meinem Handy und hörte die Mailbox ab: »Hallo, hier ist Herr Nummer zwei von der Fahrschule Nummer zwei. Wir hatten heute einen Termin, ich habe den ganzen Vormittag auf Sie gewartet. Na ja, ich bin Ihnen nicht böse, aber könnten wir uns jetzt baldmöglichst treffen? Bei mir haben heute zwei Fahrlehrer gekündigt, es wäre also wirklich wichtig, dass wir uns schnell treffen, bitte rufen Sie mich dringendst zurück …«

Pah, einen Dreck werde ich tun. Mit diesen Schlawinern wollte ich in Zukunft nie wieder etwas zu tun haben.

*

Und damit Sie, werter Leser, auch nie etwas mit solchen Halunken zu tun haben, fassen wir noch mal kurz zusammen:

Eine Fahrschule sollte ...

► sich über den eigenen und nicht über den – erfundenen oder weitergetratschten – Ruf definieren, ein guter Ruf ergibt sich automatisch durch eine solide Ausbildung; sich selbst zu erhöhen, indem man andere erniedrigt, ist zwar eine Werbemaßnahme, aber eben keine seriöse. Werbung kann man besser machen. Beispielsweise freut sich heute jeder Schülersprecher über eine finanzielle Beteiligung am Abschlussball.

► modern eingerichtet und ausgestattet sein, um ihren Schülern methodisch und didaktisch die bestmögliche Ausbildung zu gewährleisten.

► aktuelle und saubere Fahrzeuge haben, die technisch auf der Höhe der Zeit und bei aller Windschnittigkeit so sind, dass es einem Schüler leicht gemacht wird, damit umzugehen.

► eine Preisgestaltung haben, die zwar nicht einer Apotheke gleicht, aber sicherstellt, dass die drei erstgenannten Punkte erfüllt werden können. Dazu ein Grundsatz der korrekt arbeitenden Zunft: Wer billig schult, schult billig – denken Sie mal darüber nach!

► ihre Fahrlehrer nicht verheizen, sondern ihnen Regenerationszeit einräumen und sie anständig und pünktlich bezahlen. Denn nur zufriedene und fitte Fahrlehrer sind gute Fahrlehrer.

Und ein Fahrlehrer sollte ...

► exakt nach der Fahrschüler-Ausbildungsordnung und somit solide, detailversessen und gründlich ausbilden.

► seine Schülerinnen und Schüler fördern und fordern und nicht larifari in der Gegend spazieren fahren oder nur die vermeintlichen Prüfungsecken abgrasen.

- ▶ nicht stinken, pöbeln, schreien oder seinen persönlichen Frust auf dem Fahrlehrersitz ausleben.
- ▶ seine Finger bei sich lassen und höchstens bei der eigenen Freundin oder Frau anlegen.
- ▶ weder seinen unmittelbaren noch seinen mittelbaren Arbeitgeber – nämlich die Schüler – um Geld oder Zeit betrügen.

Wenn alle diese Voraussetzungen stimmen, dann steht einer guten, erfolgreichen und harmonischen Zeit in der Fahrschule nichts mehr im Wege. Wie schön es dann für Schüler werden kann, zeigt die nächste Geschichte, die von Bianca erzählt. Für sie war die Zeit bei mir in der Fahrschule ein Traum – und für mich ein Albtraum.

15. KAPITEL

EIN FAHRLEHRER ZUM KÜSSEN

Nachdem ich also meinen neuen Arbeitsvertrag in der Tasche hatte, war es an der Zeit, Richard über meinen bevorstehenden Abschied zu unterrichten.

Sagen wir es mal so: Glücklich war er nicht gerade, was eine sehr freundliche Umschreibung seiner Ausrufe wie »Die Ratte verlässt das sinkende Schiff!« und »Verräter!« ist. Nachdem er sich wieder beruhigt hatte und auch Dagmars Tränen getrocknet waren, die diesmal nicht wegen Bertholds Liebesgeplänkel mit Schülerinnen, sondern wegen meiner Kündigung flossen, zeigte Richard eine Spur Verständnis für meine Situation und für meine Entscheidung. Er bat mich darum, meinen Abschied vorerst nicht an die große Glocke zu hängen, da er eine eventuelle Abwanderung von Schülern, die noch verblieben waren, vermeiden wollte. Da sich optimalerweise im Laufe einer Fahrausbildung ein persönlicher Draht zwischen Schülern und Lehrern entwickelt, machen Fahrschüler oftmals ihr Wohl und Wehe von ihrem Fahrlehrer abhängig und wechseln mit ihm die Fahrschule, wenn das verbleibende Reservoir an Verkehrspädagogen für sie nicht infrage kommt.

Wie stark die Bindung zu einem Fahrlehrer tatsächlich sein kann, wurde mir mit Bianca bewusst, die einige Tage später in der Fahrschule aufkreuzte, um sich anzumelden.

»Haben Sie Fotos von den Fahrlehrern da? Im Internet konnte ich keine finden!«

Ich traute meinen Ohren nicht, als ich im Schulungsraum stand und diesen Satz aus dem benachbarten Büro hörte.

»Ähm, nein. Warum?«, fragte Dagmar etwas irritiert.

»Damit ich weiß, wie die aussehen. Können die mal alle hierherkommen, dass ich sie sehen kann?«

»Hören Sie mal, wir sind doch nicht bei Germany's next Fahrlehrer!«

Ich schlich auf Zehenspitzen am Büro vorbei, um bei der Schülerin gar nicht erst als potenzieller Kandidat in Betracht zu kommen, als Dagmar mich bemerkte: »Da! Da ist einer! Kommst du mal kurz ins Büro?!« Weil Dagmars Tonfall nicht etwa einer Bitte, sondern einem Befehl ähnelte, begab ich mich zähneknirschend zu ihr. Da saß also außer Dagmar, die leicht genervt wirkte, die junge Dame namens Bianca im Büro. Brünett, recht groß gewachsen, blaues Top mit Spaghettiträgern, aber offensichtlich kein BH darunter, und mit einer Bluejeans, deren Ladenpreis ein Gutteil meines monatlichen Gehalts gekostet haben musste.

»So, das ist einer unserer Fahrlehrer. Den können Sie sich jetzt in Ruhe anschauen. Dreh dich doch mal bitte im Kreis und mach ein paar Fahrlehrer-typische Posen«, zischte Dagmar spöttisch. Dieses Prozedere blieb mir erspart, denn die Schülerin war sogleich entzückt: »Hey, der ist cool, den nehm ich!«

Das Prädikat »cool« hatte ich mir in meiner Karriere als Fahrlehrer schon des Öfteren verdient. Woran dies liegt, kann ich mir selbst schwerlich beantworten, da ich mich für durch und durch konservativ, um nicht zu sagen spießig halte. Nachdem ich ja meine Schülerinnen und Schüler schlecht fragen konnte, was denn so cool an mir sei, das hätte doch ein bisschen was von »fishing for compliments« gehabt, versuchte ich, mir die Frage selbst zu beantworten: Vielleicht lag es ja an meinen Tätowierungen, die noch aus der Jugendzeit stammten, an meinen langen Haaren, an der Ermangelung eines für Fahrlehrer so typischen Bauchansatzes oder an den Klamotten, die mir immer meine Frau kaufen und wie bei einem Kleinkind zusammenstellen musste.

Der coole Fahrlehrer und seine neue Fahrschülerin Bianca vereinbarten also einen Termin für die erste Fahrstunde. Recht war mir dies eigentlich gar nicht. Anstatt eine weitere Schülerin unter meine Fittiche zu nehmen, wollte ich meine vorhandenen Schüler in Ruhe abarbeiten und meine Tätigkeit bei Richard gemütlich ausklingen lassen. Jetzt noch mal mit einer Grundausbildung zu beginnen und die Schülerin dann an Richard, Frank, Tarek oder gar Berthold (Oh Gott, armes Mädchen – zieh dir schnell einen BH an!) abzugeben machte für mich wenig Sinn. Aber vielleicht hatte ich es ja mit einem Naturtalent zu tun und würde es noch hinbekommen, sie bis zu meinem Dienstende in dieser Fahrschule zur Prüfung vorstellen zu können. Ich redete mir das so stark ein, dass ich dieses flaue Gefühl, das mich beim ersten Anblick von Bianca beschlichen hatte, einfach beiseitedrängte.

Aber dieses komische Gefühl kam wieder, als ich mit einer anderen Schülerin zur Fahrschule kam und Bianca dort stehen sah: schwarze Hotpants, weißes Shirt, bauchnabelfrei, aber dafür diesmal mit BH, und – High Heels!

Ich stieg mit meiner Schülerin aus dem Wagen aus und begrüßte Bianca mit den Worten: »Mit diesen Schuhen kannst du gleich wieder nach Hause gehen – mit High Heels lernt es sich sehr schwer, die Pedale zu bedienen!«

»Oh, das wusste ich nicht. Meine Mama fährt auch immer mit solchen Tretern ...«

»Was deine Mama macht, ist mir egal. Grundsätzlich darfst du vom Gesetzgeber aus sogar mit Flip-Flops fahren oder auch barfuß. Aber zum einen kann es da ordentlich Probleme geben, wenn es zu einem Unfall kommt, und außerdem bin während der Ausbildung ich dein Gesetz und dieses Gesetz sagt dir, dass du mit flachen Schuhen besser und schneller lernst, klar?!«

»Wow, du hast es ja echt voll drauf. Das war, glaub ich, eine sehr, sehr gute Entscheidung, dich als Fahrlehrer genommen zu haben. Okay, dann lauf ich schnell über die Straße und hol meine Turnschuhe. Und du«, wandte sie sich an meine Schülerin, »du kannst dich verpissen, der gehört jetzt nämlich mir!« Sprach es und war weg. Meine Schülerin und ich sahen uns wortlos und kopfschüttelnd an und verabschiedeten uns voneinander. Nachdem Bianca in Turnschuhen zurückgekommen war, begannen wir unsere Stunde. Diese verlief dann auch durchaus vielversprechend. Bianca kam gut mit Kupplung, Bremse und Gas zurecht und auch zielgenaues Lenken bereitete ihr keine großen Schwierigkeiten. Am Ende des Unterrichts beschied ich ihr in der Nachbesprechung eine für die erste Fahrstunde durchaus respektable Leistung.

»Ist ja auch kein Wunder, bei so einem tollen Fahrlehrer!«, schleimte sie mich zu. Ich wusste nicht, was ich darauf antworten sollte. Wir gingen dann gemeinsam ins Büro, damit ich sie finanziell erleichtern, sprich die Stunde abkassieren konnte.

Während ich mit dem Ausfüllen der Quittung beschäftigt war, teilte mir Dagmar mit, dass ein Fahrschüler seine zwei Doppelstunden in dieser Woche (»Muss mal wieder ins Handballtraining kommen, hat der Coach befohlen.«) abgesagt hatte. Mitten in meine Verärgerung – der Junge hatte bald Prüfung und wirklich jede Minute an Übung nötig – platzte Bianca trällernd: »Dann kann ich ja in der Zeit fahren, oder?« Dagmar zuckte gleichgültig mit den Schultern, murmelte in ihr Halstuch so etwas wie »Die gibt aber Vollgas« und fragte mich: »Willst du das Fräulein da unterrichten?«

»Wenn sie Zeit hat … an den beiden Vormittagen hat der Schüler abgesagt. Kannst du denn da überhaupt? Du gehst doch auf die Uni. Hast du da nicht Vorlesungen?«

»Ach, das ist kein Problem«, jauchzte Bianca, »die Vorlesung lasse ich sausen, der Professor ödet mich sowieso an. Da ist es in den Fahrstunden und bei meinem Fahrlehrer viel spannender!« Weil ich mittlerweile den gesamten Lebenslauf von Bianca kannte, den sie mir in der Fahrstunde ungefragt präsentiert hatte, und somit wusste, dass sie Psychologie studierte, wenn sie nicht gerade in ihrem Atelier – wie sie den feuchten Keller nannte – Blumenvasen fotografierte, ihrem Freund per Twitter, Facebook oder nächtlichen Überraschungsbesuchen ihre Liebe bekundete oder Fahrstunden nahm, war ich etwas irritiert: »Also, mir kann das ja eigentlich egal sein, aber meinst du denn nicht, dass es sinnvoller wäre zu wissen, was man mit einem Patienten auf der Couch macht, als Fahrstunden zu nehmen?«

»Ach was, den Kram kann ich ja auch zu Hause nachholen«, erwiderte sie mir mit einer Inbrunst, die ich selten erlebt habe. »Außerdem: Wenn ich in einer Gesprächstherapie Mist baue, stirbt hoffentlich nur ein Mensch durch Suizid; wenn ich dagegen im Auto was verkehrt mache, trifft es vielleicht sogar mehrere, oder?« Beeindruckende Logik. Und da wundert sich meine Frau noch, warum ich so wenig von Seelenklempnern halte …

Nachdem wir die letzte der beiden Vormittagsstunden absolviert hatten – die Vorfahrtsregeln wurden ausgezeichnet angewandt und das Abbiegen und die Fahrstreifenwechsel funktionierten auch ganz passabel –, war es an der Zeit, neue

Termine abzusprechen. Ich öffnete meinen Terminplaner für die nächste Woche:

»So, Bianca, am Montag könnte ich um ...«

»In dieser Woche geht gar nichts mehr?«, unterbrach sie mich.

»Äh, schon, aber dann fährst du ja in dieser Woche viermal!«

»Na und?«

»Ja, wird dir das denn nicht ein bisschen zu viel?«

»Nö, gar nicht. Wie könnte mir mit dir was zu viel werden?«

Puh, diese Schleimerei ging mir gewaltig auf den Keks. Wohl wissend, dass Bianca in festen Händen war, deren Besitzer von ihr abwechselnd »Schnuckiputz« und »Stupsibärli« genannt wurde, konnte ich eigentlich ausschließen, dass diese Schmeicheleien plumpe Anmachversuche waren. Aber ich fragte mich trotzdem, welches Maß an Zuwendung und Anerkennung ihr Lover so erhielt, wenn schon ich als ihr Fahrlehrer dermaßen bezirzt wurde. Ich stellte mir das in etwa so vor: »Stupsibärli, wie du gerade die Tomatensuppe löffelst, das ist an Ästhetik unerreichbar für alle anderen Männer dieser Welt.«

Oder: »Schnuckiputz, so männlich wartet sonst niemand auf die Straßenbahn.«

Nun gut, zurück in die Realität. Bianca fuhr also am Freitag noch einmal. Damit Sie mich jetzt nicht falsch verstehen: Generell begrüße ich natürlich jegliches Engagement meiner Schüler, möglichst viel und schnell zu lernen. Jedoch ist es nach meiner persönlichen Meinung sinnvoll, mit Fahrstunden ähnlich zu verfahren wie mit fettigem Essen, Alkohol und Zigaretten – Maß halten!

Die Gefahr bei einer Überdosis Fahrstunden innerhalb eines kurzen Zeitraums ist ein sogenannter Overload, sprich: Man sieht den Wald vor lauter Bäumen nicht mehr! Ich halte es mit meinen Fahrschülern so, dass optimalerweise zweimal in der

Woche gefahren wird, und wenn es jemand wirklich sehr eilig hat, dann trifft man sich halt dreimal wöchentlich, allerdings immer mit einem Tag Pause dazwischen, um das Erlernte auch verarbeiten und sacken lassen zu können. Diesen Rat gab ich selbstverständlich auch Bianca – aber ich stieß auf taube Ohren. »Man kann gar nicht genug lernen bei so was Komplexem wie dem Straßenverkehr«, entgegnete sie mir. »Ich nehm alles, was ich bei dir an Stunden kriegen kann. Außerdem ist es total geil, mit dir zu fahren, du bist so cool …«

Ich hatte Bianca nunmehr an der Backe. Und zwar richtig! Sie belegte in meinem Stundenplan jede sich bietende Gelegenheit, mitunter sogar dreimal am Tag! Morgens eine Dreiviertelstunde, nachmittags eine Doppelstunde, und abends noch mal eine Dreiviertelstunde. Und wenn sie nicht gerade körperlich anwesend war, so war sie doch ständig präsent. Sehr zur Freude meiner Chefs schleppte sie nämlich wöchentlich zwei bis drei Freundinnen an – jede einzelne natürlich »die beste Freundin« –, die alle einen Ausbildungsvertrag unterschrieben, um bei »dem besten Fahrlehrer« ihren Lappen zu machen. Ab und an, wenn es der Zufall so wollte (aus Biancas Sicht war es natürlich Schicksal) und ich gerade ins Büro kam, wenn sie eine ihrer Freundinnen anschleppte, schrie sie immer lauthals: »Schau, DAS ist mein Fahrlehrer, mit dem musst du fahren!« und kam auf mich zugesprungen, als wäre ich der Erlöser höchstpersönlich. Ich bekam dann stets ein Küsschen auf die linke Wange, eines auf die rechte und dann wieder eines auf die linke (»So machen es die Franzosen!«) und sie sagte bedauernd, ich würde ja ganz kaputt aussehen, ob mich denn die Fahrschüler so ärgerten. Dann tröstete sie mich, dass sie ja bald wieder eine Fahrstunde hätte und dann ganz brav fahren würde, dass zumindest sie mir keinen Kummer macht. Und damit sollte sie Wort halten.

Denn in den Fahrstunden machte sie mir weiterhin tatsächlich keinen Kummer. Abgesehen von ihrem ewigen Geflöte, verliefen die wirklich prima. Doch dann kamen die Sonderfahrten und die riefen bei Bianca zusätzlich zu dem bisherigen speziellen noch mal ein ganz besonderes Verhalten hervor.

Bereits jetzt neigte Bianca in ihrem Perfektionsdrang ohnehin zu sehr vielen Nachfragen. Oder wollte sie nur meine Stimme hören, um mir dann zu sagen, wie männlich diese doch sei? In der praktischen Ausbildung sorgte dies dafür, dass sich die obligatorischen Vor- und Nachbesprechungen dermaßen in die Länge zogen, dass ich die verlorene Zeit mit den nachfolgenden Schülern wieder hereinholen und gleichzeitig alle anderen Schüler des Tages per SMS informieren musste, dass es vermutlich circa zehn Minuten später werden würde – was irgendwann zu SMS-Antworten führte wie: *Fährst du wieder mit der Bianca, oder ;-) ?!*

Im Theorieunterricht führten ihre Nachfragen dazu, dass die anderen Schüler mit den Augen rollten und ich Schweißausbrüchen bekam, da ich bei den häufigen Nachfragen von Bianca ernsthaft Probleme hatte, den restlichen Stoff zu vermitteln. Wegen der Häufigkeit und dem Tiefgang ihrer Fragen hätte ich gern gewusst, ob ihr Professor an der Uni wirklich so langweilig war oder ob der sie nicht einfach kurzerhand rausgeworfen hatte, weil er ihre ständige Fragerei leid war. Bitte nicht falsch verstehen: Grundsätzlich ist natürlich jede Nach- und Verständigungsfrage herzlich willkommen, beseitigt sie doch vermeintliche Fehler. Wenn man dann allerdings als Fahrlehrer vor versammelter Mannschaft über das Handyverbot am Steuer referiert und die Schüler mit Müh und Not davon überzeugt hat, dass Multitasking im Auto, wie gleichzeitiges Essen und Lenken, Trinken und Kuppeln, und eben Telefonieren und zum Beispiel Schalten, einfach nicht funktioniert, dann möchte man keine tiefgründige juristische Diskussion mit einer gewissen Bianca darüber führen, ob Fahrlehrer während der Fahrstunde den Hörer am Ohr haben dürfen oder nicht. Mal so nebenbei: Sie dürfen es natürlich nicht, da sie im Sinne des Gesetzes verantwortliche Fahrzeugführer sind, auch wenn sie auf der Beifahrerseite sitzen. Bei der Motorradausbildung dürfen sie aber witzigerweise das Funkgerät in der Hand halten, was die ganze Sache ein wenig grotesk macht.

Wie bereits erwähnt, erhöhte sich mit Beginn der Sonderfahrten beziehungsweise deren Ankündigung die Schlagzahl von Biancas Nachfragen noch mal beträchtlich. So kam es, dass ich am Abend vor ihrer ersten Überlandfahrt um 22:31 Uhr eine SMS bekam:

Hallo, Superlehrer, morgen Überland, oder?!

Schon halb im Traum angekommen, schrieb ich mit letzter Kraft zurück: *Ja.*

Einige Sekunden später meldete sich Freund Nokia erneut: *Da fahren wir schneller als sonst, oder?*

Ja.

Piep-Piep, Piep-Piep: *Muss ich mich da mental auf etwas Besonderes einstellen?*

Ja.

Pause, dann: *Und auf was?*

DAS WIR SCHNELLER FAHREN! GUTE NACHT! Ende des SMS-Verkehrs.

Am nächsten Tag befanden wir uns auf unserer 135-minütigen Überlandfahrt entlang eines Sees. Das Radio dudelte leise vor sich hin, Bianca fuhr wie auf Schienen die Uferpromenade entlang und betete mich seit sagenhaften zwanzig Minuten nicht mehr an. Nach 21 Minuten tat sie einen Seufzer. Als ich darauf nicht reagierte, seufzte sie einige Sekunden später noch mal, diesmal etwas lauter.

»Ist was?«, fragte ich, das Ende der Stille bedauernd. »Diese Farben ...«

»Was für Farben?« Hatte sie etwa Drogen eingeschmissen?

»Schau doch mal, die Blätter, der See ... herrlich, da werde ich das nächste Mal ein Foto schießen!«

»Dann fotografier mal schön«, versuchte ich, diesen Small Talk zu beenden.

»Dich würde ich ja auch irgendwann gern mal vor die Linse bekommen, du hast ja so einen athletischen Körper!«

Wer mich kennt, weiß, dass es nur sehr, sehr selten vorkommt, dass ich sprachlos bin, aber jetzt war einer dieser seltenen Momente da. Nicht nur, dass ich inzwischen mehr Zeit mit Bianca als mit meiner eigenen Frau verbrachte, jetzt wollte sie mich auch noch so ablichten, wie mich normalerweise nur meine Frau sah!

»Also, junges Fräulein«, empörte ich mich, nachdem ich meine Fassung wieder halbwegs erlangt hatte, »dieses goldene Ding da an meinem rechten Ringfinger heißt, dass ich verheiratet bin – und zwar glücklich! Und ich kann dir sagen, dass sich dieser Zustand mit an Sicherheit grenzender Wahrscheinlichkeit ändern würde, wenn ich meiner Frau erzählte, dass ich mich vor dir entblöße, nur damit du mich fotografieren kannst, wie Gott mich schuf. Und deinem Freund wird das sicherlich auch nicht ...«

»Ach der, der ist sowieso nur noch genervt von mir, das würde das Kraut auch nicht mehr fett machen«, fuhr sie mir über den Mund.

»Nur noch genervt« – hatte ich in Biancas Freund etwa einen Seelenverwandten gefunden? Der Sache musste ich auf den Grund gehen und legte meine Absicht einer detaillierten Erläuterung über ein ordentliches Arbeitsverhältnis zwischen Schülerinnen und Fahrlehrer erst mal auf Eis.

»Wieso ist er denn von dir nur noch genervt? Das kann ich mir gar nicht vorstellen«, erkundigte ich mich neugierig, nicht ohne eine ordentliche Portion Sarkasmus in der Stimme.

»Ach, der ist doch schizophren! Wenn ich bei ihm bin, sagt er, dass ich ihn erdrücke mit meiner Präsenz, und wenn ich weg bin, vermutet er, dass ich mit dir ein Verhältnis habe.«

»WIE BITTE?«

»Na ja, weil ich ihm doch so viel von dir und den Fahrstunden erzähle, wie toll du bist und so …«

Okay, jetzt war es Zeit für Musik: Maestro, Einsatz für die Standpauken!

Sehr bestimmt erklärte ich Bianca, dass es mich zwar durchaus freue, wenn sie an ihrer Fahrausbildung so viel Gefallen findet, dass mich aber dieses In-den-Himmel-Heben brutalst nervt. Ich bat sie, ihr Verhalten auf ein Normalmaß zurückzufahren, insbesondere ihre SMS zu nächtlicher Stunde zu unterlassen und ihre Nachfragen zu Sachthemen nicht derart tiefgründig zu gestalten, dass sie für eine Fahrlehrerprüfung ausreichen würden.

Meine Ausführungen quittierte sie mit einer lockeren Handbewegung und einem patzigen »Jaja, ist schon gut«, was mir suggerierte, dass ihr meine Standpauke an einem gewissen Körperteil vorbeiging.

Aber, wissen Sie was? Ich hatte mich getäuscht! Es funktionierte! Keine SMS vor, kein Geschleime während und keine endlosen Nachfragen nach den Autobahnfahrten, dafür kraftvolles Beschleunigen auf dem Beschleunigungsstreifen, sauberes Überholen, korrektes Einhalten des Rechtsfahrgebotes und prachtvolle Verzögerungen auf dem Verzögerungsstreifen!

Ach, das Leben könnte so schön sein, wenn … ja, wenn du da jemanden neben dir sitzen hättest, der sich das Gesagte mehr als 48 Stunden lang zu Herzen nehmen würde.

Eingang SMS um 23:42 Uhr: *Hi, Fahrlehrer-Gott, geht Nacht-fahrt morgen klar? Was muss ich beachten?*

Eingang SMS um 23:49 Uhr: *Hallo?*

Eingang SMS um 23:57 Uhr: *Schläfst du schon?*

Anruf um 00:09 Uhr – werde von meiner Frau unsanft geweckt: »Geh an dein verdammtes Telefon!!!«

»Haalloooo?«, melde ich mich schlaftrunken.

»Hab ich dich aufgeweckt?«

»Werissenda?«

»Deine Lieblingsschülerin …«

»Wer?«

»Bianca …«

»Sachmatickstdunochgansrichtich?«

»Auf was muss ich mich denn morgen vorbereiten?«

»Diealdemachmichfertich!«

»Jetzt komm, sag schnell, ich bin müde und will ins Bett!«

»Schausumfenserraus.«

»Jaaah …«

»Wassiehsdu?«

»Nix – ist ja schon dunkel!«

»Ebendaraufkannsedichvorbeiten, Nacht.«

Ende des Telefonats durch Herausfallen des Akkus nach Wurf des Handys an die Wand.

Am nächsten Tag teilte mir meine Frau übellaunig, weil in ihrem Schlaf gestört, mit, dass sie sehr froh sein wird, wenn ich bald die Fahrschule wechseln würde und somit der nächtliche Telefonterror durch Bianca beendet sei. Auf ihre Nachfrage, ob denn bei dieser Schülerin im Gehirnkästchen alles klar sei, antwortete ich salomonisch, dass sie immerhin Psychologie studiere, was ja eine gewisse Intelligenz voraussetze. Daraufhin meinte meine Frau, dass sie hoffentlich beim Thema Neurologie gut aufpasse, damit sie feststellen könne, ob alle Drähte in ihrem

Hirn richtig vernetzt seien. Diesen Vorschlag wollte ich Bianca ans Herz legen, wenn ich mich von ihr verabschieden würde. Denn nach unglaublich quälenden drei Wochen hatte sich mein Wunsch fast erfüllt, Biancas Unterricht bis zu meinem Weggang zu beenden, und wir hatten aufgrund der vielen Fahrstunden die komplette Grundausbildung, sämtliche Sonderfahrten und die Grundfahraufgaben hinter uns. Jetzt ging es im Rahmen der letzten Fahrstunden nur noch um die selbstständige Fahrweise und die Vorbereitung auf die baldige praktische Prüfung.

Doch auch mein Dienstantritt in der neuen Fahrschule stand bald an. Und zwar in einer Woche. So musste Bianca wohl oder übel die letzten Fahrstunden mit einem Kollegen absolvieren. Doch davon ahnte sie – noch – nichts.

»Wird Zeit, dass wir uns um einen Prüfungstermin für dich kümmern«, sagte ich zu ihr in der letzten gemeinsamen Fahrstunde.

»Och, das hat noch Zeit, wir können doch noch ein bisschen miteinander fahren. Ich fühl mich auch noch total unsicher!«

»Bianca, du fährst bis auf ein paar Kleinigkeiten schon echt super. Du brauchst höchstens noch zwei, maximal drei Stunden, bis alles routiniert funktioniert.«

»Ich will aber noch mehr Stunden haben«, antwortete sie trotzig.

»Na gut, wie du meinst, ist ja deine Kohle und deine Zeit. Das kannst du ja dann mit Frank oder Tarek ausmachen.« So sehr sie mir während der Ausbildung mit ihrem Geschleime – oder war es vielleicht doch Flirten? – und ihren Nachfragen auf den Geist gegangen war, an Berthold wollte ich sie nicht weiterreichen …

»Wie, mit Frank oder Tarek ausmachen?« Jetzt war der Augenblick der Wahrheit gekommen. Ihre Reaktion auf meinen Abschied fürchtend, dirigierte ich das Schulungsfahrzeug an den Straßenrand und teilte ihr mit, dass ich nur noch ein paar

Tage da wäre und dann zu einer anderen Fahrschule wechseln würde.

»Wie, du gehst? Warum das denn?«

Tatsächlich ertappte ich mich selbst in letzter Zeit dabei, dass ich mir die Frage nach dem Warum stellte, hatte Bianca doch für einen beträchtlichen Schub an Anmeldungen gesorgt, die entsprechend für zusätzliche Arbeit und somit auch zu Lohn geführt hätten und einen Weggang obsolet machten. Außerdem hatte ich das Gefühl, dass Berthold aufgrund dessen immer weniger zum Schinden von Fahrstunden neigte. Aber, was soll's. Die Tinte unter dem Arbeitsvertrag war getrocknet und deswegen gab es auch kein Zurück mehr.

»Liegt es am Gehalt?«, bohrte Bianca weiter.

»Auch, ja ...«, antwortete ich.

»Soll ich mit deinem Boss reden?« Um Himmels willen, bloß nicht! Wenn ich sie nur fünf Minuten mit Richard alleine lassen würde, würde der mir als Vergeltung noch am vorletzten Arbeitstag fristlos kündigen und mich zusammenschlagen.

»Du brauchst mit niemandem zu reden, meine Entscheidung ist gefallen und ich bin damit zufrieden. Außerdem sind Frank und Tarek gute ...«

»Ich will nicht Frank und erst recht nicht den stinkenden Tarek, ich will dich!«, unterbrach sie meine Werbung für die mehr oder minder geschätzten Kollegen.

»Geht aber nicht.«

»Kannst du nicht noch etwas länger bleiben, bis ich fertig bin?«

»Bianca ...«

»Ich wechsel mit dir!«

Notiz an mich: Sollte sie das wirklich tun, sofort bei der nächsten Nachtfahrt zum Bahnhofsviertel fahren und eine Schrotflinte mit abgefeilter Seriennummer kaufen ...

»Bianca, das macht doch gar keinen Sinn: Ich kann nicht 15 Kilometer zu dir nach Hause fahren, dann mit dir zurück in mein neues Ausbildungs- und Prüfungsgebiet und dich danach wieder nach Hause bringen, das ist doch Irrsinn! Und mit den öffentlichen Verkehrsmitteln würdest du zwischen 45 und 60 Minuten bis zu mir brauchen, von Taxikosten gar nicht zu sprechen. Sei doch mal vernünftig!«

Ich deutete die Tränen in ihren Augen als stilles Verständnis. Und sie hatte tatsächlich verstanden. Aber anders, als ich gedacht hatte …

Nach der Fahrstunde ging sie schnurstracks ins Büro und löste ihren Ausbildungsvertrag auf. Sie haben richtig gelesen: Kurz vor dem Ziel, der Prüfung, warf sie das Handtuch – weil sie mit mir nicht mehr fahren konnte.

Ich weiß, es klingt pervers, aber ich versuchte mit aller Macht, sie telefonisch und via SMS (Hatte ich mich etwa bei ihr angesteckt?) davon zu überzeugen, dass sie einen großen Fehler machte und dass sie doch ihre Prüfung machen sollte!

Doch es half alles nichts: Sie machte Schluss mit dem Führerschein. Und zurück blieben:

► ein zufriedener Fahrschulinhaber, der dank dieser Irren acht Neuanmeldungen in der Tasche hatte;

► acht Fahrschülerinnen, allesamt ihre »besten Freundinnen«, die sich fragten, was sie genau in dieser Fahrschule eigentlich machen würden, wenn »der beste Fahrlehrer der Welt« gar nicht mehr da war;

► eine Fahrschülerin namens Bianca ohne Führerschein, dafür aber um 1.425 Euro ärmer;

► ein Fahrlehrer, um eine krasse Erfahrung reicher, wegen dieser Erfahrung zwar etwas irritiert, aber auf eine gewisse Art irgendwie doch geschmeichelt, die Fahrschule einige Tage später verlassend.

PS: Ob Bianca in mich verschossen war, ob sie einfach bei dem Thema Führerschein eine Art Vaterfigur bei sich haben wollte oder ob sie einfach ein bisschen verrückt war – darüber zermartere ich mir in einer Art pädagogischer Reflexion bis heute den Kopf. Vielleicht werde ich sie irgendwann einmal fragen, denn wir stehen nach wie vor in Kontakt – zumindest einseitig. Ich erhalte von Bianca immer noch SMS an meinem Geburtstag, zu Weihnachten, zu Silvester, oder wenn sie mir einfach mitteilen möchte, dass ihr neuer Freund fast dieselbe Frisur und dieselben Tätowierungen hat wie ich ...

16. KAPITEL

ICH HAU DEINER MUTTER EINE AUFS MAUL!

Erster Arbeitstag in meiner neuen Fahrschule. Zuallererst fragte ich bei Renate nach – der Sekretärin in der Filiale, in der ich tätig sein sollte –, ob sich in den letzten Tagen zufällig eine gewisse Bianca angemeldet hatte – dann hätte ich nämlich gleich wieder gekündigt.

Aber Renate gab nach einem Blick in ihren Computer Entwarnung und somit war das Kapitel »alte« Fahrschule für mich endgültig erledigt. Zeit für den Neustart. Zuerst wusch und saugte ich mein neues Dienstfahrzeug, das mein Vorgänger wegen der Kündigung, die ihm von meinem neuen Chef Harald ausgesprochen worden war, überhastet und dreckig abgegeben hatte.

Nach dem »Genuss« eines stillen Wassers mit Kaffeegeschmack warf ich einen Blick auf die aushängenden Fahrstundenpläne der nächsten vier (!) Wochen. Ausgelastet war ich tatsächlich, es war auch alles im gesetzlichen Rahmen, aber auf welche Art diese Auslastung zustande kam, das war sehr gewöhnungsbedürftig.

Dem aufmerksamen Leser wird wohl nicht entgangen sein, wie man an meinem neuen Arbeitsplatz Fahrstunden buchen konnte: An einer Art Schwarzem Brett hingen – neben uralten Erlassen des Innenministeriums aus den 80er-Jahren – meine Kalender. In vorgegebenen Spalten konnte sich jeder Schüler nach Lust und Laune für Fahrstunden eintragen.

Dieses System hat den Vorteil, dass man sich als Fahrlehrer die durchaus nervige Suche nach dem passenden Zeitfenster für jede Schülerin und jeden Schüler sparen kann. Dieses Fenster in Zeiten von G8 und dem enormen Freizeitstress bei der Schülerschaft zu finden gleicht teilweise der Suche nach der berühmten Nadel im Heuhaufen. Sätze wie »Zwischen Mathe und den Reitstunden hätte ich vielleicht noch Zeit, wenn meine Oma aus Leipzig nicht zu Besuch kommt« oder »Nachtfahrten am Mittwoch sind eher schlecht, da will mein Exfreund immer was von mir« und »Können wir auch nur 15 Minuten fahren? Dann kannst du mich am Freitagfrüh abholen und ich fahr mich dann selbst zur Arbeit« hört man eher selten, wenn der Schüler andächtig vor dieser Tafel steht und die Fahrstunden mit seinem Terminkalender vergleicht. »Friss oder stirb«, lautet da die Devise – nicht der Fahrlehrer richtet sich nach dem Zeitplan der Schüler, sondern umgekehrt.

Der Nachteil an diesem System ist jedoch – so sollte es die Zukunft zeigen –, dass bei einigen Schülern das von mir so bezeichnete »Graffiti-Phänomen« eintritt.

Sie kennen das vielleicht: Kaum ist irgendwo ein neues Gebäude hochgezogen, eine Schallschutzwand errichtet oder ein Stromverteilerkasten aufgestellt worden, schon prangt eine Woche später ein unansehnliches Geschmiere daran. Und so sah es teilweise auch in meinen Plänen aus. Da trugen sich manche Herrschaften ohne Sinn und Verstand kreuz und quer durch alle Tages- und Nachtschichten ein, ohne vorher bei ihrem Fahrlehrer überhaupt eruiert zu haben, wie viel Bedarf an Fahrstunden sie denn eigentlich haben. Ein kleines Beispiel: Ein Schüler trug sich für Dienstag, Mittwoch und Freitag jeweils um zwölf Uhr mittags für je eine Doppelstunde ein. Seiner Ausbildungsdiagrammkarte konnte ich jedoch entnehmen, dass er längst seine Grundausbildung, die Grundfahrübungen, die Unterweisung am Fahrzeug, sämtliche Überland- und Autobahnfahrten sowie weitere Übungsstunden hinter sich gebracht hatte – was jetzt eigentlich nur noch fehlte, waren die Nachtfahrten. Und diese kann man ja nun mal schlecht um die Mittagszeit herum machen, außer man fährt die ganze Zeit durch einen Tunnel – aber finden Sie mal einen, durch den man 135 Minuten am Stück fahren kann … Richtig wäre also gewesen, sich einfach in ein Zeitfenster einzutragen, wo bereits Dämmerung und Dunkelheit einsetzen. Aber, wie gesagt, einige Schüler dachten wohl »Viel hilft viel« und wandten das »Graffiti-Phänomen« an: Da ist ein freier Termin, also schreib ich meinen Namen rein. Und das hatte dann manchmal weitreichende Konsequenzen für den Geldbeutel. Denn gebucht ist gebucht. Womit wir nach schier endlosen Erklärungen über das Buchen von Fahrstunden endlich bei Goran angelangt wären.

In meiner zweiten Arbeitswoche bei der neuen Fahrschule kam er nach dem Theorieunterricht auf mich zu und wollte seine praktische Ausbildung beginnen. Ich interviewte Goran, wie ich es in meinem alten Job immer tun musste, um das passende Zeitfenster für Fahrstunden zu finden: »Gehst du noch zur Schule, studierst du schon, machst du eine Ausbildung, bist du arbeitslos, auf welche Hobbys müssen wir Rücksicht nehmen?«

Der, um es höflich zu sagen, leicht untersetzte 19-jährige Junge mit dem Babyface gab mir zur Antwort, dass er nach einigen Ehrenrunden auf der Realschule nunmehr in der Ausbildung zum Speditionskaufmann steckte, und zwar just in der

Firma, wo auch ich vor etlichen Jahren meine Ausbildung genossen hatte (hat noch irgendjemand Zweifel daran, dass die Welt ein Dorf ist?). Für Gesprächsstoff in den Fahrstunden wäre also gesorgt, dachte ich. Ich würde ihn aushorchen wie ein Agent des MI6, um zu erfahren, wie es in meinem ehemaligen Ausbildungsbetrieb läuft, und vor allem, ob es noch diese rattenscharfe Sekretärin des Ausbildungsleiters gab. Ich kann mich noch erinnern, dass wir männlichen Auszubildenden absichtlich Böcke schossen, damit wir zum Ausbildungsleiter zitiert wurden und für ein paar Minuten in seinem Vorzimmer den Anblick genießen konnten …

Während ich mit einer Gehirnhälfte meinen spätpubertären erotischen Tagträumen hinterherhing, meldete sich die zweite Hälfte vehement zu Wort: »Hallo, das kann dir scheißegal sein, wann der Fettsack Zeit hat! Du bist doch in der neuen Firma, wo sich die Schüler selbst in den Stundenplänen eintragen!«

»… Hobbys hab ich eigentlich keine, manchmal fahre ich bei meinem Vater im Abschleppwagen mit, wenn mir langweilig ist«, erklärte mir Goran seine Freizeitgestaltung, bis ich ihn rüde unterbrach: »Jaja, ist schon gut, Abschleppwagen und so weiter. Pass auf, ich zeig dir jetzt mal meine Stundenpläne, da kannst du dir einen passenden Termin aussuchen und dich dort mit Vor- und Nachnamen eintragen.« Goran tat, wie ihm befohlen, und dann zeigte ich mit meinem Arm noch auf die Hinweistafel über den Plänen, auf der in fetten Lettern prangte: »Fahrstunden müssen 48 Stunden vor Beginn abgesagt werden, ansonsten werden sie bei Nichterscheinen berechnet!«

»Coole Tätowierungen …«, bemerkte Goran, der nicht aufs Schild, sondern auf meinen Arm glotzte.

»Jaja, coole Tätowierung«, seufzte ich entnervt, »kannst ja mit Bianca einen Fanclub aufmachen …«

»Wer ist Bianca?«

»Ach, vergiss es … Sag mal: Gibt's in der Spedition eigentlich noch die Frau Birnbach?«

»Keine Ahnung, ich bin ja grad frisch in den Betrieb gekommen, ich kenne noch nicht alle Leute.«

»In welcher Abteilung arbeitest du denn gerade?«

»Erst war ich im Fernverkehr, aber dann haben die dort gesagt, dass das nicht das Richtige für mich ist, und mich gleich zum Leitstand befördert. Und jetzt bin ich dort der Boss!« An mangelndem Selbstbewusstsein litt der junge Mann offensichtlich nicht, was sich am nächsten Montag bei seiner allerersten Fahrstunde bestätigte.

»Mann, bin ich gut!«, platzte Goran nach einigen Minuten vor Stolz.

»Wie bitte, was bitte, wo?«, antwortete ich leicht verdutzt.

»Ey, Alter, siehst du nicht, wie ich fahren kann! Fetten Respekt, ich bin der volle Checker, ein richtiger Held!«, lobte er sich selbst.

Es sind Momente wie diese, in denen man blitzschnell schalten muss und aus seiner Ausbildungszeit als Fahrlehrer die passende, natürlich pädagogisch wertvolle Antwort geben muss. In der Regel bekommt man als »Verkehrspädagoge«, wie Fahrlehrer in der Fachliteratur gern genannt werden (wohl um zu suggerieren: »Hey, ihr seid mehr als staatlich geprüfte Bremser!«), am Ende jeder Fahrstunde von der Schülerschaft die Frage zu hören: »Und, wie war ich?« Diese Frage ist gleichzeitig die Antwort darauf, warum Fahrlehrer eigentlich fast nie die Zunge gepierct haben – nachdem man sich ohnehin bei dieser Frage so oft auf die Zunge beißen muss, sollte der Rest dieses Organs einigermaßen gut erhalten bleiben. Man kann ja schlecht antworten: »Heute warst du eine größere Gefahr für die Allgemeinheit als jedes Kernkraftwerk!«

Dass Fahrschüler ihr Tun und Handeln eingeschätzt haben wollen, war mir also nicht unbekannt. Dass sie ihre Leistung selbst in den Himmel hoben, so wie Goran es eben tat, war mir bisher aber noch nicht untergekommen. Für mich mutete das auch ein wenig grotesk an, in etwa so, wie wenn ein Erstklässler nach seiner ersten erfolgreichen Addition verlautbart, dass er Mathematikprofessor sei. Aber, wie gesagt, an Selbstbewusstsein mangelte es ihm anscheinend nicht, wie schon seine Erzählung über die »Beförderung« in den Leitstand erahnen ließ. Aus eigener Erfahrung in diesem Betrieb wusste ich nämlich, dass die Fernverkehrs-Abteilung extrem hohe Anforderungen an ihre Azubis stellte; und wer diesen nicht gewachsen war, wurde schnurstracks in den Leitstand befördert, wo er außer dem Öffnen und Schließen der Schranke für die Einfahrt zum Ladehof nichts zu tun hatte und somit keinen Schaden anrichten konnte.

Zu seiner »aufstrebenden« Karriere in der Spedition wollte ich mich nicht äußern, wohl aber zu seinen ach so herausragenden Fahrkünsten. Ich entschied mich für eine möglichst salomonische Aussage, um Goran nicht allzu hart von seiner Wolke auf die Erde plumpsen zu lassen: »Ja, in der Tat hast du bisher kein einziges Mal den Motor abgewürgt oder den Bordstein touchiert, und wenn dir jetzt auch noch aufgefallen wäre, dass dieses Auto mehr als einen Gang hat, wärst du wirklich der volle Checker.« Meine Worte waren für Goran wohl etwas zu kompliziert, also herrschte ich ihn an, jegliche pädagogische Empathie vergessend: »Schalt in den zweiten Gang, du Held!«

Die 90 »heldenhaften« Minuten waren zu Ende und wir »checkten« wieder in der Fahrschule ein. Ich marschierte schnurstracks zu meinem Chef, um ihm meinen Bericht vom gestrigen Unfall auszuhändigen. Einem hinter mir fahrenden Porsche war es leider nicht schnell genug vorwärtsgegangen, weshalb er sich entschied, meine Schülerin und mich Stoßstange an Stoßstange auf die Kreuzung zu schieben – die zur Hilfe gerufenen Polizeibeamten ließen allerdings die Begründung des leicht alkoholisierten Fahrers, dass Fahrschulen bei Unfällen immer schuld seien, nicht wirklich gelten.

Goran trug sich derweil eigenhändig für zwei weitere Doppelstunden am kommenden Montag und Dienstag ein, welche nach seinem Wunsch und Willen jeweils um acht Uhr morgens beginnen sollten. Ich hatte nichts dagegen; Zeit hatte ich da, und wenn er es mit seiner Arbeit vereinbaren konnte, sollte es mir recht sein.

*

An besagtem Montagmorgen stand ich Punkt acht vor der Fahrschule und wartete auf Godot, äh Goran, von dem weit und breit nichts zu sehen war. »Pünktlichkeit ist eine Zier, doch weiter kommt man ohne ihr«, murmelte ich zynisch und griff nach fünf Minuten zu meinem Handy, um ihn anzurufen und nach seinem Verbleib zu fragen. Die Mailbox ging ran: »Ey, hier ist Goran, ich kann grad nicht, hinterlasst eine … Piiiiep.« Nicht nur zu blöd, um in der Fernverkehrs-Abteilung zu arbeiten oder sich den Wecker für die Fahrstunde zu stellen, sondern auch noch zu bescheuert, um eine ordentliche Mailboxansage hinzukriegen, dachte ich mir und sprach ihm aufs Band, dass es jetzt fünf nach acht wäre und ich eigentlich von einem Spediteur in Ausbildung eine gewisse Pünktlichkeit erwarten würde, frei nach dem Motto: »Fünf Minuten vor der Zeit ist des Logistikers Pünktlichkeit.«

Ich überbrückte das Warten auf Goran mit dem Entfernen allerlei Grünzeugs, das letzte Nacht während des Gewitters auf das Dach und in diesen fiesen Spalt zwischen Motorhaube und Windschutzscheibe meines Autos gefallen war. Nach ein paar Minuten befand sich das Auto wieder in einem respektablen Zustand, aber von Goran gab es noch immer keine Spur. Ich probierte es erneut auf seinem Handy und erreichte abermals nur die Mailbox. Ich hinterließ ihm eine weitere Nachricht: »Hallo, Goran, hier spricht noch mal dein Fahrlehrer, ich warte hier schon eine halbe Ewigkeit auf dich. Ruf mich bitte an, wann du zu kommen gedenkst!«

Doch Goran wollte weder denken noch kommen und so ging ich in die Fahrschule hinein, um dort weiter zu warten. Eine geschlagene Stunde saß ich im Büro, trank Wasser mit Kaffeegeschmack und las eine Zeitung aus der letzten Woche ein zweites Mal. Gibt es eigentlich etwas Langweiligeres als eine alte Zeitung? Punkt neun Uhr erschien – nein, nicht Goran, sondern Renate zum Dienstbeginn.

»Was machst du denn hier? Hast du nicht Fahrstunden mit Goran?«, fragte sie mich verblüfft.

»Doch, eigentlich schon. Aber nachdem er nicht gekommen ist und auch nicht an sein Telefon geht, sitze ich hier blöd rum und warte.«

»Ach, du armer Kerl, bist sitzen gelassen worden … aber tröste dich mit dem Gedanken, dass das hier zumindest bezahltes Herumsitzen ist – dem Burschen werden wir das schön in Rechnung stellen …«

»Wie, in Rechnung stellen?«, höre ich schon den empörten Aufschrei des einen oder anderen Lesers. Lassen Sie uns deswegen an dieser Stelle kurz das Thema »Ausfallentschädigung« klären: Man kann das Buchen von Fahrstunden eigentlich mit dem Buchen eines Fluges vergleichen. Verpasst man ihn, vergisst man ihn, wird man krank oder das Meerschweinchen stirbt und man muss dessen Beerdigung im Blumenbeet organisieren – Pech gehabt! Zahlen muss man nun mal, auch wenn die Airline den Sitz anderweitig verkauft. In Fahrschulen hat man vielleicht das Glück, dass der Fahrlehrer die Stunde an einen anderen Schüler »verkaufen« kann. Die Chancen dafür stehen bei den begehrten Zeiten nach Schulschluss, also am Nachmittag, nicht schlecht, bei den aus schulischen oder beruflichen Gründen unattraktiven Stunden am Vormittag wird es jedoch meist eng beziehungsweise geradezu unmöglich, diese weiterzuverkaufen. Die einzige Möglichkeit, solch einer Kompensationszahlung zu entgehen, ist bei den Fluggesellschaften eine Reiserücktrittsversicherung oder der Erwerb eines höherwertigen Tickets und bei Fahrschulen ist es eine Stornofrist, die in den jeweiligen Allgemeinen Geschäftsbedingungen, kurz AGBs, festgelegt ist. Manche Fahrschulen schreiben vor, dass Fahrstunden mindestens 24 Stunden vor Fahrtantritt abgesagt werden müssen, die meisten jedoch bestehen auf einer 48-Stunden-Frist für die kostenlose Stornierung – alles außerhalb dieser Frist wird also gnadenlos in Rechnung gestellt. Das gilt übrigens auch bei vermeintlicher Krankheit, denn so lax, wie einige Ärzte heutzutage oftmals ein Attest ausstellen, würde sich fast jeder Fahrschüler für einen fulminanten Kater oder einen Sonnenbrand vom Badesee eine Krankschreibung besorgen, damit er nicht zahlen muss. Und der Fahrlehrer, der nach Stunden bezahlt wird, schaut ins Ofenrohr! Damit jetzt nicht der Eindruck entsteht, wir Fahrlehrer wären Unmenschen, füge ich noch hinzu, dass wir bei unvorhersehbaren Ereignissen wie einem Todesfall in der Familie oder bei schwerer Krankheit und Unfällen natürlich einen Ermessensspielraum haben, in dem wir auch mal großzügig sein können, wenn wir es mit sonst zuverlässigen und artigen Schülern zu tun haben.

Aber kommen wir wieder auf Goran zu sprechen. Bei ihm war also nichts mit Nicht-zahlen-Müssen. Er hatte die Fahrstunde weder innerhalb der Frist noch überhaupt abgesagt. Ein Todesfall in der Familie lag unseres Wissens auch nicht vor und erreichbar war er für die Klärung seines Nichterscheinens ebenfalls nicht. Renate gab im Computer »Nicht erschienen«

ein und buchte schlappe 70 Euro auf Gorans Soll-Seite. 70 Euro. Für nichts und wieder nichts. Solange Fahrschüler so viel Geld sinnlos zum Fenster rauswerfen können, kann es mit der Weltwirtschaftskrise noch nicht so schlimm sein, dachte ich mir. Ich würde Goran morgen bei seiner nächsten Fahrstunde genüsslich vorrechnen, was er mit dem Geld alles hätte machen können: 'ne richtig coole Marken-Jeans kaufen oder zwei T-Shirts, etwa achtmal ins Kino gehen oder sich in einem Club mal ein bisschen mehr genehmigen als sonst ...

»Zwei richtig coole Marken-Jeans kaufen oder vier T-Shirts, etwa 16-mal ins Kino gehen ...«, führte ich mit mir am nächsten Morgen Viertel vor neun Selbstgespräche, während ich schon wieder seit einer Dreiviertelstunde auf Goran wartete und es allen Anschein hatte, dass zu den 70 Euro von gestern noch mal 70 für heute kommen würden.

Dreimal hatte ich ihn angerufen, nicht erreicht und ihm dann auf die Mailbox gesprochen. »Und täglich grüßt das Murmeltier«, dachte ich mir, als ich im Büro wartete und über den Sinn und Unsinn des mir neuen Buchungssystems sinnierte. Wie schon gesagt, für mich war es eine immense Arbeitserleichterung, deren Zeitersparnis allerdings durch Typen wie Goran wieder aufgezehrt wurde, der sich zwar fleißig eingetragen hatte, mich aber davon abhielt, nach der gestrigen Nachtfahrt, die bis um Mitternacht gedauert hatte, mal ein bisschen auszuschlafen. Es ist übrigens an Sadismus nicht zu überbieten, wenn du nach fünf Stunden Schlaf in der Fahrschule sitzt und daran denkst, dass du jetzt eigentlich noch im Bett träumen könntest, wenn so ein Blödmann sich nicht für Fahrstunden eingetragen hätte, die er dann nicht wahrnimmt. Während ich so am Grübeln über die Pros und Kontras dieser Art von Fahrstundenvereinbarungen war, betrat Big Boss Harald die Fahrschule.

»Was machst du denn hier? Ich denke, du schulst!«

»Ich hab ein Déjà-vu!«

»Inwiefern?«

»Insofern, dass ich heute genauso doof herumsitze wie gestern, weil mein Schüler Goran einfach nicht kommen mag.«

»Der hat dich sitzen lassen? Das gibt's doch gar nicht! Wie heißt das Bürschchen? Goran?«

»Genau, Goran.«

»Hm … Goran … da klingelt was bei mir. Ist das so ein pummeliger Kerl mit einem Babygesicht?«

»Genau der«, bestätigte ich seine optisch fehlerfreie Zuordnung.

»Sein Vater arbeitet, glaube ich, bei einem Abschleppdienst, oder?«

»Ich meine mich zu erinnern, dass Goran davon erzählt hat …« Hatte der nicht was vom Mitfahren im Abschleppwagen gefaselt, während ich von Frau Birnbach träumte?

»Den Vater kenn ich nämlich persönlich, der hat mir mal meinen Oldtimer zur Werkstatt geschleppt … Lass mich mal in meinem Handy nachschauen, ich glaube, dass ich seine Nummer damals abgespeichert habe für den Fall, dass mein Baby wieder Zicken machen sollte …«, scrollte er in seinem Handy und fand die Nummer von Gorans Vater.

»So, dann wollen wir mal den Herrn Papa darüber informieren, wie schlampig sein Sohn mit seinen Terminen und meinem Fahrlehrer umgeht«, murmelte Harald.

»… und das Geld zum Fenster rausschmeißt«, ergänzte ich.

»Genau. Hallo? Spreche ich mit dem Abschleppdienst?«, säuselte er ins Telefon. Die Nummer stimmte noch und Harald sprach mit Gorans Vater. Der wiederum verstand nur die Hälfte von Haralds Anliegen, weil er gerade mit einem störrischen Kleintransporter beschäftigt war, den er verzweifelt an den Haken kriegen musste. Er würde später in der Fahrschule auf einen Kaffee vorbeischauen, dann könne man reden, beschied er Harald kurz angebunden.

Nach zwei Stunden fuhr ein Abschleppwagen vor der Fahrschule vor und ein wahrer Koloss in gelb-grauer Latzhose betrat unsere Räumlichkeiten, wo Renate, Harald und ich über der Stundenabrechnung saßen. »Ich bin Gorans Vater.« Für einen kurzen Moment hatte ich das Gefühl, die Erde würde beben.

»Harald, was ist mit meinem Sohn? Macht er Schwierigkeiten?«, wandte er sich direkt an den Boss.

»Ja, macht er. Der lässt meinen Fahrlehrer hier antanzen und kommt dann nicht zur Fahrstunde. Und ich bekomme jetzt erst mal 140 Euro Ausfallentschädigung von dir.«

Auf die Forderung gar nicht eingehend, drehte Gorans Vater seinen massigen Körper in meine Richtung und fragte mich, ob ich der Fahrlehrer seines Jungen sei, was ich mit zittrigen Knien bejahte.

»Wann hätten diese Fahrstunden denn stattfinden sollen?«, wollte er von mir wissen.

»Gestern und heute, jeweils um acht Uhr«, informierte ich ihn.

»Pah, das kann ja gar nicht sein! Da muss mein Sohn doch in die Berufsschule gehen! Tut mir leid, da haben SIE sich wohl in der Zeit getäuscht oder glauben Sie, mein Sohn ist so blöd und bucht Fahrstunden während der Schulzeit?«

»Offensichtlich ist er so blöd«, fasste ich all meinen Mut zusammen und erntete einen vernichtenden Blick von Gorans Vater.

»Das wollen wir doch mal sehen«, polterte er und ging nach draußen zu seinem Abschleppwagen. Er öffnete die Beifahrertür und zog seinen Sprössling am Arm in die Fahrschule. Ich hatte gar nicht entdeckt, dass da noch jemand in dem gelben Ungetüm saß, was wohl an der Statur von Gorans Vater lag, die jegliche Sicht versperrte. Goran machte beim Betreten der Fahrschule ein Gesicht, als wüsste er, dass nun einer dieser Momente gekommen war, wo er besser ein anderes Hobby gehabt hätte, als seinen Vater auf dem Bock zu begleiten.

»So, jetzt wollen wir mal sehen, wer hier recht hat. Goran, dein Fahrlehrer behauptet, dass du für gestern und heute früh Fahrstunden vereinbart hast, obwohl da eigentlich Berufsschule ist. Ich glaube ja, dass er sich da geirrt hat …«

»Also, bevor Sie unserem Fahrlehrer Vergesslichkeit oder Irrtümer unterstellen, sollten Sie vielleicht wissen, dass sich Ihr Sohn eigenhändig in den Stundenplan eingetragen hat«, schaltete sich Renate ein und rettete mich somit vor der Intensivstation – denn trotz der körperlichen Übermacht von Gorans Vater wäre ich ihm zwei Sekunden später vermutlich an die Gurgel gesprungen. ICH konnte mir meine Termine merken – pah …

»Lassen Sie mich diesen Stundenplan mal sehen!«, forderte Gorans Vater Renate auf. Renate kam diesem Wunsch nach, nicht ohne dabei triumphierend zu lächeln.

»Und, ist das jetzt die Handschrift Ihres Sohnes oder nicht?«, fragte sie ihn leicht patzig. Gorans Vater schaute auf den Plan, dann auf seinen Sohn, dann wieder auf den Plan, dann wieder zu seinem Sohn. Seine Gesichtsfarbe wechselte von der ursprünglichen Bräune in eine Art Teufelsrot. Auf einmal hob er seine Hand und ließ sie auf Gorans rechte Wange niedersausen. Für eine Sekunde dachte ich, dass der Empfänger dieses Hiebes gleich wie in einem Actionfilm durch die Schaufensterscheibe fliegen würde, doch Gorans Masse war zu groß, um abzuheben und die Fahrschule in ein Meer voller Glassplitter zu verwandeln. Goliaths legitimer Nachfahre wandte sich nach der körperlichen Züchtigung von Goliath Junior ab, kam einen Schritt auf mich zu, griff in die Brusttasche seiner Latzhose, holte ein Bündel

Geldscheine hervor und drückte mir 50 Euro in die Hand. »Für Ihre Geduld mit diesem Subjekt. Ich weiß als Abschlepper, wie es ist, irgendwo hinbeordert zu werden für nichts und wieder nichts. Auch wenn wir dann Anfahrtskosten kassieren, nervt es doch gewaltig«, zeigte er Verständnis für meine Belange und die der Fahrschule und zahlte mit dem Rest des Geldbündels die Fahrstundenausfälle seines Sohnes. Während Renate ihm eine Quittung ausstellte, sagte er zu seinem Sohn: »Und jetzt fahre ich nach Hause und hau deiner Mutter eine aufs Maul, dieser Schlampe! Die muss mich vor zwanzig Jahren betrogen haben, denn du kannst unmöglich mein Sohn sein! Trägt sich für Fahrstunden ein, wenn er Schule hat, wo gibt's denn so was Blödes!«

Genauso unglaublich, wie das für Gorans Vater war und wie es wahrscheinlich auch für Sie klingen mag, so unglaublich war es damals auch für mich. Bei allem Stress, dem Jugendliche heutzutage ausgesetzt sind, konnte ich mir nicht vorstellen, dass man so bescheuert sein konnte, seinen Hintern auf dem Fahrersitz eines Fahrschulautos parken zu wollen, wenn dieser eigentlich auf die Schulbank gehörte – selbst wenn man aufgrund seines Intellekts in den Leitstand abkommandiert und nur für das Öffnen und Schließen der Schranke zuständig war. Also hielt ich Goran an seinem Arm zurück, als er gerade im Begriff war, den Abschleppwagen zu besteigen.

»Goran, sei mal ehrlich – so was vergisst man doch nicht, oder?«

»Nee, natürlich nicht. Und so ein Checker wie ich erst recht nicht!«

»Verdammt noch mal, warum bist du dann nicht gekommen?«

»Wegen meinem Alten! Ich bin in die Penne gegangen, um mich nur kurz in die Anwesenheitsliste einzutragen, und wollte dann unbemerkt abhauen. Scheißspeditionskunde, nervt mich einfach kolossal, Autofahren ist viel geiler! Aber vor der Schultür stand gerade mein Vater und hat Karren an den Haken genommen. Gestern einen Fiesta auf dem Behindertenparkplatz und heute einen Astra in der Feuerwehrzufahrt. Der hat da ewig gebraucht und dann noch mit den Besitzern wegen der Anfahrtspauschalen herumdiskutieren müssen – ich hatte also gar keine Chance, die Biege zu machen!«

Ich war teilweise beruhigt. Der Junge hatte anscheinend doch genügend Grips, um seine Fahrstunden nicht zu verplanen. Die Zeit hierfür jedoch mit Abwesenheit in der Berufsschule zu erkaufen war natürlich suboptimal. Wobei das auch gewisse Vorteile mit sich bringen könnte – er würde dann wegen seiner Schulfehlzeiten bald zum Ausbildungsleiter zitiert werden und könnte die herrliche Aussicht auf Frau Birnbach genießen!

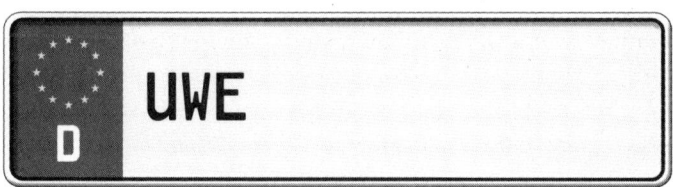

17. KAPITEL

ALKOHOL

Nach dem Erlebnis mit Goran und seinem Vater hätte ich am liebsten zur Beruhigung einen Schnaps gekippt. Und das will was heißen, wo ich doch sonst schon würgen muss, wenn so ein Klarer vor mir auf dem Tisch steht (nennen Sie mich ruhig ein Weichei). Mann, war das ein Tumult! Aber der Tag war noch jung und Uwe, mein nächster Fahrschüler, zeigte sich bereits in der Tür. Also würde aus dem Besäufnis erst mal nichts werden. Glücklicherweise stand heute keine Nachtfahrt an und so würde ich den Beruhigungsschnaps halt nach Feierabend konsumieren.

»Auf geht's, Bob, setz dich rein, stell dir schon mal Sitz und Spiegel ein, ich rauch noch schnell eine«, befahl ich Uwe und warf ihm den Autoschlüssel zu.

»Geht klar, Chef«, antwortete er und begab sich nach draußen. Mit hastigen Zügen an meinem Glimmstängel gelang es mir einigermaßen, mich wieder auf einen vernünftigen Level zu bringen, um beruhigt mit Uwe eine der letzten Fahrstunden vor seiner Prüfung zu absolvieren. Ich schnippte meine Kippe weg und ging routinemäßig zur linken und rechten Fondtüre meines Wagens, um die Fenster runterzukurbeln, während Uwe schon eifrig damit beschäftigt war, die Außenspiegel zu fixieren, was ihm mit diesem kleinen Knöpfchen und seinen Händen, die so groß wie Baggerschaufeln waren, nicht leichtfiel.

Ich mochte Uwe. Ich mochte ihn vom ersten Tag an, als wir miteinander zu fahren begonnen hatten. Er war ein echt lieber Kerl, den ich, wie Sie vielleicht schon bemerkt haben, nicht Uwe, sondern Bob nannte. Aufgrund seines Erscheinungsbildes hatte er nämlich eine verblüffende Ähnlichkeit mit Bob, dem Baumeister. Wann immer eine Fahrstunde anstand – zu der er übrigens, anders als Goran, stets pünktlich erschien –, kam er in Latzhose, Holzfällerhemd und Sicherheitsstiefeln. Um seinen Hals baumelte ein Kettchen, an dessen Ende eine überdimensionale Hornbrille hing. Er war Ende vierzig, was man unschwer an der Farbe seiner Vokuhila-Frisur erkennen konnte, aber trotzdem noch von kindlichem Gemüt. Alles in allem mutete er, wie schon gesagt, wie die erwachsene Form dieser Zeichentrickfigur an. Aber nicht nur wegen seines possierlichen Aussehens, sondern auch wegen seines Charakters hatte ich Bob, Entschuldigung, Uwe gern. Mit ihm gab es auch keine Probleme bei der Zahlungsmoral. Einmal, weil er seinen Führerschein von einer gemeinnützigen Einrichtung gesponsert bekam, in der er halbtags als Hausmeister arbeitete; zum anderen, weil er, wie schon gesagt, ein lieber und grundehrlicher Kerl war, der sein Herz auf der Zunge trug. Er ist bis heute mein einziger Schüler, dem ich niemals einen Fehler vorhalten musste – das tat er nämlich immer selbst. Zum Beispiel: »Ah, Mist, ich hab beim Abbiegen vergessen zu blinken«, »Jetzt hätte ich früher hochschalten müssen« oder »Uiuiui, das war zu schnell in der Kurve!«.

»Halb so tragisch, ist nichts passiert, das nächste Mal einfach ein bisschen langsamer, okay?«, beruhigte ich ihn.

»Kriegst du da als Fahrlehrer eigentlich nicht manchmal Muffensausen, wenn du so mit den Schülern unterwegs bist?«, wollte er von mir wissen. »Ich glaube, ich bräuchte nach jeder Fahrstunde ein Bier und einen Schnaps zur Beruhigung!«

»Nö, eigentlich nicht, ist ja mein Job. Du wirst ja auch nicht Koch, wenn du keine Hitze verträgst, oder Arzt, wenn du kein Blut sehen kannst. Wo ich eher zur Flasche greifen könnte, das ist bei dem ganzen Drumherum, zum Beispiel, wenn es um die Bezahlung von Fahrstunden geht, wegen des Absagens von Stunden und Ähnlichem, verstehst du?«, erwiderte ich, die Geschichte mit Goran noch sehr präsent vor Augen.

»Ja, das kenne ich, da könnt ich manchmal auch würgen … Können wir mal kurz anhalten und hinten die Fenster zumachen? Es zieht!«

»Nee, können wir leider nicht, weil …«

Ich gestehe offen ein, dass mir Uwe in Sachen Ehrlichkeit überlegen war. Ihm, der sein Herz auf der Zunge trug, wäre es wohl wesentlich leichter über die Lippen gekommen, warum die Fenster gefälligst offen zu bleiben hatten. Aber ich brachte es nicht übers Herz, ihm zu sagen, was der Grund für mein Ritual war, zu Beginn der Fahrstunde die Fenster zu öffnen: weil es mich sonst würgen würde, als hätte ich fünf Schnäpse vor mir stehen. Ich sage es Ihnen jetzt frei heraus, auf Uwes Art: Der Kerl stank zum Himmel! Ich rede jetzt wirklich nicht von einer leichten Duftnote, die meine Nase umwehte, auch nicht von einem Hauch Eau-de-Schweiß, der meinen Geruchssinn betäubte, sondern wirklich von einer Geruchskeule, die von den Vereinten Nationen als Massenvernichtungswaffe eingestuft worden wäre. Glauben Sie mir, das Geruchsorgan eines Fahrlehrers wird tagtäglich auf eine harte Probe gestellt: Da sitzen Schüler im Auto, die gerade von Mama dermaßen intensiv bekocht worden waren, dass du das Mahl von der Vor- bis zur

Nachspeise erschnuppern kannst; dann hat man öfters mal jemanden neben sich, der zum Frühstück einen Döner – den Geruch von Knoblauch bekommst du den ganzen Tag nicht mehr aus der Karre raus – oder am Vorabend Chili con Carne verzehrt hat; toll ist auch, wenn du eine Schülerin gar nicht mehr fragen musst, ob sie sich gestern ein neues Parfüm gekauft hat, weil du es schon aus einer Entfernung von drei Metern riechen kannst. An das alles kann man sich ja noch gewöhnen, aber meine Schmerzgrenze liegt wirklich bei Schweißgerüchen. Wo ich wirklich an mich halten muss, sind Schweißausbrüche der Kategorie »Körper-Aquaplaning«, wo am Ende der Fahrstunde ein richtiger Feuchtigkeitsfilm auf dem Schaltknauf liegt, wo das Lenkrad und der Sitz dermaßen nass sind, als hätte man vergessen, das Schiebedach bei einem Gewitter zu schließen, und es während der Fahrt so stinkt, dass man ernsthaft über den Einsatz einer ganzen Artillerie von sonst so verpönten Duftbäumen nachdenkt – oder eben sämtliche Fenster öffnet, um eine bestmögliche Luftzirkulation zu erreichen, wie in Uwes Fall.

Uwes Körperausdünstungen waren so stark, dass ich selbst bei unwetterartigen Wolkenbrüchen die Scheiben öffnete. Ich sah schon ein, dass die Tätigkeit eines Hausmeisters schweißtreibender Natur war; was ich aber nicht akzeptieren konnte, war, dass Uwe sich zwar unter die Dusche stellte, bevor er nach Feierabend in seine Stammkneipe auf ein paar Bier und 'ne Bulette ging, dass er dies aber vor Fahrstundenantritt nicht tat. Also mal ehrlich, ich kannte den Schuppen, der sein zweites Zuhause war – nach einem Besuch dort stank man nach allem, was ich vorher erwähnt habe. Die Dusche vor dem Kneipenbesuch war deswegen vollkommen überflüssig. Dort störte sich auch keine Sau an irgendwelchen Ausdünstungen, solange das Bier nicht schal roch! Jetzt war ich aber nicht Uwes Kneipen-Kumpan, sondern der Typ, der ihn neunzig Minuten im Auto ertragen musste. Hierfür wäre die Körperpflege eher angebracht gewesen als für die Kneipe. So unsicher bewegte er sich im Straßenverkehr ja auch nicht mehr, als dass Angstschweiß seinen Rücken runterfließen und eine reinigende Dusche zunichte machen würde …

Ich brachte es aber, wie gesagt, nicht übers Herz, ihm das zu sagen. Und weil mit der praktischen Prüfung diese Geruchstortur bald ein Ende haben würde, sparte ich mir einen erniedrigenden Kommentar zu seiner Körperhygiene.

Uwe war bereit für die Mutter aller Herausforderungen, als der P-Day gekommen war. Unser Prüfer war Herr Wenger, den ich gleich mal vorab über den bevorstehenden Angriff auf seine Geruchsnerven informierte – nicht, dass er mir am Ende noch in der Prüfungsfahrt ohnmächtig zusammensackte.

»So leicht haut mich nichts um, keine Sorge. Was glauben Sie, was wir Prüfer den ganzen Tag über ertragen müssen! Letzte Woche hab ich einen Kanalarbeiter geprüft, meine Fresse, ich kann Ihnen nicht sagen, wie der …«

»Hören Sie auf, ich muss schon würgen!«, unterbrach ich Herrn Wenger, der daraufhin schallend lachen musste und seine Erzählung abrupt beendete.

Herr Wenger und ich nahmen im Auto Platz, wo Uwe seinen Sitz und seine Rückspiegel schon fleißig justierte. Ich suchte in meinen Papieren noch nach der Ausbildungsbescheinigung von Uwe, als Herr Wenger hüstelte. Zwar in meine Unterlagen vertieft, musste ich dennoch grinsen. Hatte er nicht eben noch getönt, dass ihn so leicht nichts umhauen würde? Pah, und jetzt, nach nicht mal zehn Sekunden im Inneren des Wagens, begann er schon nach Luft zu japsen! Ich fahndete weiter nach dem Stück Papier, als das Hüsteln von Herrn Wenger zu einem lautstarken Husten anwuchs. Ich blickte in meinen Innenspiegel, um sicherzugehen, dass er nicht am Ersticken war. Unsere Blicke trafen sich und Herr Wenger rümpfte demonstrativ seine Nase. Ich lächelte ihn an, senkte meinen Blick wieder auf die Unterlagen und gab ihm den Rat, das Fenster zu öffnen, dann würde es besser.

»Das würde an ein Wunder grenzen ...«, antwortete Herr Wenger geheimnisvoll. Ich war verwirrt. Bei mir hatte diese Maßnahme doch auch immer ihren Zweck erfüllt, wo war denn das Problem?

Herr Wenger griff nun zu pantomimischen Mitteln und gab mir mit einem Tippen an seine Nasenspitze zu verstehen, dass ich doch mal eine Prise von der Innenraumluft nehmen solle. Ich reckte meine Nase wie ein Spürhund gen Dachhimmel und schnüffelte herum. Es roch neben einer ordentlichen Portion Schweiß (welch Überraschung!) nach modrigem Keller, etwas Chlorreiniger, frisch geschnittenem Gras, Bier ... Moment mal – Bier? Ich nahm noch einen und noch einen Zug – tatsächlich lag ein leichter Hauch von Alkohol in der Luft! Ich wusste, dass ICH nichts getrunken hatte (alte Devise: kein Bier vor vier!), und Herr Wenger sah mir auch nicht danach aus, als wäre er frisch vom Barhocker geplumpst. Wieder suchten meine mittlerweile vor Schock weit aufgerissenen Augen Blickkontakt zu Prüfer Wenger, der mir ein bestätigendes »Genau!« zunickte, um dann von der Pantomime, quasi von der nonverbalen in die verbale Kommunikation überzugehen, indem er sein Verhör mit Uwe begann – und zwar auf dieselbe direkte Art, die auch Uwe auszeichnete, mich aber leider nicht: »Ich frage Sie jetzt mal frei heraus: Haben Sie Alkohol getrunken?«

»Darf er doch gar nicht als Fahrlehrer«, wollte Uwe für mich in die Bresche springen. Eigentlich hätte man bei diesem Satz lachen müssen, wenn es nicht so traurig gewesen wäre.

»Das weiß ich, aber ich meine auch nicht Ihren Fahrlehrer, sondern Sie«, präzisierte Herr Wenger seine Frage.

»Ach so, mich meinen Sie … Also, wenn ich ehrlich bin, eine Halbe zum Mittagessen und eine Halbe zur Beruhigung wegen der Prüfung – ich bin nämlich ein bisschen aufgeregt, schauen Sie, mir läuft schon der Angstschweiß runter«, gestand er freimütig und hob zum Beweis seinen rechten Arm.

»Grundgütiger Himmel, nehmen Sie sofort den Arm runter, wir ersticken ja hier!«, fuhr ihn Herr Wenger in entwaffnender – und für mich bewundernswert mutiger – Art an und teilte Uwe mit, dass er eine gute Nachricht für ihn habe.

»Welche denn?« Uwe wurde neugierig und war ganz Ohr.

»Sie brauchen gar nicht mehr nervös zu sein – Ihre Prüfung ist hiermit beendet!«

»Nein, echt? Und? Hab ich bestanden?«, fragte Uwe allen Ernstes.

»Nein, du Depp, wir sind ja nicht mal einen Meter gefahren. Die Prüfung ist beendet, weil du getrunken hast!«, ergriff ich das Wort.

»Aha – und das darf ich nicht, oder wie?«

»NEIN, DU VOLLHORST!«

»Oh, Pardon – da hab ich wohl was missverstanden. Ich dachte, das mit dem Alkoholverbot gilt nur für die jungen Leute, ich meinte, dass ich als alter Sack 0,5 Promille haben darf …«

»Unabhängig davon, dass man nie alkoholisiert fahren sollte, egal welchen Alters, zählen auch Sie zu den Fahranfängern, für die in der Probezeit die Nullkommanull-Promille-Grenze gilt«, belehrte ihn Herr Wenger.

»Und jetzt ist es wirklich vorbei, oder was?« Uwe wollte es noch nicht so recht glauben.

»Ja, ist es. Ich gratuliere dir: Du bist auf Platz eins der Hitliste meiner kürzesten Prüfungen gerutscht«, beendete ich dieses Trauerspiel endgültig. (Anmerkung des Autors zur Erinnerung der Leserschaft. Bisheriger Platzhalter war, genau, eine gewisse

Milena Dukovic, von der ich dachte, dass sie auf ewig diesen Platz auf dem Podest innehaben würde – aber so kann man sich täuschen …)

»Puh, jetzt bin ich baff. Das muss ich jetzt mal mit 'nem Bier runterspülen …«

»Wir auch«, murmelte Herr Wenger, während er das Prüfprotokoll ausfüllte.

»Gut, auch in Ordnung, gehen wir zusammen einen heben. Ich kenn da ein nettes Etablissement«, rief er unverhältnismäßig freudig aus.

»Ich meinte nicht, dass Ihr Fahrlehrer und ich jetzt ein Bier brauchen, sondern dass wir auch ganz baff sind«, klärte Prüfer Wenger das dritte Missverständnis des Tages auf, ohne zu wissen, dass er mit dieser Aussage ein weiteres schuf – denn ich würde jetzt Feierabend machen und dann sehr wohl einen trinken gehen. Aber nicht in einer Kneipe, sondern an der frischen Luft – Sauerstoffvorräte tanken. Für einen neuen Anlauf mit Uwe …

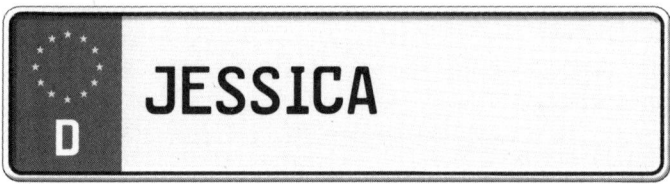

18. KAPITEL

ÜBERLANDFAHRT

Kommen wir von einem Missverständnis zum nächsten (Sie merken schon – ich bin ein großer Fan von Überleitungen) und lassen Sie mich zu Beginn dieser Geschichte, die auch wieder von einem Missverständnis handelt, gleich mal ein unmissverständliches Geständnis ablegen: Überlandfahrten sind für Fahrlehrer einfach etwas Herrliches. Eigentlich müsste man sich ein wenig schämen, dafür Geld zu verlangen – denn sie sind im Vergleich zu unseren sonstigen Tätigkeiten als Fahrlehrer fast wie Urlaub und werden deswegen im Berufsjargon auch gern »Eierschaukelfahrten« genannt.

Fahrschüler dürfen sich bei Überlandfahrten wie Rallye-Fahrer fühlen und wir Fahrlehrer wie im Urlaub, außer – ja, außer es kommt zu so einem blöden Missverständnis wie mit Jessica …

»Beträgt die Sicht in solchen Fällen weniger als 50 Meter, so darf nur mit 50 Stundenkilometern gefahren werden«, ertönte es mahnend aus den Lautsprechern.

Ich spielte meinen Schülern gerade ein Video über angepasste Geschwindigkeit bei schlechter Sicht vor. Als dieses beendet war, wiederholte ich mantraartig: »Also, liebe Leute, bei Nebel mit einer Sichtweite von unter 50 Metern niemals schneller fahren als 50 Stundenkilometer, okay?« Allgemeines Kopfnicken, die Botschaft schien angekommen.

Raus aus der Theorie, rein in die Praxis! Eine Woche später war ich mit Jessica auf ihrer letzten Überlandfahrt unterwegs. Die Sonne strahlte an diesem herrlichen Junitag und ich freute mich auf mein bevorstehendes langes Wochenende. Wir hatten gerade die Ortsausfahrt hinter uns gelassen und fuhren nun auf einer gut ausgebauten Landstraße. Jessica beschleunigte von Tempo 50 auf 80, und – nachdem ich ihr erläutert hatte, dass die Geschwindigkeitsbeschränkung auf 80 Stundenkilometer nur bei Nässe galt und die Straße ja offenkundig furztrocken war –, auch endlich auf 100 Stundenkilometer.

Wir donnerten also mit Landstraßentempo an Feldern und kleinen Wäldchen vorbei, als Jessica eine Vollbremsung hinlegte und ihren rechten Fuß erst wieder von der Bremse nahm, als wir unseren Speed um die Hälfte reduziert hatten.

»Bist du denn des Wahnsinns?«, brüllte ich sie an.

»Wieso?«, antwortete sie mit unüberhörbarer Überzeugung für ihr Tun.

»Du kannst doch nicht mitten auf der Landstraße so brachial den Anker werfen!«

»Ich hab nur gemacht, was du im Theorieunterricht gesagt hast!«, empörte sie sich.

»Was hab ich wann über Vollbremsungen auf der Landstraße erzählt?«

Jetzt wurde ich richtig sauer. Zwar freute ich mich über jeden Behaltenseffekt im Großhirn meiner Schüler, aber nur dann, wenn das dann auch vollständig und korrekt war.

»Du hast gesagt, dass bei Nebel nicht schneller als 50 gefahren werden darf.«

Ich nahm meine Sonnenbrille ab und schaute abwechselnd zu ihr und durch die Windschutzscheibe: »Wo in Gottes Namen ist denn hier nur eine Spur von Nebel zu erkennen? Ich kann die Alpen sehen, so klar ist die Sicht!«

»Aber du hast gesagt ...«

»Ruhe! Ich will kein Wort mehr von dem Käse hören, den ich angeblich gesagt haben soll. Du musst mal im Unterricht besser zuhören!«

Wir fuhren schweigend weiter, und als die Fahrstunde beendet war, gab ich Jessica noch den gut gemeinten Rat, trotz erfolgreich absolvierten Sehtests noch mal einen Augenarzt zu konsultieren.

»Ich hab doch nur das gemacht, was er in der Theorie gesagt hat ...«, brummelte sie im Weggehen noch hörbar vor sich hin.

Ich hatte dieses Erlebnis über das Wochenende hinweg erfolgreich verdrängt, als ich beim nächsten Theorieunterricht jäh wieder daran erinnert wurde.

Jessica und einige ihrer Freundinnen kamen vor Unterrichtsbeginn an meinen Lehrertisch. Jessica fühlte sich ungerecht behandelt, weil sie bei der Überlandfahrt doch nur das getan hätte, was ich bei der letzten Lektion gelehrt hätte, und hatte trotzdem einen Anschiss von mir kassiert.

»Jessica, mach dich nicht lächerlich, ich kann gern alle hier Anwesenden und den deutschen Wetterdienst befragen, welches Wetter wir letzten Donnerstag hatten.«

»Ich weiß selbst, wie das Wetter war«, blaffte sie mich an, »aber da war ein Schild, wo Nebel draufstand.«

»Es gibt keine Schilder, wo ›Nebel‹ draufsteht, höchstens Verkehrsleitsysteme, die stehen aber auf der Autobahn und nicht auf so mickrigen Landstraßen.«

»Gibt es doch!«

»Nein!«

»DOCH!«

»NEIN, NEIN UND NOCHMALS NEIN!«, schrie ich zurück. »Und jetzt setz dich hin und nerv mich nicht mit deinem Scheiß!«

Kennen Sie das, liebe Leser? Wenn man sich einer Sache hundertprozentig sicher ist, einen aber trotzdem so ein ungutes Gefühl beschleicht, vielleicht doch einem Irrtum erlegen zu sein? Sehen Sie, und mir ging es nicht anders. Ich wollte Jessica nicht für etwas gerügt haben, wofür sie keine Rüge verdient hatte.

Ich nutzte also am darauffolgenden Tag die schulische Freistunde meines Schülers Rolf und begab mich mit ihm auf Erkundungstour beziehungsweise auf Überlandfahrt. Dieselbe Zeit, dieselbe Strecke. Wie ein Scanner bewegten sich meine Augen vom linken zum rechten Fahrbahnrand und wieder zurück. Aber nichts, absolut gar nichts war zu erkennen, was nur im Ansatz nach Nebel aussah. Ich checkte via Bordcomputer die Außentemperatur – fast identisch wie an dem Tag, an dem ich mit Jessica hier entlanggefahren war. Ich spannte Rolf für meine Zwecke ein und befahl ihm, nach Nebel Ausschau zu halten.

»Willst du mich verarschen? Wo soll denn hier Nebel sein?«, spottete er.

»Halt die Klappe und schau dich gefälligst um!«, schnauzte ich ihn an.

Wir fuhren und fuhren und näherten uns immer mehr der Stelle, wo Jessica den Anker geworfen, respektive die Bremse auf Anschlag betätigt hatte. Ich kam mir vor wie beim Topfschlagen: warm, wärmer, heiß … aber nirgendwo eine Spur von Nebel.

»Siehst du irgendwas?«, fragte ich Rolf, der meine Frage prompt verneinte. Also doch eine Halluzination, der Jessica aufgesessen war. Ich würde mal ein ernstes Wörtchen mit ihr reden müssen …

»Hier, hier ist Nebel!«, schrie Rolf plötzlich auf. Ich schaute hektisch nach links und rechts und – Tatsache: In tausend Meter Entfernung war Nebel! Jessica hatte keine Fata Morgana gesehen, aber mit ihrer Vollbremsung trotzdem ein wenig überreagiert und meine Ausführungen im Theorieunterricht etwas missverstanden …

Und wenn Sie auch mal Nebel sehen wollen, geben Sie es einfach in Ihr Navigationssystem ein und lassen sich dort hinführen. Nettes Dörfchen!

19. KAPITEL

AUTOBAHNFAHRT

Achtung Autofahrer! Auf der Autobahn kommt Ihnen auf Höhe Anschlussstelle West ein Fahrzeug entgegen! Fahren Sie äußerst rechts und überholen Sie nicht!«

Ich denke, jeder Autofahrer hat so eine Verkehrsdurchsage schon mal im Radio gehört. Solche Durchsagen gibt es einige Male in der Woche. Und jedes Mal frage ich mich: Wie kann denn so etwas eigentlich passieren? Besser gesagt: Ich hatte mich das immer gefragt – bis ich mit Petra die Autobahn unsicher machte. Dass Petra in Lektion vier des Theorieunterrichts, wo es um das Straßenverkehrssystem und seine Nutzung geht, zwar körperlich, aber nicht geistig anwesend war, wurde mir bereits in der dritten Fahrstunde bewusst.

Als ich ihr eine Richtungsänderung mit den Worten »Nächste Straße links abbiegen!« vorgab, bog sie ganz ungeniert in die Einfahrt eines Wertstoffhofs ein.

»Und was machen wir jetzt hier?«, staunte ich nicht schlecht.

»Du hast doch gesagt, dass ich die nächste Straße links abbiegen soll!«

»Ist denn das hier eine Straße?«

Sie musterte die Grundstückseinfahrt und kam nach eingehender Begutachtung zu dem folgerichtigen Schluss: »Nö!«

»Also bin ich falsch abgebogen«, konstatierte sie.

»Richtig erkannt«, bestätigte ich.

Zwei Fahrstunden später fuhren wir ein kurzes Waldstück entlang. Früh genug kündigte ich meinen Wunsch an, die nächste Straße nach rechts abbiegen zu wollen. Mit einem enormen Geschwindigkeitsüberschuss bogen wir dorthin ab, was Petra für eine Straße hielt, was für jeden anderen Menschen jedoch richtigerweise ein holpriger Waldweg war.

»Und wie weiß ich, was eine Straße ist und was nicht?«, fragte sie mich etwas irritiert, nachdem wir aus dem Wald wieder heraus waren.

»Kurz gesagt: Asphalt ist Straße, Erde ist Waldweg!«

»Ach so.«

Eine halbe Stunde später befanden wir uns wieder in der Stadt. Ich befahl Petra, an der nächsten Kreuzung links abzubiegen, was sie auch tun wollte. Allerdings hätte sie hierfür beinahe die Gegenfahrbahn benutzt und wäre demnach zum Geisterfahrer geworden, was ich durch einen Lenkeingriff gerade noch verhindern konnte.

»Was war das denn?«, brüllte ich sie an.

»Aber ... du hast doch gesagt, dass ich ... links abbiegen soll ...«

»Aber von unserer Seite aus, nicht quer über die Gegenfahrbahn! Meine Güte, du entwickelst dich ja zu einer passablen Geisterfahrerin!«

»Ich lern es wohl nie ...«, seufzte sie daraufhin.

*

Einige Wochen und unzählige Neuinterpretationen des Themas »Straße« später waren wir bei den Sonderfahrten angekommen.

Die Überlandfahrten hatten wir erledigt, die Autobahnfahrten standen noch an. Und wie es sich für eine ordentliche Autobahnfahrt gehört, wollte ich mit Petra das Beschleunigen auf die Autobahn und das Verlassen der Autobahn üben. Ich nutze hierfür immer eine mittelmäßig frequentierte Strecke, um die Schüler nicht gleich zu überfordern. Wir hatten zum ersten Mal die Autobahn über den Verzögerungsstreifen verlassen und waren auf einen Rastplatz gefahren.

»Am Ende des Rastplatzes beschleunigen wir dann wieder mit Vollgas auf die Autobahn«, instruierte ich Petra. Und genau das tat sie dann auch: Am Ende des Rastplatzes bremste sie ab, legte den Rückwärtsgang ein und fuhr rückwärts nach rechts um einen schräg geparkten Lkw herum. Ich dachte erst, sie müsse unverhofft auf die Toilette. Doch als ich sah, wie sie den ersten Gang einlegte und nach links lenkte, zog ich die Handbremse an und fragte:

»Was machst du denn da?!«

»Na, ich fahr zurück auf die Autobahn.«

»Aber doch nicht, indem du umkehrst!«

»Wie denn dann?«

»Ist wie beim menschlichen Körper: vorn rein, hinten raus. Fahr einfach ans Ende des Rastplatzes, da geht es dann wieder auf die Autobahn. Mein lieber Scholli, du entwickelst dich nicht erst zu einer Geisterfahrerin – du bist schon eine!«, klärte ich sie auf.

»Ich lern es wohl nie …«, verzweifelte sie mal wieder.

Spätestens wenn dir viele Scheinwerfer auf der Autobahn entgegenkommen, wirst du es schon lernen, war mein erster Gedanke. Ich folgte dann aber doch eher meinem zweiten: Da müssen wir noch schön üben, üben, üben …

20. KAPITEL

NACHTFAHRT

Nachtfahrten sind scheiße. Punkt. Egoistisch, wie ich bin, erkläre ich diese Aussage mal zuerst aus Sicht eines Fahrlehrers: Fahrten bei Dämmerung und Dunkelheit, wie sie im Amtsdeutsch korrekterweise heißen, sind in den Sommermonaten die reinste Folter. Während sich die halbe Republik in Biergärten, Straßencafés oder an den Seen tummelt, beginnt man als Fahrlehrer gegen halb zehn mit den letzten Fahrstunden des Tages, die dann erst nach 135 Minuten enden. Das führt oftmals zu Gerüchten in der Nachbarschaft, ob es in der Ehe kriselt, weil man den Ehemann gar nicht mehr zu sehen bekommt.

Überwunden scheint diese vermeintliche Ehekrise dann immer in den Wintermonaten, wenn das Auto schon kurz vor sieben Uhr vor der Haustür steht und im Schlafzimmer die Lichter aus- und die Jalousien runtergehen. Dort geschieht dann nicht, was die Nachbarn vermuten – vielmehr liegt der Fahrlehrer mit einem Kissen über dem Kopf im Bett, um sich von dem Gehupe im Feierabendverkehr zu erholen, der aus einer Nachtfahrt schnell eine Stehstunde machen kann.

Aus Sicht des Fahrschülers bedeuten Nachtfahrten erst mal »Auto fahren, wenn's dunkel ist«, sie markieren in der Regel das Ende der Sonderfahrten. Oftmals stellen die Schüler bereits vor Beginn dieser Fahrten die Frage, ob man denn danach mit den Fahrstunden fertig sei und endlich die Prüfung machen könne. Was natürlich verneint werden muss – die Nachtfahrten bedeuten eben nicht das Ende der Ausbildung, sondern nur das der Sonderfahrten.

Im weiteren Verlauf der Ausbildung werden noch einmal sämtliche Inhalte wiederholt und vertieft und das selbstständige Fahren geschult. Um die fixe Idee vom Ende der Schulung im Kopf des Fahrschülers auszuradieren und ihn zu einer realistischen Selbsteinschätzung zu bewegen und auch um meinen Aufgaben gemäß der Fahrschülerausbildungsordnung gerecht zu werden, habe ich mir im Laufe der Jahre eine regelrechte Mördertour zusammengestellt, die ich im Rahmen der Nachtfahrten abfahre. Los geht es mit dem obligatorischen Check, was noch von der ersten Fahrstunde und der damit verbundenen Unterweisung am Fahrzeug hängen geblieben ist: Wie schaltet man das Abblendlicht und das Fernlicht ein? Woran erkennt man, dass diese Lampen eingeschaltet sind? Und so weiter. Danach folgt ein bunter Mix aus Landstraße und Autobahn, gekrönt durch den finalen Vorstoß in die tiefsten Tiefen der Innenstadt, garniert mit stark beleuchteten und unbeleuchteten Straßen, in denen sich gern dunkel gekleidete und/oder mangelhaft beleuchtete Fußgänger und Fahrradfahrer tummeln. Wenn ich dann noch in so einer Straße das Kommando zum Querparken in eine Lücke mit links und rechts 50 Zentimeter Seitenabstand gebe, kommt es nicht selten vor, dass ich ins Handschuhfach greifen und für meine aufgelösten Schüler eine Packung Taschentücher hervorkramen muss und dass die dann überhaupt nicht mehr wagen, nach einem Prüftermin zu fragen.

Über die Nachteile für Fahrlehrer und Fahrschüler haben wir jetzt genug gejammert. Allerdings möchte ich Ihnen auch die erfreuliche Ausnahme von dieser Qual nicht vorenthalten – nämlich die Nachtfahrten mit Motorradschülern!

In der Regel hat man es hier mit Leuten zu tun, die schon den Führerschein der Klasse B haben, also bereits seit einiger Zeit Auto fahren und mit den Tücken des Straßenverkehrs, speziell zu nachtschlafender Zeit, etwas vertraut sind. Für einen Fahrlehrer bedeutet dies Entspannung pur. Man kann Radio hören, mit der Frau telefonieren, Kaffee trinken, eine Zigarette rauchen – im Idealfall allerdings nicht alles gleichzeitig – und muss seinen Schüler mit gerade mal zwei Dingen vertraut machen: Man sieht nichts und wird auch nicht gesehen.

Dass man nichts respektive wenig sieht, liegt daran, dass der Scheinwerfer eines Motorrads meistens die Reichweite eines Teelichts hat. Dass man nicht gesehen wird, ist ebenfalls dieser Tatsache geschuldet. Erschwerend kommt noch hinzu, dass der auffälligste Teil des Motorrads, also der Fahrer, in 95 Prozent aller Fälle mit Schutzkleidung der Farbe »Mitternachtsschwarz« unterwegs ist – nicht aus Jux und Tollerei, sondern mangels modischer Alternativen seitens der Motorradbekleidungshersteller.

Den letztgenannten Mangel wusste mein Freund und Schüler Björn abzustellen, indem er sich über seine Motorradklamotten eine Weste der örtlichen freiwilligen Feuerwehr zog, bei der er diente. Björn kannte ich schon einige Jahre, seitdem ich mit meiner Familie von der Großstadt in die Vorstadt gezogen war. Wir beide lernten uns bei einem der ersten Elternabende im Kindergarten kennen, wo wir die einzigen Männer in der Runde waren. Anschließend entdeckten wir bei einem gemeinsamen Bierchen, bei dem wir über eine Birkenstock-Sandalen tragende, vegetarisch angehauchte Kindesmutter herzogen, eine gewisse

Sympathie füreinander. Dies führte zu weiteren Bierchen, einigen Grillabenden und seinem Versprechen, eines Tages bei mir den Motorradführerschein zu machen.

Und tatsächlich war es zwei Jahre später so weit. Sein Drachen, pardon, seine Frau hatte seinem Betteln und Winseln nachgegeben und ihm erlaubt, den Schein zu machen. Nach anfänglichen Schwierigkeiten, die ich im Umgang mit ihm hatte (Wie scheißt man einen Freund möglichst milde zusammen, wenn er eine Tempobeschränkung für eine unverbindliche Empfehlung hält?), waren die Fahrstunden mit ihm immer das Highlight des Tages.

So sattelten wir also eines Tages auf zur Nachtfahrt. Nach ein paar Instruktionen über die Bedienung des Fernlicht-schalters, über die heutige Route und die damit verbundenen Ausbildungsziele stutzte er kurz.

»Wir fahren auch auf der Landstraße und auf der Autobahn?«

»Ja klar, was denkst du denn?«

»Also, bei meinem Bruder hat der Fahrlehrer das nicht ge-macht!«

»Und wieso nicht?«

»Der hat die allererste Fahrstunde bei Dunkelheit gehabt und der Fahrlehrer hat gesagt, dass er das unter Nachtfahrt ver-buchen will.«

Ich klärte Björn darüber auf, dass sein Bruder von dem Herrn Kollegen beschissen wurde. Sowohl inhaltlich als auch finanziell.

Inhaltlich deswegen, weil bei einer ordnungsgemäßen Nacht-fahrt zu einem erheblichen Teil auf der Landstraße und der Auto-bahn gefahren werden muss. Aus dieser Vorschrift resultiert dann auch der finanzielle Beschiss: Die Nachtfahrten sind schließlich nicht deshalb teurer als normale Übungsstunden, weil der Fahrlehrer einen Nachtzuschlag erhält (schön wär's!), sondern weil der Spritverbrauch eben ein wesentlich höherer ist, wenn man mit 180 über die Autobahn brettert.

»Boa, die Drecksau von Fahrlehrer, wenn dem seine Bude mal brennt, dann fahr ich aber mit angezogener Handbremse hin!« Sichtlich sauer setzte Björn seinen Helm auf und schwang sich in den Sattel der Honda. Ein paar zornige Risse am Gashahn später hatte er sich offensichtlich beruhigt und ich genoss die problemfreie Zeit hinter dem Steuer meines Fahrschulautos, während Björn tadellos vorweg fuhr.

Nach fast 60 Minuten waren wir in der Innenstadt angekommen. Wir befuhren eine der Hauptverkehrsadern der City, machten ein paar Fahrstreifenwechsel und ich amüsierte mich jedes Mal aufs Neue, wenn die Besoffenen mir emsig winkten. Ab einem gewissen Alkoholpegel können manche nämlich die Farben Weiß, in der mein Fahrschulauto lackiert ist, und Beige nicht mehr voneinander unterscheiden, und wer ein Schild auf dem Dach hat, ist als Taxi nach ihrer Meinung auch automatisch zur Fahrgastbeförderung verpflichtet.

An einer roten Ampel kamen wir zum Stehen. Björn nutzte die Zeit, um sich zu recken und zu strecken, damit die Knochen nicht einschliefen. Ich gaffte währenddessen neidisch in die Straßencafés. Der Blick in die angesagteste Lounge der Stadt wurde mir jedoch urplötzlich von einem Fahrradfahrer versperrt. Und von was für einem …

Grundsätzlich begrüße ich es ja außerordentlich, wenn sich Senioren im Alter noch immer sportlich betätigen, um fit zu bleiben. Noch mehr begrüße ich es aber, wenn dies in richtigen Sportarten, wie eben Fahrradfahren, geschieht und nicht mit so Alibizeugs wie Nordic Walking. Ob man sich in dem zarten Alter von – wohlwollend – geschätzten hundert Jahren jedoch noch in Renntrikot, -hose, -käppi und -schuhen von Team Telekom auf ein 5.000 Euro-Rennrad setzen muss, bleibt dahingestellt.

Sehen konnte man ihn aufgrund seines hellen Outfits jedenfalls gut, im Gegensatz zu den dunkel gekleideten Motorradfahrern. Während ich noch über das Erscheinungsbild des Radlers schmunzelte, fiel mir auf, dass dieser leicht ins Wanken geriet. Entweder zog er eiskalt den Paragrafen 23 Absatz 3 der StVO durch, wonach Fahrradfahrer die Füße nur von den Pedalen nehmen dürfen, wenn dies der Straßenzustand erfordert (aber witzigerweise nicht die rote Ampel), oder er kam mit seinen Klickschuhen nicht aus den Rasten. Bevor ich mir darüber im Klaren war, fiel er mit einem lauten Schrei wie ein Kartoffelsack um.

Sofort bildete sich eine Menschentraube um ihn herum und einer der Ersten war Björn, mein Fahrschüler – in seiner Eigenschaft als Feuerwehrmann bei der freiwilligen Feuerwehr ganz in seinem Element.

Instinktiv hatte er das Fahrschulmotorrad zur Seite geschoben, die Warnblinkanlage aktiviert und sich einen Weg zu dem verletzten und blutenden Rentner gebahnt.

»Der Herr Fahrlehrer holt mal Verbandszeug aus dem Auto. Sie da, mit dem blauen Hemd, Sie rufen einen Rettungswagen. Und Sie mit dem schwarzen Rock, Sie holen aus dem Fahrschulwagen ein Warndreieck und stellen es auf. Und die Leute mit der Kamera – hören Sie endlich auf zu fotografieren! Kein Deutsch? Stop taking pictures of the scene!!!« Das angesprochene japanische Ehepaar mit den Kameras gehorchte aufs Wort, ebenso alle anderen zur Hilfe aufgeforderten Personen, ich inklusive.

Einige Minuten später hatte sich die Situation entspannt. Der Krankenwagen traf ein und versorgte zusammen mit Björn den verunglückten Tour-de-France-Rentner. Eine ebenfalls herbeigeeilte Funkstreife regelte den Verkehr und verscheuchte die Schaulustigen. Ich packte mein Warndreieck und das, was von dem Erste-Hilfe-Koffer übrig geblieben war, zurück ins Auto und setzte mich schon mal wieder rein.

Gerade wollte ich meine Frau anrufen und ihr mitteilen, dass sie mir aufgrund erheblicher Verzögerung ihre neue Unterwäsche wohl erst morgen Abend präsentieren könnte, als sich die rechte Fondtüre öffnete und das japanische Ehepaar einstieg.

»To the train station, please!«, sang der ältere Herr, beschwingt von so viel Blaulicht und Action auf seiner Sightseeing-Tour.

»Excuse me, but this is not a taxi!«, antwortete ich genervt, einerseits, weil ich meine Frau nicht mehr in Unterwäsche sehen konnte, und andererseits, weil ich soeben die höchste Stufe der Verwechslung mit einem Taxi erlebte.

»But you have a sign on the roof?!«, echauffierte sich der Fremde.

»Because this is a driving school, we also have signs on the roof like cabs, you understand?«

»And where is the teacher?«, fragte er patzig, wohl in der Annahme, ich wäre wahrscheinlich doch ein Taxifahrer und wolle nur den Beförderungspreis in die Höhe treiben.

»I am the teacher«, sagte ich in einem dominanten und hoffentlich furchteinflößenden Tonfall und drehte meinen Kopf nach hinten, eine grimmige Visage ziehend.

Meine Gesichtszüge wechselten schlagartig von grimmig in schmerzverzerrt, weil ich auf den Kamerablitz der Frau nicht gefasst war, die mich gerade für das heimische Fotoalbum ablichtete.

»And where is the student?«

»Outside – he is making first aid.«

»Oh yes, the cyclist looks really bad!«

»Yes, he does.«

»Well, you can't do anything for him – but meanwhile you could do something for us … would you drive us to the train station, please?«

»GET OUT OF THE FUCKING CAR!!!«

»Sörwiswuste Deutscheland …«, grummelte das Pärchen, seine rudimentären Sprachkenntnisse beim widerwilligen Aussteigen bemühend. Widerwillig deswegen, da es zu Beginn unserer Debatte schon leicht zu tröpfeln begonnen hatte und mittlerweile ordentlich vom Himmel platterte.

Deshalb löste sich auch die Unfallszenerie langsam auf. Die Sanitäter führten ihre Erste Hilfe im Rettungswagen fort und mein Schüler nahm wieder auf der Maschine Platz, um jetzt triefnass zu erleben, was ich schon immer gesagt habe: Nachtfahrten sind einfach scheiße!

Nur der Streifenwagen dampfte noch nicht ab. Ein Beamter versuchte, mit lauter Stimme und den Worten »Forget it! Are you crazy? Take a fucking cab!« dem japanischen Pärchen nochmals zu verdeutlichen, dass nicht jedes Fahrzeug mit einem Schild auf dem Dach zur Beförderung von Fahrgästen verpflichtet ist …

21. KAPITEL

DROGEN

Seien wir mal ehrlich: Jeder Mensch von uns hat Vorurteile. Langhaarige hören stets Heavy Metal, Glatzköpfe sind per se Nazis, Krawattenträger Kapitalisten, Künstler drogensüchtig, Männer denken immer nur an das eine, Frauen können nicht einparken …

Zumindest mit dem letzten Klischee möchte ich kurz aufräumen: Wenn ich mal die Einparkmanöver meiner Schülerinnen und Schüler Revue passieren lasse, dann haben sich die Jungs eigentlich immer ungeschickter angestellt als die Mädels. Wie es sich dann nach bestandener Prüfung in freier Wildbahn verhält, entzieht sich mangels Beobachtung jedoch meiner Kenntnis – aber während der Fahrausbildung haben die Mädels ganz klar die Nase vorn!

Auch ich bin nicht ganz frei von Vorurteilen. Oft genug habe ich mich schon im Theorieunterricht dabei ertappt, einen Schüler aufgrund seiner mangelnden Mitarbeit und Aufmerksamkeit oder wegen seiner komischen Fragen je nachdem als vermeintliches Talent oder schwierigen Fall einzustufen, was sich dann hinterm Steuer doch anders darstellte als angenommen. Aber einige Male bewahrheitete sich auch das alte Sprichwort »Wo Rauch ist, ist auch Feuer« und der eine oder andere Schüler bestätigte das über ihn herrschende Vorurteil oder Klischee tatsächlich.

So verhielt es sich beispielsweise mit Jürgen. Der war ein ganz lieber, blitzgescheiter Junge, der erst vor Kurzem sein Maschinenbaustudium in München begonnen hatte und zu diesem Zweck auch aus Dortmund hierher gezogen war. Nebst seinem Studium jobbte er als Türsteher einer enorm angesagten Diskothek in der Innenstadt – zu der ich trotz meines Aussehens und Outfits immer Zutritt habe, wenn er dort seine Schicht schiebt –, um sich nebenbei das Geld für seine Studentenbude und den Erwerb des Führerscheins zu verdienen. Weil er eine gute Auffassungsgabe besitzt und somit in kurzer Zeit zu einem passablen Autofahrer mutierte, hatten wir immer die Möglichkeit, während der Fahrstunde das eine oder andere Gespräch zu führen.

»So schön München auch ist, aber ich vermisse mein Dortmund schon sehr«, seufzte er.

»Na ja, ich kenne den Ruhrpott ja nur vom Durchfahren, aber nach allem, was man davon hört und sieht, ist München schon ein bisschen geiler«, widersprach ich.

»Was hast du denn für eine Vorstellung vom Pott?«, fragte er entrüstet.

»Darf ich ehrlich sein?«

»Unbedingt, ich bitte darum!«

»Ruhrpott heißt für mich: rauchende Schornsteine von Kohlekraftwerken, Fußball, Bier und Currywurst ...«

»Voll das Klischee«, empörte sich Jürgen. »Ist ja so, wie wenn ich über euch Bayern sage: Da gibt's nur Lederhosen und Oktoberfest!«

Während des Rests der Stunde hielt er noch eine flammende Rede über die Schönheit des Reviers, und als er damit fertig war und sich unsere gemeinsame Zeit dem Ende neigte, wollte ich ihn mit der nicht ganz ernst gemeinten Aussage besänftigen, dass ich meinen Italienurlaub canceln und stattdessen mal ein paar Tage in Dortmund oder Bochum verbringen würde.

Am nächsten Montag trafen wir uns wieder zum Fahren.

»Und, wie war dein Wochenende?«, fragte er mich.

»Ganz nett, wir waren wandern und danach …«

»Meines war auch total super«, fiel er mir ins Wort, »ich bin mit einem Freund nach Stuttgart gefahren und hab mir Borussia gegen VfB im Stadion angeschaut. Mordsspiel, sag ich dir, und dazu ein lecker Bierchen und Maultaschen – hm, sehr fein!«

Ich grinste ihn an und fragte: »Warum Maultaschen – gab's denn keine Currywurst?«

Nehmen wir diese kleine Anekdote als lockeren Einstieg für die eigentliche Geschichte, die davon berichtet, dass an gewissen Klischees und Vorurteilen auch immer ein Funken Wahrheit ist. So wie bei Robert. Er war von der Sorte Schüler, von denen man sich wünscht, dass sie die Ausbildung bei einem Kollegen machen. Er war mir einfach von Anfang an unsympathisch. Im Theorieunterricht fiel er durch schmatzendes Kaugummikauen und eine sehr relaxte Körperhaltung auf – er lag mehr im Stuhl, als er saß. Sein äußeres Erscheinungsbild ließ mich auch nicht gerade jubilieren: Ein speckiger Haargummi hielt seine ebenso speckigen Rastalocken mehr schlecht denn recht im Zaum, seine Nasen- und Barthaare standen kurz vor der Fusion und seine Klamotten hatten wohl noch nie eine Waschmaschine von innen gesehen. Kein Wunder, dass dieser 22-Jährige auf der Karriere-leiter seines Lebens noch ganz unten stand. Sein Geld verdiente er sich mit Aushilfsjobs als Regaleinräumer in einer Supermarkt-kette und als Zeitungsausträger des lokalen Stadtanzeigers. Ob dieses Blatt jemals seine Empfänger erreichte, wagte ich zu be-zweifeln, wenn ich mir Roberts Motorik betrachtete. Er schlurfte mehr, als er ging, und wenn sich eine Rastalocke aus dem Haargürtel löste, dann strich er diese apathisch in einem Tempo aus seinem Gesicht, in dem sich manche Frau ihre Haare wäscht, föhnt und stylt.

Ich betete darum, dass er sich bei einem anderen Kollegen für die Fahrstunden eintragen möge, aber ich sollte nicht vom Glück geküsst werden. Sein Name tauchte in meinem Stundenplan auf und ich war daher gezwungen, diesem Unsympathen Fahrstunden zu geben. Und diese Stunden würden vermutlich kein Zuckerschlecken werden, wenn ich ihn mir so ansah.

Mein Vorurteil war gefällt und es bestätigte sich, als sich Robert bei strömendem Regen vor die Fahrschule begab. Der Typ benötigte so lange zum Aufspannen seines Regenschirms, dass er zwischenzeitlich total durchnässt wurde. Wenn der sich schon so blöd und dröge bei der Bedienung eines Regenschirms anstellt, was, in Gottes Namen, droht dann erst im Auto zu passieren? Seine geschätzte Stundenanzahl am Ende der Ausbildung vor Augen (mindestens hundert), schloss ich die Fahrschule ab und begab mich in das eisige Sauwetter.

Seit einer Woche wechselten sich Regen und Schneefall ständig ab, was zu teils chaotischen Verhältnissen auf den Straßen führte. Und diese Wetter- und Straßensituation hatte sich bis zu Roberts erster Fahrstunde auch nicht geändert. Ich überließ ihm vor Beginn dieser Stunde die Wahl, ob ich selbst zu unserem abgeschiedenen Übungsplatz fahren sollte oder ob er schon mal zumindest lenken wollte, während ich kuppeln, schalten, bremsen und Gas geben würde. Er entschied sich dafür, mich fahren zu lassen und auf dem Beifahrersitz (O-Ton) »noch etwas zu chillen«. Also nahm ich am Ruder (wie man das Lenkrad bei diesen Wetterverhältnissen besser nennen sollte) Platz und schwamm mit Robert durch Schneematsch und Wasser zu unserem Übungsgelände.

Dort angekommen, erklärte ich ihm die Bedienungseinrichtungen des Fahrzeugs. Auf meine Nachfrage, ob er alles kapiert habe, bekam ich nur ein gebrummtes, apathisches »Hm« zur Antwort. Wir begannen mit den ersten Anfahr- und Anhalteübungen, also abgestimmte Bedienung von Kupplung, Bremse und Gas. Nachdem wir dieses Prozedere einige Male hinter uns hatten, stand das erste Lenkmanöver an. Robert sollte, wie ich es ihm erklärt hatte, langsam eine Linkskurve einleiten. Dies tat er so spät, dass ich mich genötigt sah, ins Lenkrad zu greifen und abzubremsen, weil wir sonst Bekanntschaft mit dem Bordstein gemacht hätten.

»Du musst langsamer fahren und früher lenken«, korrigierte ich ihn verbal.

»Hm«, antwortete er auf seine maulfaule Art, die mich daran zweifeln ließ, dass der nächste Versuch besser laufen würde.

In der Hoffnung, dass sich dieses Vorurteil nicht bestätigen würde, ließ ich ihn die Aufgabe wiederholen. Aber nicht nur die Aufgabe, sondern auch das Ergebnis wiederholte sich. Robert fuhr und lenkte, als käme der Bordstein so überraschend näher wie ein auf die Straße laufendes Kind.

»Du siehst, dass da ein Bordstein ist?«, fragte ich rhetorisch.

»Hm.«

»Heißt das ›Ja‹ in deiner Sprache?«

»Hm.«

»Dann lass mich dir zwei Eigenschaften des Bordsteins erklären. Erstens: Er weicht nicht aus. Zweitens: Er besteht aus Stein, wie der zweite Teil seines Namens verrät. Somit ist er wesentlich widerstandsfähiger als unser Rad, das aus Gummi und Metall besteht, klar?«

»Hm.«

»Also – lass meine Reifen intakt, indem du langsamer in die Kurve reinfährst und früher mit Lenken beginnst, okay?«

»Hm.«

Dasselbe Spielchen noch einmal, diesmal war der Bordstein noch knapper von unserem rechten Vorderrad entfernt. Ich bremste das Auto abermals herunter, lenkte anstelle von Robert und wiederholte in einem leicht gereizten Ton:

»Du musst langsamer machen und früher lenken!«

»Hm.«

Super, einen maulfaulen Lenklegastheniker mit der Reaktionszeit einer Schildkröte hab ich da als Schüler, dachte ich mir. Alle meine Vorurteile schienen sich zu bestätigen. Der nächste Versuch.

»Mach langsamer.«

»Hm.«

»Langsamer, hab ich gesagt, lenk!«

»Hm.«

»LANGSAM! LENKEN!«

»Hm.«

»BREMS DOCH ENDLICH!«

RUMMS. Das war's.

Wir waren langsamer geworden. Allerdings nicht so, wie ich mir das vorgestellt hatte. Mein Griff ins Lenkrad und meine Vollbremsung kamen gegen das Wasser und Eis auf der Straße nicht an. Wir waren ordentlich gegen den Bordstein gerasselt.

Nachdem ich mich mit einem Kontrollblick im Innenraum vergewissert hatte, dass das Auto bei dem heftigen Aufprall nicht in zwei Teile zerbrochen war, stieg ich bei strömendem Regen aus, um nachzuschauen, ob wir tatsächlich den rechten Vorderreifen samt dazugehöriger Felge in die ewigen Jagdgründe geschickt hatten. Und wir hatten – und zwar wie! Der Pneu spuckte noch die letzten Reste Luft aus seinem Inneren, bevor er endgültig das ewige Licht des Reifenhimmels erblickte. Die Felge jedoch hatte gute Chancen, noch als modernes Kunstwerk in einer Pinakothek ausgestellt zu werden, derart verformt, wie sie war. Wutentbrannt stampfte ich in Richtung Kofferraum, während es sich Robert in Seelenruhe am Steuer und somit im Trockenen gemütlich machte und ein bisschen Radio hörte. Ich begann derweil, vom Regen schon halb aufgeweicht, den Reifen zu wechseln. Nach zehn Minuten hatte ich dies unter lautem Fluchen hinter mich gebracht und nahm tropfnass wieder im Auto Platz.

»Bist du nass geworden?«, fragte mich Robert allen Ernstes.

»Nee«, antwortete ich ironisch, »der Regen war trocken!«

»Ach so, na dann«, beschwichtigte er die Situation und verzog dabei keine Miene. Wollte mich der Kerl verarschen oder war er vielleicht zugedröhnt?

Diese Frage stellte ich mir für den Rest der Stunde. Denn anstatt aus seinem Fehler zu lernen und beim Kurvenfahren rechtzeitig zu lenken und zu bremsen, machte er einfach so weiter wie bisher.

»Reicht dir ein geschrotteter Reifen für heute nicht?«, fragte ich sarkastisch.

»Hm … ist nicht so leicht, das Autofahren …«, brummelte er vor sich hin.

»Hör mal, das, was wir hier an Schwierigkeitsgrad fahren, schafft auch ein Schimpanse. Mach doch einfach mal das, was ich dir sage!«

»Mach ich doch!«

»Aber immer zu spät!«

Die Fahrstunde war glücklicherweise bald vorbei und Robert war der erste Schüler meines Fahrlehrer-Lebens, den ich die paar Meter zur Fahrschule nicht selbstständig zurückfahren lassen konnte. Also nahm ich wieder auf dem Fahrersitz Platz und fuhr ihn zur Fahrschule und mich anschließend nach Hause. Noch immer triefnass betrat ich mein Haus und wurde von meiner Frau zur Begrüßung in die Arme geschlossen.

»Boah, du bist ja nicht nur nass – du stinkst auch wie ein Iltis«, konstatierte sie wenig charmant.

»Ist ja kein Wunder bei den nassen Klamotten«, versuchte ich mich zu verteidigen.

»Nee, das ist ein anderer Geruch – lass mich noch mal an dir riechen!«

Wie ein Hund beschnüffelte sie mich und kam zu folgendem Schluss:

»Du riechst ja nach Gras!«, und damit meinte sie nicht das Gras einer frisch gemähten Wiese. Ich zog meine Jacke aus und roch ebenfalls daran. Mein Geruchssinn war durch das Erlebnis mit unserem Prüfungs-Trinker Uwe mittlerweile geschärft, und als ich so an meiner Jacke schnüffelte, die ja auf dem Weg zur Fahrschule mit dem Fahrersitz in Berührung gekommen war, auf dem zuvor Robert gesessen hatte, stieg mir ein nicht unbekannter Geruch in die Nase. Dieser hatte damals ständig in unserem Probenraum gelegen, wenn ich mit meiner Band neue Stücke einstudierte, und er kam von unserem Sänger, der sich scheinbar vorgenommen hatte, alle Marihuana-Vorräte dieser Welt wegzukiffen.

Ein Kiffer – das passte, dachte ich mir, als ich unter der Dusche stand, um mich vor einer Erkältung zu bewahren. Langsame Reaktionszeit, apathisches, maulfaules Verhalten, der »trockene Regen« … Jetzt stand ich vor einem Problem: Ich hatte einen Verdacht – aber wie war mit diesem Verdacht umzugehen? Fest stand: Wenn Robert ein Kiffer war, dann war seine Ausbildung vorbei, beziehungsweise für einen Zeitraum von mindestens einem Jahr unterbrochen, in dem er wieder clean werden konnte. Nur – wie spricht man so ein Thema an, ohne den Schüler zu brüskieren? Ich wollte ja auch nicht am nächsten Tag die Eltern in der Fahrschule stehen haben, die mir mit einer Verleumdungsklage drohten. Vielleicht hatte sich meine Nase ja geirrt und er benutzte nur ein seltsam riechendes Parfum oder Duschgel?

Ich musste mich der Sache behutsam nähern und nutzte zu diesem Zweck bei der nächsten Fahrstunde eine von Robert erbetene Pause. Die Stunde fand übrigens wieder auf dem Übungsgelände statt und verlief ähnlich »glorreich« wie die erste – die Reifen blieben allerdings heil.

»Sag mal«, startete ich das Kreuzverhör, »das mit deiner Reaktionszeit wird und wird irgendwie nicht besser – hast du 'ne Idee, woran das liegen kann?«

»Hm ... nö«, schnaufte er, erschöpft von so viel Autofahren.

»Wie viele Stunden schläfst du denn immer so?«

»In der Nacht so neun Stunden, nach dem Zeitungaustragen mach ich ein Nickerchen und nach der Arbeit im Supermarkt hau ich mich noch mal für 'ne Stunde aufs Ohr«, antwortete er.

»Aha, an einer Übermüdung kann es dann wohl nicht liegen – nimmst du vielleicht irgendwelche Medikamente ein?«, forschte ich weiter, nur noch eine Antwort von der Frage aller Fragen entfernt.

»Nö, ich bin nicht der Pillen-Typ. Wenn schon, dann eher pflanzliche Mittel«, gab er zu Protokoll.

So, so, eher pflanzliche Mittel ... Wie ging das noch gleich beim Topfschlagen? Warm, wärmer, heiß ...

»Sag mal, Robert – wie sieht es denn mit dem Rauchen aus?«

»Hm, ab und zu zieh ich mal an 'ner Kippe – aber was hat das denn mit meiner Reaktionszeit zu tun?«

»Lass es mich mal so sagen: Es kommt immer auf die Inhaltsstoffe einer Zigarette an ...«

»Hm ...«

»Robert, ich frag jetzt einfach mal ins Blaue hinein«, gaukelte ich ihm vor, als ob ich nicht schon längst wüsste, was Sache war, »kann es sein, dass du kiffst?«

Was jetzt kam, erinnerte mich fatal an die Pressekonferenz, die ein ehemaliger Fast-Bundestrainer der deutschen Fußball-Nationalmannschaft gegeben hatte, um sich von dem Verdacht des Kokain-Konsums reinzuwaschen (die Älteren unter den Lesern werden sich noch gut an diese Posse erinnern):

»So eine Unverschämtheit! Ich kiffe doch nicht! Ich hab noch nie in meinem Leben Drogen genommen! Eine Frechheit!«, empörte er sich. So einen Redeschwall war ich von ihm gar nicht gewohnt – ich glaube, so viele Sätze wie jetzt hat er bisher in seiner ganzen Ausbildung noch nicht gesprochen.

»Hör mir mal zu: Ich bin kein Cop, sondern dein Fahrlehrer. Wenn du was mit Drogen am Hut hast, dann kannst du mir das ruhig sagen. Die Vermutung habe ich ohnehin schon: Du reagierst auf meine Kommandos sehr zeitversetzt, was eine klassische Nebenwirkung vom Kiffen ist. Und riechen kann ich es auch«, versuchte ich, ihm eine Brücke bauen. Wenn er mir gestehen würde, dass er sich ab und an zudröhnt, würde ich ihn nach Hause schicken, er würde seinen letzten Joint rauchen, anschließend ein Jahr lang clean werden und dann würde ich ihn wieder fahren lassen. Aber diese Brücke sprengte er. »Dann hast du ein Problem mit deiner Nase, aber ich bin clean«, blaffte er mich sehr selbstsicher an.

»Gut, wie du meinst, dann hab ich mich also getäuscht; du kiffst nicht, sondern bist einfach zu doof zum Lenken und Bremsen«, gab ich mich geschlagen, nicht ohne bereits den nächsten Schritt zu planen, denn, wie gesagt, weder einem Trinker noch einem Kiffer wollte ich den Weg zum Führerschein ebnen – man stelle sich vor, so jemand fährt ein Kind tot, weil er »zu« ist, mit einer solchen Schuld will ich nicht leben. Ich hatte Robert nunmehr eine Chance gegeben, sein Gewissen zu erleichtern, die er nicht wahrgenommen hat. Nun war es an der Zeit, meinen Verdacht auf Drogenkonsum zu bestätigen oder zu entkräften.

»Polizeiinspektion 100, Koch mein Name, was kann ich für Sie tun?«

»Mich aufhalten«, beantwortete ich die rhetorische Frage des Wachtmeisters am Telefon.

»Wie – aufhalten? Wer sind Sie und was wollen Sie?«, fragte er verdutzt zurück.

»Ich bin Fahrlehrer und möchte, dass Sie mich auf der Straße aufhalten und einer Kontrolle unterziehen!«

»Ich versteh gar nichts – warum sollen wir Sie denn aufhalten? Wird das eine Selbstanzeige?«

Ich weihte den armen verwirrten Staatsdiener in meinen Plan ein. Nachdem ich Robert nicht zu einem Geständnis bewegen konnte und gleichzeitig seine Ausbildung ablehnte, solange mein Verdacht auf Konsum von Drogen nicht ausgeräumt war, blieb mir nichts anderes übrig, als diesen Verdacht durch eine fachmännische Kontrolle entweder zu entschärfen oder zu bestätigen. Mein Plan sah vor, dass ich Robert diesmal nicht auf dem Übungsgelände, sondern in einer verkehrsarmen Seitenstraße unweit der Fahrschule auf und ab fahren lassen wollte und wir dann, natürlich rein zufällig, von der Polizei kontrolliert werden würden. Während ich dem einen Beamten Warndreieck und Verbandskasten zeigen würde, sollte ein zweiter Robert einer gründlichen Kontrolle unterziehen. Verlief diese ohne Auffälligkeiten, würden wir die Fahrt fortsetzen und ich eines Besseren belehrt worden sein. Gäbe es Zweifel an seiner Fahrtüchtigkeit, würden die Cops ihn mir vom Hals schaffen.

Ich gab dem diensthabenden Beamten am Telefon Ort und Zeit sowie mein Autokennzeichen durch. Er versicherte mir, dass man sich der Sache annehmen werde. Und tatsächlich – der Plan funktionierte wie ein Uhrwerk. Zwei Minuten nach Beginn von Roberts Fahrstunde – wir waren gerade mal 50

Meter gerollt – blitzte und blinkte es in meinem Rückspiegel auf: »STOP – POLIZEI!«

»Oha, was wollen die denn von uns? Sind wir etwa nicht angeschnallt?«, tat ich überrascht.

»Was mach ich jetzt?«, fragte Robert, leicht verunsichert.

»Rechts ranfahren, Motor ausmachen, Fenster runterkurbeln, Hände danach aufs Lenkrad legen«, betete ich ihm vor. Sekunden später trat ein Polizist an Roberts Fenster und ein anderer an meines. »Schönen guten Tag, allgemeine Verkehrskontrolle, Führerschein und Zulassungsbescheinigung«, erbat der Beamte auf meiner rechten Seite.

»Der meint mich, nicht dich, du Depp! Du kannst ihm ja schlecht deinen nicht vorhandenen Lappen zeigen, oder?«, zischte ich Robert zu, der hektisch nach seiner Brieftasche suchte, um seinen nicht existenten Führerschein hervorzukramen. Spätestens jetzt war für mich erwiesen, dass sich der Kerl den letzten Rest Hirnmasse weggekifft hatte – Stichwort: »trockener Regen«.

Während der eine Beamte vorgab, meine Papiere zu überprüfen, nahm sich der andere nach kurzer Inaugenscheinnahme Robert vor: »Im letzten Quartal haben wir einen Anstieg von Fahrten unter Drogeneinfluss verzeichnen müssen. Ein besonders starker Zuwachs war bei Fahranfängern zu registrieren und sogar – so unglaublich das auch klingen mag – bei Fahrschülern. Wir kontrollieren deshalb routinemäßig Fahrschulautos und bitten die Schüler um einen kurzen Test der Fahrtüchtigkeit«, lautete der Text, den sich der Beamte zurechtgelegt hatte und den er Robert nun runterbetete, während er mir konspirativ, aber unauffällig zuzwinkerte. »Würden Sie sich an so einem Test freiwillig beteiligen?«

»Mach ruhig, Robert, hast ja nichts zu verbergen«, forderte ich meinen Rasta-Man auf.

»Hm …«, brummelte er

»Was gibt's denn da zu überlegen? Kannst doch ruhigen Gewissens den Test machen, oder etwa nicht?«, trieb ich ihn in die Enge.

»Hm … der ist ja freiwillig, oder?«, fragte er den Polizisten.

»Ja, natürlich«, antwortete dieser.

»Dann will ich ihn nicht machen«, entschied sich Robert und nahm tatsächlich an, dass er jemals eine Wahl gehabt hätte.

»Kein Problem, dann führen wir jetzt aufgrund eines Anfangsverdachts, den ich wegen Ihrer Nervosität, Ihrer leicht geröteten Augen und Ihrer mangelnden Kooperation habe, einen Test auf unserem Revier durch«, beschied ihm der Uniformierte und wendete sich dann an mich: »Wir nehmen den Herrn jetzt mit zur Wache, blasen Sie die restliche Fahrstunde ab, so schnell kommt der heute nicht mehr zurück!«

»Jawohl, Herr Wachtmeister«, nahm ich den Befehl und meine Papiere entgegen und verabschiedete mich von den beiden Ordnungshütern und von Robert, den ich bat, sich nach erfolgter Untersuchung bei mir zu melden, um mir den »ja sicherlich negativen« Befund mitzuteilen und sich wegen eines neuen Fahrtermins mit mir abzustimmen.

Da ich von Natur aus ein äußerst ungeduldiger Mensch bin und auch nicht glauben konnte, dass sich der zugedröhnte Robert an meine Rückruf-Bitte erinnern würde, griff ich einige Stunden später zum Hörer und rief bei der zuständigen Polizeidienststelle an, um mich über das Ergebnis zu informieren.

»Das darf ich Ihnen aus Datenschutzgründen leider nicht sagen«, teilte mir der Beamte am Telefon mit.

»Aber können Sie mir vielleicht wenigstens einen kleinen Wink geben?«, blieb ich neugierig und bekam tatsächlich folgende salomonische Antwort: »Die Kollegen rätseln gerade, ob es sich bei der Haarpracht des Herrn wirklich um Haare oder eher um Hanfgewächse handelt, die da aus seiner Kopfhaut sprießen, so bescheuert wie der sich bei den Reaktionstests anstellt! Ich glaube, das mit dem Führerschein wird in diesem Leben nix mehr.«

Hm …

22. KAPITEL

TRICKSEN, TARNEN, TÄUSCHEN

Eigentlich hatte ich mit einem freundlichen »Guten Morgen« gerechnet, als ich kurz nach acht Uhr die Fahrschule betrat, aber stattdessen geriet ich in eine Szenerie, die einem Agentenfilm entsprungen sein könnte.

»Entweder, Sie händigen mir freiwillig und sofort Ihren Ohrstöpsel und die Knopfkamera aus, oder ich rufe die Polizei, damit die Ihnen das Zeug abnimmt!«, schrie der Prüfer unseren Schüler Ali an.

»Welche Kamera? Welcher Ohrstöpsel? Ich weiß nicht, was Sie meinen«, spielte Ali das Unschuldslamm und machte damit den Prüfer umso rasender.

»Hören Sie mal, verarschen kann ich mich auch alleine! Warum beugen Sie sich denn so komisch mit Ihrem Oberkörper über die Bögen? Wieso halten Sie sich denn ständig die Hand ans Ohr?«

»Weil ich ein Rückenleiden und einen Tinnitus habe«, startete Ali einen geradezu erbärmlichen Versuch, seine Tat zu vertuschen, wurde aber vom Prüfer gerade noch davon abgehalten, sich um Kopf und Kragen zu reden.

»Hören Sie zu – lassen Sie diese Ausflüchte einfach sein! Entweder Sie geben mir jetzt die besagten Utensilien, oder ich hole die Polizei und verbinde das Ganze mit einer Anzeige, verstanden?«

Das saß. Die Cops wollte Ali wahrlich nicht an der Backe haben, wohl wissend, dass ihm seine Eltern und seine Brüder den Kopf abreißen würden, wenn er mit dem Gesetz in Konflikt käme. Ali händigte dem Prüfer einen mikroskopisch kleinen Ohrstöpsel mitsamt einer im Knopfloch seiner Jacke angebrachten Kamera aus. Der Prüfer fixierte den Stöpsel und die Kamera mit Tesafilm auf dem Ali abgenommenen Fragebogen und komplimentierte ihn nach draußen, damit die anderen Schülerinnen und Schüler in Ruhe ihre Theorieprüfung zu Ende bringen konnten.

Ali ging raus und winkte mit einer Handbewegung ein Auto heran. Allem Anschein nach war der Fahrer nicht nur Alis Chauffeur, sondern auch sein Souffleur, der ihm aus sicherer Entfernung mittels Funkübertragung die richtigen Antworten eingeflüstert hatte, denn dieser Kumpel stieg kurz aus dem Auto, öffnete die Tür zur Fahrschule und fragte den Prüfer allen Ernstes, ob er die Kamera und den Ohrstöpsel wiederhaben könne, denn eigentlich wäre er der Eigentümer und hätte Ali die Utensilien nur geliehen und er bräuchte sie dringend wieder, denn heute hätte noch ein anderer Kumpel Theorieprüfung, da müsse er auch helfen. Und teuer wäre das Zeug außerdem gewesen …

»Raus hier, bevor ich mich vergesse und Sie wegen Beihilfe zum Betrug anzeige!«, brüllte der Prüfer den an Dreistigkeit nicht zu überbietenden Typen an, der dann auch schnell die Flucht ergriff. Mit quietschenden Reifen brausten er und Ali davon, während der Prüfer damit beschäftigt war, den aufgescheuchten Schülerhaufen zu beruhigen und zur

Konzentration auf die noch immer laufende Theorieprüfung zu ermahnen. Als wieder Ruhe eingekehrt war und sich die anwesenden Prüflinge mit ihren Prüfbögen auseinandersetzten, nutzte ich diesen Moment der Stille und begutachtete fasziniert die beiden Utensilien. Ich wähnte mich in einem Agentenkrimi und musste feststellen, dass diese Gadgets, welche auch schon mancher Agent in Hollywood-Streifen zur Jagd auf Bösewichte eingesetzt hatte, scheinbar doch keine Utopie waren, sondern schon existente, harte Realität.

»Jetzt weiß ich auch, warum die Theorieprüfungen ab nächstem Quartal in der Prüfstelle am PC abgelegt werden müssen und nicht mehr in den Fahrschulen stattfinden sollen«, wandte ich mich flüsternd dem Prüfer zu.

»Neben der Arbeitserleichterung ist das ein weiterer positiver Effekt«, klärte er mich auf, »alle die Betrüger werden noch ihr blaues Wunder erleben, denn künftig geht da nämlich nichts mehr mit Funkübertragung und so weiter, da haben wir uns schon was einfallen lassen – wir sind ja immerhin Ingenieure, nicht wahr?!«

Ali war also kein Einzeltäter, sondern Mitglied einer Gruppe fauler Fahrerlaubnisbewerber, die ihre Freizeit nicht mit dem Büffeln für die Theorieprüfung verschwenden wollten und sich deswegen verbotener Hilfsmittel wie Kameras und Ähnlichem bedienten. Für solche Leute fehlt mir jegliches Verständnis. Nicht, dass ich jetzt den Moralapostel spielen will, der das Abschreiben verteufelt – wer diesbezüglich ohne Sünde ist, der werfe den ersten Stein –, aber mir wären schlicht Aufwand und Risiko zu groß! Wenn ich mir diese elektronischen Gadgets so ansehe, kann ich mir nicht vorstellen, dass diese für günstige 12,99 Euro käuflich zu erwerben sind, sondern eher einen mittleren dreistelligen Betrag gekostet haben müssen – und das Risiko, erwischt zu werden, liegt ebenfalls nahe an einer dreistelligen Prozentzahl, nicht nur, dass die Prüfer in der Regel Ingenieure sind, sondern sie werden auch daraufhin geschult, solche Tricksereien zu erkennen.

Mal ehrlich: Um eine Theorieprüfung zu bestehen, braucht man doch wahrlich keine Ausstattung wie ein Spion. Ein paar Tage über den Bögen oder dem Lernprogramm sitzen – das war's! Wer dann noch aufmerksam im Theorieunterricht war, für den ist so eine Prüfung wahrlich ein Klacks.

Apropos Theorieunterricht – das bringt mich gleich wieder zu Ali. Ich kannte ihn nicht vom Fahren, sondern ausschließlich vom Theorieunterricht, den ich von Zeit zu Zeit in der Filiale hielt, wo er sich angemeldet hatte.

Er fiel mir dadurch auf, dass er sehr still war. Dies lag aber keineswegs daran, dass er schüchtern gewesen wäre, sondern dass er nicht schnarchte, während er im Unterricht schlief. Zuerst zweifelte ich an der Attraktivität meines Unterrichts, die ihn vielleicht entschlummern ließ, doch als ich den Kollegen Müller, mit dem Ali fuhr, auf dessen Müdigkeit ansprach, bekam ich zu hören, dass dies wohl nicht an der Qualität meines Unterrichts lag, sondern eher dem Umstand geschuldet war, dass Ali sich die Nächte in Spiel- und Wetthallen um die Ohren schlug. Die Zeit, die er notgedrungen bei der Theorie anwesend sein musste, nutzte er also für ein kleines Nickerchen, um später ausgeruht auf Fußballergebnisse wetten und an einarmigen Banditen abhängen zu können. Trotz meiner Versuche, ihn durch Fragen zu Überholverboten oder Verkehrszeichen wach zu halten, ging der Unterricht recht spur- und ergebnislos an ihm vorbei. Die Faktoren Aufmerksamkeit im Theorieunterricht und Lerneifer, die für eine erfolgreiche Theorieprüfung erforderlich sind, waren also nicht gegeben und so wusste Ali sich nicht anders zu helfen, als sich die richtigen Antworten mittels technischer Hilfsmittel und einem Souffleur mitteilen zu lassen, was bekanntlich in die

Hose ging. Wäre Ali mein Fahrschüler gewesen, so hätte er von mir wegen dieser Trickserei einen derartigen Einlauf verpasst bekommen, dass ihm Hören und Sehen gründlich vergangen wären. Aber zum Glück für ihn war er es ja nicht …

… bis zu dem Tag, einige Monate nach dem Agentenkrimi, als mein Chef die gesamte Belegschaft nach Dienstschluss in sein Büro zitierte. Kollege Müller, mit dem Ali fuhr, hatte gekündigt, um zu einer anderen Fahrschule zu wechseln, wo er angeblich mehr Geld bekam. Das wunderte mich etwas, da uns unser Boss für Fahrschulverhältnisse exquisit entlohnte und ich mir nicht vorstellen konnte, dass ihm der andere Laden, in den er wechselte, mehr zahlen würde. Dieser befand sich nämlich in einer Ortschaft im Outback der Großstadt, wo es in den letzten Jahren vier Fahrschuleröffnungen gegeben hatte und wo aufgrund der Konkurrenzsituation ein regelrechter Preiskrieg tobte. Und wie wir schon gelernt haben, hat ja ein niedriger Fahrstundenpreis immer auch Auswirkung auf das Gehalt eines Fahrlehrers. Wie gesagt, glauben mochte ich dieses Märchen vom Gehaltssprung nicht, zumal dieser Zusatzverdienst schon für die Mehrkosten der Pendelei zwischen Wohn- und Arbeitsstätte draufgehen würde. Sei's drum, Kollege Müller würde schon wissen, was er tat. Zunächst aber nahm er erst einmal vor dem offiziellen Ende seines Arbeitsverhältnisses in unserer Fahrschule und mit sofortiger Wirkung seinen ihm noch zustehenden Resturlaub in Anspruch. Für unseren Chef galt es nun, die bisher bei Kollegen Müller fahrenden Schüler unter uns verbliebenen Fahrlehrern aufzuteilen. Und Sie ahnen es schon, wem Ali, der Trickser, zugeteilt wurde: nämlich mir!

»Das habe ich nicht verdient, das habe ich nicht verdient«, brabbelte ich vor mich hin, als ich nach dieser Mitteilung am PC Platz nahm, um mich über den Ausbildungsstand der vier mir vom Boss übergeholfenen Schüler zu informieren. Zwei

Mädchen vor ihrer ersten Fahrstunde – für Fahrlehrer derselbe Horror wie für die Fahranfänger –, ein Schüler mit Aufmerksamkeitsdefizit-/Hyperaktivitätsstörung (ADHS) und eben Ali, der Trickser. Geil. Einfach nur noch geil. Bei so einer Ausbeute macht das Fahrlehrerleben doch richtig Spaß …

Ich entnahm seinem File, dass Ali zwischenzeitlich im zweiten Anlauf seine Theorieprüfung haarscharf mit neun Fehlerpunkten bestanden hatte. Ob er wirklich gelernt oder ob er einfach nur beim Tricksen mehr Glück als beim letzten Mal hatte und nicht erwischt wurde, stand nicht in seiner Akte, wohl aber, dass er in 14 Tagen seine praktische Prüfung ablegen sollte.

Leichter gesagt als getan, denn wegen meiner terminlichen Überbuchung war es momentan leichter, eine Audienz beim Papst zu bekommen als eine Fahrstunde bei mir. Deswegen konnte ich Ali nur notgedrungen mit zwei Doppelstunden unmittelbar vor der Prüfung versorgen und musste auf eine gute Vorarbeit und die richtige Einschätzung von Alis Fahrkünsten durch Kollegen Müller hoffen und vertrauen.

»Sag mal, spinnst du? Siehst du den Radfahrer nicht? Hier ist Rechts vor Links, der Radler hat Vorfahrt!«, schrie ich ihn nach ein paar Minuten in unserer ersten gemeinsamen Fahrstunde an.

»Da kannst du mich doch warnen, das kann ich doch nicht wissen!«, schrie er zurück.

»Jetzt wird's aber hinten höher als vorne – Junge, du hast nächste Woche Prüfung! Willst du mir ernsthaft sagen, dass ich dich noch auf Rechts vor Links hinweisen muss?! Das musst du doch jetzt selbst wissen! Wenn ich dir das während der Prüfungsfahrt sagen muss, ist Ende im Gelände!«

»Dann machen wir halt eine Geheimsprache aus oder du gibst mir Zeichen – der Müller hat zu mir gesagt, dass er mir Zeichen geben wird«, schlug mir Ali vor.

Soso, Zeichen wollte Kollege Müller geben, interessant ... Das ließ seinen Abgang in einem ganz neuen Licht erscheinen, aber dazu später mehr – lassen Sie mich erst mal etwas zum Thema »Tarnen, tricksen und täuschen während der Prüfungsfahrt« sagen:

Fahrlehrer und Fahrschüler gehen während der Ausbildung eine gewisse Art von Beziehung miteinander ein. Der Fahrlehrer versucht natürlich, dem Schüler alles Wissenswerte über den Straßenverkehr beizubringen, sodass er im späteren Autofahrerleben gut durch den Blechdschungel kommt. Man könnte dieses Verhältnis durchaus mit einer Eltern-Kind-Beziehung vergleichen. Denn auch hier kommt man irgendwann an den Punkt, wo die Kinder auf eigenen Beinen stehen müssen und die Eltern sagen können: »Wir haben erzieherisch getan, was wir konnten, jetzt ist es an ihr oder ihm gelegen, etwas daraus zu machen.« Während im realen Leben dieser Zeitpunkt entweder mit dem Auszug von zu Hause oder dem Beginn eines Berufes oder eines Studiums kommt, ist dieser Moment in der Beziehung zwischen Fahrlehrer und Fahrschüler der Tag der Prüfung.

So wie Eltern für ihre Kinder nur das Beste wollen, so möchte letztendlich natürlich auch jeder Fahrlehrer, dass seine Schüler die praktische Prüfung bestehen. Wie diese Prüfung bestanden wird, mag der eine oder andere Kollege etwas lockerer sehen, was dann eben auch manchmal dazu führt, dass er etwas »nachhilft«. Und das tut er dann gerne mit Zeichen. Der Klassiker ist die versteckte Handbewegung: Der Fahrlehrer legt seine Hände in den Schoß und gibt Zeichen für »Langsamer« , »Schneller« oder er lässt seine Finger kreisen, um dem Schüler beim Einparken die Lenkpunkte und die Lenkrichtung vorzugeben.

Eine etwas kompliziertere Variante ist die verbale Artikulierung, also das, was Ali mit »Geheimsprache« meinte: Hierbei täuschen Fahrlehrer gerne Hustenanfälle vor. Einmal husten könnte zum Beispiel Tempo 30 heißen, zweimal husten Tempo 50 und so weiter.

Bei Motorradprüfungen kann man natürlich nicht ständig ins Funkgerät reinhusten, das wäre wohl in Gegenwart des Prüfers etwas zu auffällig, deswegen wird hier gern mal im Morsestil auf den Sprechknopf gedrückt. Der Schüler hört dann jedes Mal ein kurzes Knacken in der Leitung und kann dies entsprechend deuten (zum Beispiel einmal knacken = langsamer werden, zweimal knacken = schneller fahren).

Fast schon im Stil von Geheimagenten läuft die dritte Variante der Geheimsprache, nämlich die mit versteckten Botschaften. Während sich Fahrprüfer und Fahrlehrer in der Prüfungsfahrt unterhalten – was eigentlich der Schaffung einer angenehmen Prüfungsatmosphäre dient –, erzählt der Fahrlehrer, natürlich rein zufällig, von seiner letzten Fahrstunde, in der seine Schülerin mehrere Stellen mit der Vorfahrtsregelung Rechts vor Links übersehen hat. Natürlich ist der Umstand, dass Fahrschüler in der Grundausbildung mit der einen oder anderen Vorfahrtssituation überfordert sind oder sie gar nicht erkennen und deuten können, das Tagesgeschäft eines jeden Fahrlehrers und eigentlich verdient so etwas keine große Erwähnung – das wäre in etwa so, als würde ein Zahnarzt dem anderen erzählen, dass er doch tatsächlich einen Patienten mit Karies zur Behandlung hatte. Führt der Prüfer den Prüfling jedoch an Kreuzungen oder Einmündungen mit Vorfahrt von rechts, die aufgrund ihrer Enge auch von versierten Autofahrern gern übersehen werden, so kann der Inhalt der Unterhaltung als versteckte Warnung an den Schüler verstanden werden.

Über die Sinnhaftigkeit solcher Eingriffe brauchen wir eigentlich nicht viele Worte zu verlieren. Es ist ganz einfach: Entweder kann der Schüler Auto fahren, dann bekommt er seine Prüfung auch so locker hin, oder er kann es nicht und dann gehört er auch nicht auf die Straße! So sehe ich es, so sieht es auch das Gros meiner Kollegen und ebenso die Prüfer.

Und diese Prüfer sind natürlich nicht auf den Kopf gefallen, sie wissen schon, wie sie versteckte Eingriffe oder Manipulationen registrieren und sanktionieren können. Steht ein Fahrlehrer beispielsweise im Verdacht, beim Einparken aufgrund von Versäumnissen in der Ausbildung oder mangelndem Talent des Prüflings Zeichen zu geben, so lassen die Prüfer einfach nicht mehr auf der rechten Fahrbahnseite einparken, sondern fahren in eine Einbahnstraße und wählen die linke Fahrbahnseite zum Einparken. Würde der Schüler beim Linkseinparken die ganze Zeit nach rechts zum Fahrlehrer blicken, wäre das schon etwas auffällig, da man ja eigentlich immer in die Richtung schaut, in die man fährt. Und schaut der Fahrschüler permanent in den Genitalbereich seines Fahrlehrers, genügt dem hinter dem Fahrlehrer sitzenden Prüfer ein kurzer Blick in die rechte Seitenscheibe – dort spiegelt sich das Geschehen auf dem Beifahrersitz nämlich ganz hervorragend wider. Und die Frage an den Fahrlehrer, ob er sich mit seinem Husten denn nicht lieber ins Bett legen und seine Krankheit auskurieren wolle, ist ebenso wie die Frage, ob die Zuckungen in der Hand, die das Funkgerät hält, denn chronisch seien, keinesfalls eine fürsorgliche Erkundigung über dessen Gesundheitszustand, sondern der versteckte Hinweis »Schluss mit lustig«! »Schluss mit lustig« definiert sich laut Punkt 5.18 der Prüfungsrichtlinie wie folgt: »Versucht der Fahrlehrer, den amtlich anerkannten Sachverständigen oder Prüfer zu täuschen, oder macht das Verhalten des Fahrlehrers die Beurteilung des Bewerbers bei der Prüfungsfahrt unmöglich, ist diese mit dem Ergebnis ›nicht bestanden‹ zu beenden.«

Aus dem Amtsdeutsch übersetzt, heißt das nichts anderes als: Prüfung beendet! Und zwar eben nicht beendet und bestanden, sondern eben nicht bestanden. Für den Fahrschüler bedeutet dies, dass er nochmals eine komplette Prüfungsgebühr berappen darf. Und für den Fahrlehrer, dass er in Zukunft unter besonderer Beobachtung der Prüfer steht. Sollte sich so ein Vorgang wiederholen, droht im schlimmsten Fall eine Meldung an die Fahrlehrerbehörde.

Aufgrund von Alis Bemerkung, sein bisheriger Fahrlehrer wollte ihm während der Prüfungsfahrt Zeichen geben, schwante mir, dass Kollege Müller vielleicht gar nicht aus finanziellen Gründen in ein anderes Prüfungsgebiet gewechselt hatte, sondern eher, um der ihm drohenden Meldung seitens der Prüfer bei der Fahrlehrerbehörde zu entgehen – denn dorthin zitiert zu werden, weil man mehrfach versucht hatte, den Prüfer zu täuschen, ist tatsächlich kein Vergnügen. Deswegen ist die Moral von der Geschichte: Fahrlehrer müssen einfach nur grundsolide ausbilden und Fahrschüler das Erlernte gut umsetzen. Dann braucht man auch nicht zu tricksen, zu tarnen und zu täuschen.

Dass diese Moral bei Ali auf keinen fruchtbaren Boden fallen würde, konnte ich mir nach dem versuchten Beschiss in der theoretischen Prüfung vorstellen – also wollte ich sein Ansinnen gleich im Keim ersticken:

»Beachte einfach die Verkehrszeichen, dann hast du keine Zeichen von mir nötig!«

»Och, komm schon, Alter. Ich hab nicht so viel Kohle für den Führerschein, ich brauch den Zaster noch für andere Sachen, ich muss einfach beim ersten Mal bestehen«, flehte er mich an.

»Dann hättest du besser das Geld in Fahrstunden angelegt anstatt auf deinem Wettkonto – von mir hast du keine Hilfe zu erwarten«, beschied ich ihn.

»Mann, das ist voll unfair von dir! Überall wird doch heute gemauschelt. In der Schule hab ich für 'nen Zehner beim

Klassenbesten abschreiben dürfen, meine Ausbildungsstelle hab ich über Vitamin B bekommen, meine Alte hab ich mit 'nem Brilli rumgekriegt – es wird überall bestochen und getrickst, nur du zickst so rum. Beim Wetten bekomme ich auch immer Tipps zum Spielausgang.«

»Die haben aber scheinbar nix gebracht, wenn das Geld für Fahrstunden fehlt, du Möchtegern-Big-Player«, ätzte ich.

»Was ist denn, wenn ich dir für deine Hilfe 'nen Hunderter hier in der Karre lasse? Is' billiger als 'ne zweite Prüfung, verstehst du?« Auf der einen Seite war ich echt begeistert, wie sehr Ali das kaufmännische Prinzip »maximaler Ertrag bei minimalem Aufwand« in der Realität umsetzte, auf der anderen Seite reichte mir diese schmierige Gaunerei jetzt wirklich: »Halt endlich den Rand! Bist du eigentlich vollends hirnverbrannt? Du kannst hier Money lassen, soviel du willst, ich riskier doch wegen dir nicht meinen Job«, erteilte ich ihm und seinen Bestechungsversuchen eine Abfuhr und versuchte noch, ihn bei seiner Ehre zu packen: »Jetzt hast du schon in deiner ersten Theorieprüfung beschissen, bist dabei aufgeflogen und hast daraus immer noch nichts gelernt! Nutze jetzt diese zweite Chance und besteh zumindest deine praktische Prüfung ehrlich und anständig!«

Es hatte echt den Anschein, als würden meine Worte bei Ali wirken. Grübelnd saß er am Steuer und ich hatte das Gefühl, dass ich ihn bei seiner Ehre gepackt hatte. Aber auch Fahrlehrer können sich täuschen ...

»200 – mehr kann ich dir nicht geben!«

»Du lernst es nie«, resignierte ich.

»Okay, 200 Euro und ein todsicherer Tipp für ein Spiel in der dritten Liga – wie wär's? Komm, schlag ein«, bot er mir an, nahm seine rechte Hand vom Lenkrad und streckte sie mir zur Besiegelung des vermeintlichen Deals entgegen. Meine rechte Hand wanderte zu seiner, er begann schon zu grinsen, weil er meinte, dass er es wieder mal geschafft hatte, den Weg des geringsten Widerstands zu gehen. Ich ergriff jedoch nicht seine Hand, sondern sein Armgelenk und packte seine Pfote wieder ans Lenkrad.

»Beide Hände ans Steuer, sonst wird das nix mit der Prüfung«, belehrte ich ihn mit einem Lächeln auf den Lippen, welches Ali endgültig klarmachte, dass er diesen Kampf alleine und ehrlich auszufechten hatte.

Daraufhin reagierte Ali höchst beleidigt und sprach während der restlichen Fahrstunde kein einziges Wort mehr mit mir und zum Abschied verweigerte er mir auch den obligatorischen Handschlag. Auch in der darauf folgenden letzten Fahrstunde vor seiner Prüfung kam unsere Konversation nicht über ein »Hallo«, »Tschüss« und »Vergiss nicht, deinen Ausweis zur Prüfung mitzubringen« hinaus. Ali bockte und schwieg wie ein Mönch. Kein Sterbenswörtchen mehr übers Tricksen, Tarnen und Täuschen. Bis zum Tag seiner praktischen Prüfung.

Dass er überhaupt gekommen war, nötigte mir Respekt ab. Bei den Leistungen, die er in den letzten beiden Fahrstunden abgeliefert hatte, wäre ich wahrscheinlich zu Hause geblieben und gar nicht erst zum Termin erschienen. Mich würdigte er keines Blickes, als er die Fahrschule betrat, sondern marschierte schnurstracks auf Herrn Anger, den Prüfer, zu.

»Guten Tag, mein Name ist Ali, hier ist mein Pass, Herr Prüfer – sehr schöne Krawatte übrigens. Seide?«, begrüßte, nein, schleimte er Herrn Anger voll.

Dieser nahm Alis Pass in Augenschein und stutzte. »Was macht denn dieser Hunderteuroschein in Ihrem Pass?«, fragte er Ali.

»Sehen Sie genau hin – es sind zwei Hunderteuroscheine«, berichtigte Ali den Prüfer.

»Und was machen die da drin – nutzen Sie Ihren Pass etwa auch als Geldbeutel?« Entweder stand Herr Anger auf dem

Schlauch, oder er wollte Ali die Möglichkeit geben, seinen Bestechungsversuch nicht weiter zu forcieren. Aber da kannte er Ali schlecht ...

»Die sind für Sie – damit das heute auch klappt mit meiner Prüfung, okay? Falls Ihnen das zu wenig ist, kann ich noch was drauflegen, wenn die Wetten am Samstag gut laufen – oder wollen Sie einen neuen Fernseher? Kann ich auch besorgen, ich kenn da jemanden, der ...«

»Hier ist Ihr Pass oder sollte ich besser sagen, Ihr Portemonnaie, junger Mann. Gehen Sie schon mal zum Auto und stellen Sie sich Sitz und Spiegel ein – ich rede noch ein paar Takte mit Ihrem Fahrlehrer«, beendete Herr Anger diese peinliche Situation und händigte Ali seinen Pass mitsamt dem Bakschisch aus.

Ali trottete von dannen und murmelte so etwas wie »Sind die alle uncool – ist doch nur ein beschissener Führerschein, in anderen Ländern kaufst du so was für fünf Euro«, während sich Herr Anger mir zuwandte.

»Was war das denn?«

»Das war Ali, wie er leibt und lebt«, antwortete ich ihm scufzend und gleichzeitig erfahrend, was »Fremdschämen« bedeutet.

»Wie kommt der denn auf so eine absurde Idee?«

»Tja, keine Ahnung, irgendwie schummelt er sich auf die Art und Weise durch sein Leben – bei mir hat er es auch schon probiert ...«

»Wie – er hat es bei Ihnen auch probiert?«

»Na, mich wollte er auch bestechen, damit ich ihm während der Prüfung Zeichen gebe.«

»Aha! Und wer hat ihm solche Flausen in den Kopf gesetzt?«

»Angeblich hat ihm Kollege Müller so etwas in Aussicht gestellt, mit dem er zuvor gefahren ist ...«

»Soso, Kollege Müller also – da wundert mich nichts mehr …«

»Inwiefern?«, hakte ich nach.

»Sagen wir es mal so: Ich habe Herrn Müller selbst bei brütender Hitze und defekter Klimaanlage niemals sein Seitenfenster öffnen und seine Prüflinge immer nur links einparken lassen, wenn Sie verstehen, was ich meine. Und ich war auch derjenige, der ihm mit einer Anzeige bei der Fahrschulüberwachung gedroht hat, wenn er nicht baldigst mit diesen versteckten Eingriffen aufhört.«

Also hatte ich doch den richtigen Riecher in Bezug auf Müllers Wechsel in einen neuen Wirkungskreis gehabt. Vielleicht sollte ich ja eine Umschulung zum Kriminalpolizisten machen – oder besser doch nicht, denn dann würde ich Ali wohl noch einige Male begegnen. Entweder im Dezernat für Betrug oder für Wirtschaftskriminalität …

»Was machen wir denn jetzt mit unserem Bakschisch-Freund da draußen im Auto?«, fragte ich Herrn Anger ratlos.

»Ich werde einen Vermerk über den Bestechungsversuch in meinen Unterlagen machen – und dann wollen wir mal hoffen, dass zumindest Gott ihm irgendeine Form von Beistand gewährt, wenn wir es schon nicht machen!«

Herr Anger und ich gingen zum Fahrzeug, wo wir Ali eigentlich im Auto sitzend erwarteten. Doch er wanderte wie ein Tiger davor auf und ab, und als er uns sah, kam er auf uns zugelaufen. Diesmal würdigte er Herrn Anger keines Blickes, sondern hatte nur Augen für mich.

»Bitte, bitte, hilf mir und gib mir Zeichen – ich tue alles für diesen verdammten Führerschein!«, winselte er mir ins Ohr.

»Dann tu alles dafür in den nächsten 45 Minuten – aber ohne mein Zutun«, flüsterte ich zurück.

»Bitte, bitte!«, flehte mich Ali erneut an – es fehlte nur noch, dass er sich vor mir auf die Knie warf.

»Einsteigen – los geht's«, trieb uns Herr Anger an, damit wir endlich mit dem Bestechungs- und Hilfestellungs-Singsang aufhören und mit der Prüfung beginnen konnten. Schließlich hatten wir jetzt schon viel zu viel Zeit vertrödelt und ein paar andere Schüler wollten heute auch noch ihr Können unter Beweis stellen.

Aber die verlorene Zeit holten wir bei Alis Prüfung schnell wieder rein. Mit einer Dauer von sechs Minuten wurde er zwar nicht Sieger in meiner persönlichen Hitparade der kürzesten (denken wir zurück an Milena und Uwe), wohl aber der unterhaltsamsten Prüfungen.

In besagter sechster Minute fuhren wir auf kerzengerader Strecke direkt auf Zeichen 251 der Straßenverkehrsordnung zu. Dieses runde, rotumrandete Verkehrszeichen mit einem Auto in der Mitte verbietet Kraftwagen und sonstigen mehrspurigen Kraftfahrzeugen die Einfahrt. In solch einer Situation fragt man als Fahrschüler den Prüfer, ob man denn nun links oder rechts weiterfahren soll, oder entscheidet selbstständig über die Alternativroute – nur reinfahren darf man eben nicht.

Das hätte Ali vielleicht gewusst, wenn er im Unterricht aufgepasst und sich nicht mit Ach und Krach durch die Theorieprüfung gehangelt hätte. Aber was soll's – selbst wenn Ali die Bedeutung des Schildes gekannt hätte, wäre er trotzdem reingefahren, denn er hatte seinen Blick leider an der falschen Stelle, nämlich nicht auf die Straße oder auf den Wegesrand gerichtet, sondern verzweifelt und nach Unterstützung gierend in meinen Schoß, wo er sich immer noch irgendeine Form von Zeichen erhoffte.

Ich wollte ihn nicht enttäuschen und gab ihm tatsächlich ein Zeichen – nämlich ein lautes Piepsen, das ertönte, als ich vor dem Verbotsschild abbremste.

»So, die Prüfung ist mit der Einfahrt in ein Verkehrsverbot für Sie beendet und leider nicht bestanden«, beschied Herr

Anger. »Ich weiß nicht, was Sie sich davon erhoffen, ständig auf den Schoß Ihres Fahrlehrers zu schauen; ich bin mir ziemlich sicher, dass Sie dort keine Verkehrszeichen finden werden. Die finden Sie eher am Fahrbahnrand, deswegen gehören die Augen dahin, wo die Musik gespielt wird, nämlich auf die Straße.«

»Bitte, Herr Prüfer, geben Sie mir eine zweite Chance! Ich zahle, was Sie wollen, aber ich will jetzt endlich meinen Führerschein!«, winselte Ali.

»Junger Mann, wie ich hier in meinen Unterlagen sehen kann, haben Sie schon genügend zweite Chancen erhalten: Mein Kollege hat auf eine Anzeige wegen Unterschleif bei der Theorieprüfung verzichtet; Ihr Fahrlehrer hat Sie nicht hochkant aus dem Auto geschmissen, als Sie ihn zur Manipulation der Prüfungsfahrt animieren wollten; und ich verzichte gnädigerweise auf eine Anzeige wegen wiederholt versuchter Bestechung. Nutzen Sie diese letzte Chance und investieren Sie Ihre Bestechungsgelder lieber in ein paar Fahrstunden bei Ihrem Fahrlehrer, der Ihnen das Fahren so beibringt, dass Sie Ihre Prüfung mit Können statt mit Mauscheleien bestehen, okay? Im Übrigen darf ich Ihnen mitteilen, dass ich Ihre Bestechungsversuche zwar nicht zur Anzeige bringe, aber im Prüfprotokoll festhalten und einen Vermerk in unsere Datenbank eintragen werde.«

»Und was heißt das?«, erkundigte sich Ali.

»Erst mal bedeutet es, dass Sie sich so ein Verhalten bei Ihrer nächsten Prüfung nicht erlauben sollten – sonst ist endgültig Schluss mit lustig, verstanden?«

Bisher hat Sie diese Geschichte vielleicht zum ungläubigen Kopfschütteln animiert, aber es geht noch weiter. Denn Ali wollte noch immer nicht verstehen. Mal wieder den Weg des geringsten Widerstandes und Aufwandes suchend, beschloss er, seinen Führerschein mit tatkräftiger Unterstützung durch seinen alten Fahrlehrer zu erwerben. Und so machte er sich die

Mühe und fand heraus, in welcher Fahrschule Kollege Müller sein Tagwerk verrichtete. Der war natürlich sofort bereit, seinen alten und sehr spendierfreudigen Schüler baldmöglichst auf seine Art durch die Prüfung zu schleusen, was ohne eine weitere Übungsstunde geschehen sollte. Ali sollte einfach am festgelegten Prüfungstag erscheinen und mithilfe von Husten, Fingerzeichen und Ähnlichem endlich seinen Lappen erhalten.

Aber wie schon erwähnt, befand sich der neue Wirkungskreis von Kollege Müller weit draußen im Outback, mit einer sehr schlechten Anbindung durch den öffentlichen Nahverkehr. Und da der Weg dorthin viel Geld für das Bahnticket und viel Zeit für die Zugfahrt in Anspruch genommen hätte, machte Ali es sich mal wieder leicht. Er lieh sich das Auto seines Kumpels, der ihm schon bei der Theorieprüfung tatkräftig zur Seite gestanden hatte, und brauste selbst fahrend, ohne Besitz einer Fahrerlaubnis über die Autobahn zu seiner praktischen Prüfung. Dumm nur, dass er auf dem Weg dorthin seine Augen auf das Navigationssystem und nicht auf die Schilder am Straßenrand gerichtet hatte – dann wäre ihm die Polizeikontrolle wegen überhöhter Geschwindigkeit erspart geblieben. Und dann hätte es auch keine Anzeige wegen Fahrens ohne Fahrerlaubnis und eine lange Sperre für den Erwerb des Führerscheins gegeben …

23. KAPITEL

NIEDERTRACHT

Gern hätte ich als Überschrift die Textzeile *Mit 66 Jahren, da fängt das Leben an* aus einem Lied von Udo Jürgens benutzt, jedoch würde ich damit den Fahrschüler, um den es hier geht, um exakt zwölf Jahre jünger machen, als er de facto war.

An einem Freitagvormittag hatte sich Wilhelm Erasmus Ludwig Freiherr von Grafenrath in meinen Stundenplan für eine Doppelstunde eingetragen. Aus Platzgründen – die Spalten im Planer ließen nur einen Vor- und Nachnamen zu – tat er dies nur mit seinen Anfangsbuchstaben, was einige Tage vorher bei mir für große Verwirrung sorgte: »Wer zum Teufel ist WELFVG?«

»Wilhelm Erasmus Ludwig Freiherr von Grafenrath, 78 Jahre, möchte nach langer Fahrpause Auffrischungsstunden nehmen«, klärte mich Renate auf.

Erleichtert darüber, dass ich es nicht mit Eltern zu tun bekam, die ihr Kind mit solch einem Vornamen auf die Menschheit losließen, wartete ich den Freitagvormittag entspannt ab.

Auffrischungsstunden sind mittlerweile, gerade bei älteren Semestern, keine Seltenheit mehr. Aus der Sicht eines Autofahrers begrüße ich ein solches verantwortliches Handeln von Senioren außerordentlich – für einen jungen Fahrlehrer gibt es jedoch nichts Schlimmeres als Fahrstunden mit älteren Kalibern.

Ich erinnere mich sehr gern an meinen ersten Fahrschüler, der dieser Gruppe zuzurechnen war. Er war ein sehr guter Freund von Richard, meinem ersten Chef, und musste für jede seiner vorhandenen Führerscheinklassen erneut eine theoretische und eine praktische Prüfung ablegen, weil er wegen erhöhten Alkoholkonsums aufgefallen war. Nein, nicht am Steuer, sondern im Rahmen einer ganz normalen Personenkontrolle kurz vor seiner Haustür. Eine Fußstreife der Polizei wurde auf seinen wankenden Gang aufmerksam und hielt es für nötig, ihn einer Kontrolle zu unterziehen, was mein Schüler mit den Worten »Lascht mi in Ruhä, isch bin ja glei dahoim, ihr Kaschperlköpfä« goutierte. Dies wollten die Herren von der Staatsmacht nicht durchgehen lassen und so gab zuerst ein Wort das andere und dann eine Faust die andere.

»Und wann war dann Schluss?«, erkundigte ich mich amüsiert bei unserer ersten Stunde bei dem Delinquenten.

»Als ich keine Luft mehr bekommen habe«, antwortete der sichtlich gekränkt.

»Weil du zu viel getrunken hattest?«

»Nee, weil am Ende acht Bullen auf mir lagen! Früher, zu meiner aktiven Zeit, hätte ich die noch alle umgehauen, aber jetzt bin ich halt auch schon über sechzig!«

Mit dem Ausspruch »aktive Zeit« umschrieb er nicht weniger als 15 Jahre Amateurboxerzeit – jetzt erklärte sich mir auch seine schiefe Nase –, in denen er nicht nur gegen unbekannte Größen des Boxsports gekämpft hatte.

Sein Widerstand gegen die Staatsgewalt hatte zur Folge, dass die Fahrerlaubnisbehörde die Eignung zum Führen eines Kraftfahrzeuges infrage stellte. Man befürchtete wohl Massenschlägereien auf der Landstraße wegen eines nicht gesetzten Blinkers. Er wurde zu einer medizinisch-psychologischen Untersuchung (MPU, oder im Volksjargon »Depperltest«) und einer erneuten Prüfung in Theorie und Praxis verdonnert.

Den Grund für seinen Aufenthalt in meinem Fahrschulwagen kannte ich nun. Und von da an änderte sich auch der Stil meines Lehrens. Aus »Halber Tacho Abstand auf der Autobahn, nicht halber Meter!!!« wurde »Wenn es Ihnen nichts ausmacht, könnten wir uns dann vielleicht – bitte, bitte, mit Sahne und Kirschen obendrauf – einige wenige Zentimeter zurückfallen lassen?«. Ich wollte bei Tempo 180 einfach keine blutige Nase und auch keinen Jochbeinbruch riskieren.

Aber zurück zu meinem Freiherrn. Ich befürchtete schon, dass ich im Fahrzeug gar nicht mehr wahrgenommen würde, bei solch einer Erscheinung auf dem Fahrersitz.

Stellen Sie sich einfach mal Sean Connery vor, allerdings ohne Schottenrock. Der Freiherr war ein sehr distinguierter, fein gekleideter Mann, mit athletischer Figur und markanten und sehr männlichen Gesichtszügen.

Nicht, dass Sie aufgrund meiner Schwärmerei jetzt an meiner heterosexuellen Gesinnung zweifeln, aber eines muss ich klar sagen: Sollte ich in diesem Alter ebenfalls so eine Bella Figura abgeben, werde ich meinem Schöpfer auf Knien danken und im nächstgelegenen Dom eine Kerze anzünden.

Aber was macht so ein Typ eigentlich in der Fahrschule? Allein der ellenlange Name und die Qualität seines Anzugs ließen darauf schließen, dass sich der Freiherr einen Chauffeur samt dicker Limousine leisten konnte und seinen Führerschein lediglich zum Ausgleichen eines schiefen Tischbeins benutzen würde.

Und tatsächlich war dem auch so – die Betonung liegt auf »war«. Denn nicht nur mir, sondern auch einigen anderen

Menschen, vor allem weiblicher Natur, war der Freiherr ins Auge gestochen. Man könnte auch sagen, dass er als Don Juan um die Welt tingelte. Und dass seine Reisen in die verschiedenen Länder dieser Erde nicht nur der Realisierung und Begutachtung der von ihm als Architekt entworfenen Bürogebäude galt, bemerkte irgendwann nach 36 Ehejahren auch seine Ehefrau. Und diese entschied sich im Rahmen der Scheidung dazu, sich genauso zu verhalten wie die unzähligen Nebenbuhlerinnen vor ihr: nämlich dem Freiherrn die Hosen auszuziehen, aber nicht aus sexuellem, sondern aus finanziellem Interesse.

Und so musste im Zuge der Scheidung und der damit einhergehenden üppigen Abfindung an die Frau Gemahlin der Butler, der in Personalunion auch Koch, Gärtner und eben Chauffeur war, nach etlichen Jahren treuer Dienste seine Sachen packen. Das Anwesen in einem Reichenviertel vor den Toren der Stadt wurde zu Geld gemacht, ebenso wie der stattliche Fuhrpark, gespickt mit Luxuskarossen der Marken Bentley, Aston Martin und De Tomaso.

Übrig blieben dem Freiherrn seine edlen Klamotten, einige Kunstobjekte, eine Stadtwohnung, die bisher wohl als Refugium für ortsansässige Liebeseskapaden diente, und ein Ford Mustang Fastback, Baujahr 1967, mit original 6.592 Meilen auf dem Tacho. Und um diesen zu steuern, wollte oder musste der Freiherr erst mal wieder Erfahrung sammeln und dafür ein paar Fahrstunden absolvieren.

Mit seinem Relikt aus der amerikanischen Muscle-Car-Epoche erschien er an besagtem Freitag zu der vereinbarten Fahrstunde. Als Fahrer diente ihm einer seiner Enkel mit dem nicht weniger klangvollen Namen Nikolaus Benedikt Eugen von Grafenrath. Der Freiherr stieg aus dem Mustang aus und der Enkel brauste mit Vollgas und einem zynischen Grinsen davon. Ich erhob meinen Hintern von der Motorhaube und ging auf den Freiherrn zu, um mich vorzustellen: »Guten Tag, Herr Freiherr von Grafenrath, mein Name ist …«

»Sagen Sie ruhig Willi zu mir! Im Geiste bin ich nämlich noch immer in Ihrem Alter«, schmunzelte er.

»Na gut, Willi, wann haben wir denn das letzte Mal selbst am Steuer gesessen?«

»Entschuldige, jetzt hab ich dich nicht ganz verstanden, mein Hörgerät spinnt manchmal – ich stell es mal lauter …«

Wusste ich's doch, jeder hat eben irgendeinen körperlichen Makel. Wenn der Freiherr mit seinen 78 Lenzen schon ein Aussehen wie ein 25-jähriger Adonis hatte, dann brauchte er wenigstens, quasi als ausgleichende Gerechtigkeit, ein Hörgerät.

Ich wiederholte meine Frage und bekam zur Antwort: »Vor circa 40 Jahren mit dem Mustang.«

»Okay, da werden wir ein paar Fahrstunden benötigen, um dich wieder auf die Menschheit loszulassen. Aber das kriegen wir schon hin!«, versuchte ich, möglichst optimistisch zu klingen, auch wenn sich mir gerade der Magen umdrehte – nach 40 Jahren kann man guten Gewissens sagen, dass man fahrtechnisch wieder bei Adam und Eva anfangen muss.

»Ähem, das Pensum wird wohl nicht ganz reichen – ich muss dir noch was sagen …«

Wie sich im Verlauf der Beichte herausstellte, war die Inanspruchnahme von Fahrstunden nicht ganz freiwilliger Natur, sondern mit etwas Nachdruck forciert worden, um es höflich auszudrücken, und das kam so:

Offensichtlich hatte es der ehemaligen Gattin nicht gereicht, ihrem Exmann sein ganzes Hab und Gut zu nehmen, anscheinend wollte sie auch noch seine Bewegungsfreiheit und damit seine amourösen Abenteuer empfindlich einschränken. Und dies tat sie, indem sie anonym der zuständigen Fahrerlaubnisbehörde ihre Zweifel an der Fahrtüchtigkeit des Freiherrn kundtat, die daraufhin eine MPU anordnete.

»Und woher weißt du, dass es deine Ex war, wenn dieser Anruf doch anonym einging?«, hakte ich nach.

»Weil ich sonst niemandem irgendetwas getan habe. Und ihre letzten Worte an mich lauteten: ›Du wirst alles verlieren!‹ Bisher hat sie ja auch eindrucksvoll Wort gehalten, nicht wahr?«, erzürnte er sich.

Für meinen Gemütszustand wäre »erzürnt« wohl eher die falsche Wortwahl – »sauer« trifft es eher. Die sogenannte MPU sollte nämlich keine Spielwiese für gekränkte Eitelkeiten, sondern ein Instrument für auffällige Verkehrsteilnehmer sein, unabhängig davon, ob diese Auffälligkeit durch Alkohol, Drogen, hohes Alter und damit einhergehende körperliche Beeinträchtigung oder, wie eingangs erwähnt, durch aggressives Verhalten bedingt ist. Und im Übrigen sind diese MPUs auch kein ganz billiges Vergnügen, sofern man überhaupt von Vergnügen sprechen kann.

»Niederträchtiges Miststück«, entfuhr es mir deswegen.

»Was hast du gesagt? Mein Hörgerät fiept schon wieder!«

»NIEDERTRÄCHTIGES MISTSTÜCK!«

»Was?«

»Ach nichts, vergiss es!«

»Was?«

»VERGISS ES!«

Die ersten Teile der MPU, so berichtete mir der Freiherr nach der Neujustierung seines Hörgerätes weiter, also die medizinische Untersuchung und das psychologische Gespräch hatte er bereits erfolgreich absolviert. Nur bei der Überprüfung des Leistungs- und Reaktionsvermögens an dem computergesteuerten Testgerät hatte es ordentlich im Gebälk geknirscht, um es mit den Worten seines Berufsstandes zu sagen. Aber für solche Fälle wie den Freiherrn, der sicher bis zum heutigen Tag für die Entwürfe seiner Bauwerke nur ein Reißbrett und keinen Computer benötigte, gibt es ja die sogenannte Fahrverhaltensbeobachtung. Das Ganze muss man sich wie eine normale Führerscheinprüfung vorstellen, jedoch sitzt hinter dem Fahrlehrer kein amtlich anerkannter Sachverständiger oder Prüfer, sondern ein Verkehrspsychologe als Beobachter. Der Fahrlehrer begleitet die Fahrt in einem Fahrschulauto zur Gewährleistung der Sicherheit – wenn er jedoch verbal oder physisch in das Geschehen eingreifen muss, bedeutet das im Gegensatz zu normalen Prüfungen nicht zwangsläufig das Ende der Fahrt, denn die Gesamtschau der Leistung zählt.

Ergo galt es, den Freiherrn nun wieder fit für den Verkehr zu machen, und zwar zur Abwechslung mal auf den Straßenverkehr, und ihn auf den neuesten Stand der Technik zu hieven. Mit Letzterem fingen wir an, denn es hatte sich ja in den vergangenen vierzig Jahren allerhand getan: ESP, ABS, PDC, Licht- und Regensensor, elektrische Fensterheber, Schlüssel mit Funk und so weiter und so fort.

»Die Technik heutzutage – man kommt sich ja vor wie in einem Raumschiff«, staunte mein Freiherr nicht schlecht, nachdem ich ihm sämtliche technische Finessen erklärt hatte. Und so gelangten wir nach einigen Anfahr- und Anhalteübungen schon in den fließenden Verkehr.

Nach einer anfänglichen Unsicherheitsphase machte er seine Sache echt prima! Die Verkehrsbeobachtung war gut, die Spur wurde exakt gehalten, das Verhalten gegenüber Fußgängern, Radfahrern und Kindern war tadellos, das Parken in allen denkbaren Variationen gelang vortrefflich, und als wir auf der Autobahn, die wir mit weit mehr als Richtgeschwindigkeit befuhren, in einen kleinen Stau gerieten, schaltete er doch tatsächlich für den nachfolgenden Verkehr die Warnblinkanlage ein und machte Platz für eine Rettungsgasse. Das stützte meine These, dass es sich mit Autofahren wie mit Schwimmen oder Skifahren verhält: Einmal gelernt, verlernst du es nie wieder.

Lediglich einige Sachen mussten wieder in Erinnerung gerufen oder gar neu erlernt werden. Wann zum Beispiel mit Schrittgeschwindigkeit gefahren werden muss (auch für den Leser zur Erinnerung: beim Überholen von Linienbussen oder gekennzeichneten Schulbussen, wenn diese mit eingeschalteter Warnblinkanlage an der Haltestelle stehen, und im verkehrsberuhigten Bereich), wie man sich bei einem Grünpfeilschild verhält (stoppen wie bei einem Stoppschild und erst dann unter Ausschluss einer Behinderung oder Gefährdung des Querverkehrs aus dem rechten Fahrstreifen nach rechts abbiegen) und dass man beim Einfahren in einen Kreisverkehr nicht blinken darf, beim Rausfahren aber blinken muss.

Frohen Mutes schritten wir zwölf Fahrstunden später zur Tat, äh, zur Prüfung.

Vorher beglich der Freiherr noch die Gebühr für die Fahrverhaltensbeobachtung, nicht ohne in einem launigen Kommentar zu erwähnen, dass ihn die ganze Sache mittlerweile an die 1.000 Euro gekostet habe.

Alsdann begaben wir uns zum Auto. Eine sehr adrette und freundliche Psychologin nahm hinter mir Platz und wir begannen unsere Fahrt. Diese verlief im Großen und Ganzen auch recht gut, mit lediglich einem nennenswerten Fehler, einem recht lustigen Ereignis und einem für den Freiherrn typischen Ende.

Der einzige, gleich zu Beginn der Fahrt begangene Fehler war die Wahl der Geschwindigkeit. Konnte ich ihm während der Fahrstunden wahrlich kein Schneckentempo vorwerfen, so hatte er sich, ohne Rücksprache mit mir zu nehmen, seine eigene Taktik zurechtgelegt, um diese Prüfung zu bestehen – er fuhr immer zehn Stundenkilometer langsamer als erlaubt. Das tat er in dem Glauben, dass diese Vorgehensweise der Psychologin zeigen würde, welch vorsichtiger Fahrer er sei. Diese Theorie ist natürlich genauso schwachsinnig wie die, die mir mal ein Schüler einen Tag vor seiner Prüfung auftischte: Immer schneller fahren als erlaubt, damit der Prüfer sieht, dass man sich etwas traut (!!!). Dem Treiben setzte die Psychologin ein Ende, indem sie ihn bat, doch angemessen schnell UND sicher zu fahren, sofern er das könne – was ja letzten Endes auch der Fall war.

Die von der Atmosphäre her recht nüchterne Fahrt beendete der Freiherr schließlich mit einem Brüller. Aufgrund seiner Nervosität verwechselte er das Piepsen der Park Distance Control beim Rückwärtseinparken mit einer Fehlfunktion seines Hörgeräts. Erst ein lautes Lachen meinerseits (»DAS IST UNSER AUTO, DAS DA PIEPST! NICHT MEHR VIEL ABSTAND NACH HINTEN!«) konnte die Verwirrung auflösen.

Nach Beendigung der Fahrt folgte dann noch eine versuchte Bestechung der Psychologin mit folgendem Wortwechsel:

»Wenn Sie mich jetzt bestehen lassen, lade ich Sie zu einem hervorragenden Abendessen ein.«

»Herr Freiherr von Grafenrath, dass müssen Sie gar nicht, Sie haben nämlich so oder so bestanden.«

»Hurra! Das muss gefeiert werden! Haben Sie heute Abend schon was vor?«

»Herr Freiherr von Grafenrath, ich bin liiert …«

»Das ist ein Grund, aber kein Hindernis!«

Die Psychologin lief etwas rot an und lächelte.

»Sie sind mir aber ein Draufgänger!«

»Könnten Sie beide das Flirten bitte auf einen anderen Termin verschieben? Ich muss nämlich in einer halben Stunde wieder an der Fahrschule sein«, unterbrach ich rüde die sich anbahnende Romanze. Trotz dieser drei Intermezzi hatte der Freiherr ein positives Gutachten in der Tasche beziehungsweise die Führerscheinstelle demnächst in ihrem Briefkasten. Wir machten uns wieder auf den Rückweg, ich am Steuer, der Freiherr neben mir. Im Vergleich zu vorhin fühlte sich das Auto viel leichter an – meinem Schüler war wohl eine ordentliche Last von den Schultern gefallen.

»Gott sei Dank, das ist geschafft«, seufzte er, »tausend Dank an dich, dass du mich so gut vorbereitet hast!«

»Gern geschehen. Freust du dich ein bisschen?«, fragte ich rhetorisch.

»Na, und wie! Aber mein Enkelsohn wird wahrscheinlich nicht so begeistert sein«, lachte er lauthals.

»Wieso nicht?« Ich war leicht irritiert.

»Ich hab ihm mal gesagt, dass ich ihm den Mustang schenke, wenn ich nicht mehr fahren will oder darf – aber nachdem ich jetzt wieder will und auch noch darf, muss er sich wohl selbst ein Auto zusammensparen.«

Und jetzt ging mir mit einem Schlag ein Licht auf. Nicht seine ehemalige Frau, sondern sein Enkelsohn hatte ihn bei der Führerscheinstelle angeschwärzt.

»Dieses niederträchtige Miststück!«, entfuhr es mir erneut, jetzt aber in Bezug auf seinen Enkel.

»Was hast du gesagt? Mein Hörgerät …«

»NIX! PASST SCHON!«

Wir kamen bei der Fahrschule an. Der Enkel des Freiherrn stand neben dem Mustang, breit grinsend, als er sah, dass ich am Steuer saß und nicht sein Großvater. Er hielt dies wohl für ein untrügliches Zeichen dafür, dass die Beobachtungsfahrt nicht von Erfolg gekrönt war. Das Grinsen sollte ihm jedoch schnell vergehen, als ihm sein Großvater triumphierend den Daumen entgegenstreckte. Und noch schneller würde es ihm nach dem

Gespräch vergehen, das ich jetzt mit ihm führen wollte. »Komm mal her, du kleiner Brutus!«, kommandierte ich ihn zu mir, außerhalb der Reichweite von Opis Hörgerät.

»Ich heiße nicht Brutus, sondern Nikolaus Benedikt Eugen …«, empörte sich der kleine Adelsarsch.

»Und bei mir bist du der Brutus! Sag mal, deinen Großvater, den hast du doch bei der Fahrerlaubnisbehörde hingehängt, oder?«

»I-I-Ich w-w- weiß nicht, w-w-was S-S-Sie meinen …«

Er wusste genau, was ich meinte. Anders wären der urplötzliche Schweißausbruch auf seiner Stirn und sein Stottern nicht zu erklären gewesen.

Ich durchdrang ihn mit meinem Blick, der dem eines wütenden Stiers glich, kurz bevor dieser zum finalen Hieb gegen den Torero ansetzt. Diesem hielt er nicht lange stand und nach einer wortlosen Minute brach das Bürschchen in sich zusammen: »Okay, okay, ich war's! Aber sehen Sie, was will denn mein Opa mit so einem heißen Schlitten! Der passt doch viel besser zu mir! Und ich würde Großvater ja auch ab und zu fahren …«

»Fahren musst du ihn von jetzt an nicht mehr, das macht er ganz alleine. Aber du wirst ihm anderweitig helfen – hast du eigentlich weiße Handschuhe?«

»Nö, wieso?«

»Weil du von jetzt an für deinen Großvater wie ein Butler putzen, waschen und einkaufen wirst!«

»Wieso sollte ich das?«, empörte sich der Bengel.

»Weil ich sonst deinem Alten stecke, wer ihm die ganze Suppe eingebrockt hat, und ich wage zu bezweifeln, dass dein Erbe danach noch recht üppig ausfallen wird …«

Leichenblass stand das Adelsbübchen nun vor mir. Nach einer erneuten wortlosen Minute wandte er sich seinem Großvater zu:

»Opa, lass uns deinen Erfolg feiern. Ich zahl den Schampus …«
Dann schaute er wieder zu mir rüber und ich goutierte sein Verhalten mit einem Schon-mal-ein-guter-Anfang-Nicken.

Einige Wochen später rief ich im Büro des Freiherrn an, um mich davon zu überzeugen, dass der Bengel Wort gehalten hatte.

»Hallo, Willi, hier spricht dein Fahrlehrer! Wie geht's dir denn?«

»Junge, schön, dass du dich meldest! Mir geht's blendend! Habe mich neu verliebt …«

Bitte, aber doch nicht in die Psychologin! Ach, was soll's, möge er seinen Spaß haben.

»… und die Beziehung zwischen meinem Enkel und mir hat sich auch richtig gut entwickelt. Was für ein lieber Kerl, der hilft mir, wo er nur kann.«

»Das ist ja schön«, brachte ich noch hervor, bevor ich kichern musste.

»Hab ihm kürzlich gesagt, dass er den Mustang erben wird, wenn ich eines Tages sterbe.«

Oh! Nachtigall, ick hör dir trapsen …

24. KAPITEL

FAHRZEUGTECHNIK

Der Bremsweg für eine normale Bremsung wird anhand folgender Faustformel berechnet: Geschwindigkeit geteilt durch zehn mal Geschwindigkeit geteilt durch zehn. Gerafft? Okay: Wie viele Meter beträgt nach dieser Faustformel der Bremsweg bei Tempo 130?

Wenn Sie jetzt länger als 30 Sekunden für die richtige Antwort (169 Meter) benötigt haben, dann sind Sie ein – Fahrschüler.

Wenn Sie lediglich 15 Sekunden gebraucht haben, sind Sie ein – Fahrschüler mit iPhone.

Um Gottes willen, jetzt bitte nicht kurz vor dem Ende noch das Buch in die Ecke pfeffern! Nichts liegt mir ferner, als die Jugend mit einem Schild um den Hals an den Pranger zu stellen, auf dem steht: »Alles Schwachköpfe!« Im Gegenteil. Wenn ich mir so ansehe, was die Heranwachsenden heutzutage alles leisten müssen und dies auch tatsächlich leisten, dann nötigt mir das gehörigen Respekt ab. Denn mittlerweile geht es ja schon im Kindergarten los, dass mit Fremdsprachen experimentiert wird, womit vor einigen Jahren erst in der Grundschule begonnen wurde. An bayerischen Gymnasien wurde bei gleichbleibendem Unterrichtsstoff kurzerhand ein ganzes Schuljahr gestrichen. Und in der Umwelt- und Finanzpolitik soll die heutige Generation gefälligst die Suppe auslöffeln, die wir Älteren ihnen einbrocken. Wie gesagt, die Schultern, auf die das alles abgeladen wird, müssen schon recht stark sein.

Und so, wie sich die Anforderungen an jede Generation wandeln, so wandeln und entwickeln sich auch die Hilfsmittel, um diese Anforderungen zu bewältigen. Wie sagte schon der Philosoph Heraklit von Ephesus? Nichts ist so beständig wie der Wandel!

Fangen wir mal mit etwas so Banalem wie dem Kopfrechnen an. Natürlich kann man nicht von jedem Schüler erwarten, dass er ohne Hilfsmittel die Wurzel aus drei ziehen kann. Oder innerhalb von Sekundenbruchteilen die Aufgabe 1.352 minus 943 lösen. Das konnten wir, die etwas Älteren, damals auch nicht – und erst recht nicht ich mit meiner glatten Fünf in Mathe. Deswegen entwickelten sich die Hilfsmittel von Rechenschieber über Taschenrechner eben bis hin zu Mobiltelefonen, mit denen man das Ergebnis sogar bei einem sozialen Netzwerk posten kann.

Allerdings stellt sich bei der Zuhilfenahme dieser Tools berechtigterweise die Frage: Fluch oder Segen? Denn was bei komplexen Aufgaben zum Segen gereicht, wird dann zum Fluch, wenn selbst einfachste Sachen nicht mehr ohne sie bewältigt werden können – siehe oben genanntes Beispiel. Oder ist die Rechnung 13 mal 13 ist gleich 169 wirklich so kompliziert?

Wer glaubt, dass dies nicht der Fall sei, möge sich mal bitte zu Lektion sieben in der Fahrschule seines Vertrauens einfinden. Wer dann die Zurufsammlung der vermeintlichen Lösungen zu eingangs gestellter Frage mitbekommt (»171 Meter!«, »167 Meter!«, 1690 Meter!«), der bekommt eine Vorstellung davon, wie der immer größer werdende Grad der Technologisierung zu mehr Bequemlichkeit und leider auch zu einer Verdummung der Menschheit führt. Und diese Technologisierung sorgt leider auch beim Autofahren dazu, dass der Mensch immer weniger Aufgaben zu erfüllen hat und sein Hirn immer weniger anstrengen muss.

Ein von mir wirklich sehr geschätzter Kollege hatte sich kürzlich ein neues Schulungsfahrzeug bestellt, in das er jeden erdenklichen technischen Schnickschnack einbauen lassen wollte, und dabei festgestellt: »Wir Fahrlehrer mutieren immer mehr und mehr zu Fahrzeugeinweisern!«

Damit hat er wahrlich nicht ganz unrecht. Wer vor mehr als 15 Jahren seinen Führerschein gemacht hat, weiß, wovon ich spreche: Man musste die Außenspiegel noch per Hand einstellen, die Fenster gingen nur mit Hilfe einer Kurbel nach unten und nach oben, in den Radios befanden sich noch Laufwerke für Audiokassetten, der Ölstand wurde per Messstab überprüft und im Handschuhfach lag die gute alte Straßenkarte.

Und heute? Heute übernimmt eine Armada von Prozessoren eine Vielzahl von Aufgaben, die ein Autofahrer früher selbst erledigen musste (oder durfte?).

Ans Anschnallen denken? Übernimmt der Bordcomputer. Luftdruck am Reifen kontrollieren? Dafür gibt es jetzt den Reifendruckwarner. Ölstand messen? Geht mittlerweile bequem vom Bordcomputer aus. Schulterblick beim Fahrstreifenwechsel? Wozu gibt es Tote-Winkel-Assistenten? In der Kurve vom Gas gehen? Wofür gibt's ESP? Nachdenken, wie man zu seinem Zahnarzt kommt? Zeitverschwendung, Navigationssystem einschalten! Auf Geschwindigkeitsbeschränkungen achten? Schon mal was von Verkehrsschilderkennung mittels Radar gehört? Eine Parklücke erspähen und das Auto in Millimeterarbeit hineinbugsieren? Pah, dafür hat man den vollautomatischen Einparkassistenten! Auf die Straße schauen und lenken – nicht mehr nötig bei Spurhalte-Assistenten.

Verstehen Sie mich bitte nicht falsch – wenn nur eine einzige dieser Erfindungen ein Menschenleben rettet, einem ängstlichen Autofahrer den Schrecken nimmt oder einem überforderten Lenker das Fahren erleichtert, haben sich diese Innovationen bezahlt gemacht und als Segen erwiesen.

Wenn der Mensch jedoch seine fahrerische Eigenverantwortung, seine Pflichten im Straßenverkehr vernachlässigt und in die Hände von Mikroprozessoren gibt, wird's bedenklich und die Technik sehr schnell zum Fluch. Denn wer ohne Hilfe nicht mehr einparken kann, Verkehrsschilder nicht erkennt, einen Schulterblick nicht mehr ausführen kann oder dessen erster Griff im Fahrzeug nicht zum Sicherheitsgurt geht, weil er auf Airbags & Co. vertraut, hat nach meiner Meinung im Straßenverkehr nichts zu suchen.

Ein, denke ich, ganz passender Vergleich wäre Fettleibigkeit. Menschen, die aufgrund einer Stoffwechselstörung oder genetischer Veranlagung etwas korpulenter sind als andere, sollen durchaus in den Genuss von Magenverkleinerung, medikamentöser Behandlung oder Kuren kommen; für den Rest zählt: Fresst nicht so viel und treibt Sport!

Und so stimme ich meinem von mir zitierten Kollegen auch voll und ganz zu, wenn dieser sein neues Schulungsfahrzeug mit allem Pipapo (Liebe Schüler, das nennt man eine Triplikation – checkt das mal über euer Handy!) ausstattet, um sie mit dem aktuellen Stand der Technik vertraut zu machen, sofern er nach der Erklärung und einer Demonstration die Systeme wieder ausschaltet und ihnen wieder Old-School-Driving beibringt.

Man kann aber auch, so wie ich, einen Schritt weitergehen und den Schülern bereits die technischen Möglichkeiten von übermorgen nahebringen, ohne auf deren Implementierung im Fahrzeug zu warten. Wie das geht, erfahren Sie in der nachfolgenden Geschichte.

Gleich vor Beginn von Michaelas zweiter Fahrstunde musste ich schallend lachen. Sie war zunächst ins Büro gekommen, um ihre Schulden zu begleichen. Während ich noch den letzten Schluck Kaffee austrank, gab ich ihr den Autoschlüssel, damit sie sich schon mal den Sitz und die Spiegel einstellen konnte. Doch so weit kam es gar nicht. Sie stand vor einer silbernen Mercedes G-Klasse, also einem recht großen, kantigen Geländewagen, und versuchte krampfhaft, ihn mit dem Funkschlüssel zu öffnen. Dabei entging ihr, dass ihr zwei Autos weiter vorn ein silberfarbener VW Golf mit den Blinkern signalisierte, dass er schon offen war – das war nämlich unser Auto!

»Michaela, der Wagen, vor dem du stehst, ist gar nicht unser Auto.«

»Wieso nicht?«

»Schau ihn dir doch mal an – das ist ein Mercedes! Und was fahren wir?«

»Keine Ahnung.«

»Volkswagen! Guck mal, da vorne, das Auto, auf dem ›Fahrschule‹ steht…«, gluckste ich vor Lachen.

»Ups!«, antwortete sie peinlich berührt. »Die schauen aber wirklich gleich aus.«

»Wo, bitte schön, sehen die denn gleich aus? Das eine ist ein Geländewagen, das andere ein Kompaktwagen. Das eine ist ein Mercedes, das andere ein VW.«

»Aber sie sind doch beide silbern!« Jaja, sie sind wirklich beide silbern …

Das konnte ja heiter werden! Bin ich eigentlich im Recht, wenn ich sage, dass Fahrschüler zumindest Fahrzeugkategorien voneinander unterscheiden können sollten? Man muss ja nicht von jedem Auto wissen, ob das ein BMW, Audi, Mercedes, Mitsubishi, Opel, Nissan, Daihatsu oder Porsche ist – aber einen Smart von einem Hummer zu unterscheiden, das müsste doch eigentlich drin sein ... Oder? Als Michaela es aber erst mal geschafft hatte, im richtigen Auto zu landen, flutschte es echt gut. Talentiert, wissbegierig, eine durch und durch angenehme Fahrschülerin also. Und mit der Zeit kamen wir dann auch ein bisschen ins Gespräch: »Du, mein Papa hat jetzt seinen neuen Dienstwagen bekommen«, platzte es aus Michaela heraus.

»Soso, was ist es denn für einer?«

»Wie – was ist das für einer?«

»Na, welche Marke, welches Modell?«

»Schwarz.«

»Aha, schwarz also ...«

»Ist ja auch egal, aber das Teil hat wirklich allen Schnickschnack.«

»Was hat der denn so alles?«

»Also, so ein Piep-Ding zum Einparken, ein Lenkrad, das man erhitzen kann, das Sonnenrollo hinten an der Heckscheibe geht per Knopfdruck rauf und runter, ein Navi, dann so 'ne komische Sprachsteuerung ... Was ist das eigentlich, eine Sprachsteuerung?«

»Damit kann man einzelne Funktionen des Autos mit seiner Stimme steuern, zum Beispiel das Autotelefon, das Navigationssystem ...«

»Hat unser Fahrschulauto das auch?«

Eigentlich wollte ich schon antworten: »Nein, weil der Chef so geizig ist!« Aber irgendwie war ich an diesem Tag einfach zu gut drauf, um mir diese Steilvorlage für ein kleines Späßchen entgehen zu lassen ...

»Ja«, antwortete ich, »siehst du dieses Feld im Armaturenbrett?« (Zum besseren Verständnis für den Leser: Mein Fahrschulauto hat dort eine klitzekleine Plastikblende ohne jegliche Funktion.)

»Natürlich sehe ich es«, antwortete Michaela.

»Dann drück da mal drauf und sag mal was!«

»Und was zum Beispiel?«

»Na ja, wir fahren hier gerade 45 Stundenkilometer, wo eigentlich 60 erlaubt und möglich sind; sag doch mal laut und deutlich ›60‹!«

Michaela tat, was ich ihr sagte, und brüllte, damit es das Auto auch hören konnte: »60!«

Das Auto gehorchte dem Befehl umgehend und beschleunigte auf 60 Stundenkilometer.

»Boah, ist das geil«, gluckste Michaela aufgeregt, »ist ja wie im Film!«

»Vorsicht, da vorne sind nur 50 erlaubt – sag mal ›50‹«, wies ich sie an.

»50!«, schrie sie – und der Wagen bremste wie von Geisterhand auf Tempo 50 runter. Michaela war kaum zu halten vor lauter Begeisterung über all die Innovationen in diesem Auto.

»Und wie schalte ich das System wieder aus? Wieder auf das Feld drücken?«

Jetzt war die Zeit gekommen, Michaela darüber aufzuklären, dass die Technik heutzutage zwar viel, aber nicht alles konnte: »Nein, nicht indem du auf diese vollkommen nutzlose Blende drückst, sondern indem du einfach sagst: ›Lieber Fahrlehrer, kannst du mal bitte damit aufhören, mit deinen Pedalen Gas zu geben und zu bremsen?!‹«

Es dauerte etwa eine halbe Minute, bis Michaela begriffen hatte.

»Warst du das etwa die ganze Zeit mit deinen Pedalen?«

Ich grinste sie vielsagend an.

»Doofer Kindskopf!«, schmunzelte sie zurück.

Bin gespannt, wie lange ich diesen Trick noch durchziehen kann, bis der technische Wandel wieder zuschlägt und es tatsächlich so eine Sprachsteuerung gibt …

25. KAPITEL

ROTLICHTMILIEU

Gut, Andrea. Das war es dann für heute. Hat alles gepasst. Ich denke, wir sind für morgen gut gerüstet. Sei pünktlich um halb zehn da und vergiss deinen Personalausweis nicht. Ohne Ausweis keine Prüfung!« Mit diesen Worten beendete ich die – hoffentlich – letzte Fahrstunde von Andrea. Sie war ein lockeres, lustiges Mädchen, dessen Ausbildung ohne nennenswerte Vorkommnisse verlief und guten Gewissens abgeschlossen werden konnte.

»Und was soll ich anziehen?«, fragte mich Andrea.

»Nun ja, so wie immer halt. Bequeme Schuhe, lockere Kleidung ...«

»Nein, du verstehst mich nicht, wie soll ich mich anziehen?«

»Ich ... versteh ... dich ... wirklich nicht!«

»Also, ich glaube, ich mach mich schick.«

Jetzt verstand ich, was sie meinte. Klar, so eine Fahrprüfung ist in der Regel etwas Einzigartiges und Besonderes im Leben eines Menschen – vergleichbar mit dem Erreichen des achtzehnten Lebensjahres, dem Eintritt in die Erwachsenenwelt. Um diesem Ereignis, also der Fahrerlaubnisprüfung, Rechnung zu tragen, habe ich mir auch angewöhnt, mein Fahrschulauto davor innen wie außen auf Hochglanz zu polieren. Der letzte Eindruck, den die Schüler von ihrer Fahrschule bekommen, soll ja schließlich nicht ein Auto sein, das von außen nach landwirtschaftlichem Fahrzeug aussieht und drinnen an einen Müllwagen erinnert.

»Genau, mach dich mal schick, ist ja ein besonderer Tag für dich. Wir sehen uns dann morgen«, verabschiedete ich mich von Andrea, nicht ahnend, wie falsch ich mit meiner Überlegung lag …

Der nächste Tag begann super. Kein Warten an der Waschanlage, der Staubsauger funktionierte ausnahmsweise mal und die Spritpreise kannten diesmal auch die Richtung nach unten. Dazu traumhaft schöner Sonnenschein, kein Wölkchen trübte den blauen Himmel. Ich war eine Viertelstunde früher da als geplant und nutzte die Zeit, um in der Sonne noch etwas zu relaxen.

Meine Entspannungsphase wurde durch das Klackern von High Heels und ein schrilles »Guten Morgen, Herr Fahrlehrer« jäh unterbrochen. Ich drehte mich um und musste zweimal hinsehen, bevor ich das Mädchen als meine Schülerin Andrea erkannte. Zehn Zentimeter hohe Absätze, schwarze Netzstrümpfe, extrem grob gemustert, ein Minirock, der mehr preisgab, als er verdeckte, und eine Bluse, die bis zum Bauchnabel aufgeknöpft war – so stand sie vor mir, dazu noch geschätzte 850 Gramm Schminke im Gesicht. Ich konnte mir noch rechtzeitig auf die Zunge beißen und die Frage verkneifen, ob sie denn mit diesem Outfit gerade von der Nachtschicht in einem einschlägigen Etablissement käme.

»Was ist denn mit dir passiert?«, entfuhr es mir trotz aller beabsichtigten Zurückhaltung.

»Da guckst du, was?«, strahlte sie mich an.

»Was soll das denn, so läufst du doch sonst nicht rum!«

»Alles für den Prüfer, damit das heute auch was wird«, entgegnete sie mir, während sie noch schnell 50 Gramm zusätzliche Schminke auflegte und jetzt endgültig wie eine Bordsteinschwalbe aussah.

»Ich weiß ja nicht, welche Vorstellungen du von so einer Prüfung hast, aber der Prüfer prüft nicht dein Outfit oder deine Körbchengröße, sondern dein fahrerisches Können!«, empörte ich mich. Kurzzeitig war ich am Überlegen, ob ich vor der Prüfung noch schnell die weißen Lämpchen der Innenraumbeleuchtung rausschrauben und durch rote ersetzen sollte, damit das Ambiente auch zum Outfit der Schülerin passte.

»Lass mal gut sein, mein Lieber! Ich weiß, wie ihr Männer tickt. Mit dem Outfit habe ich mich in Physik von einer Fünf auf eine Vier und in Spanisch von einer Vier auf eine Zwei verbessert. Noch Fragen?«

Nein, ich hatte keine mehr, denn ich war einfach sprachlos. Wir wechselten zehn Minuten lang kein Wort mehr miteinander – ich wollte Andrea ja schließlich nicht beim Zurechtmachen stören –, als das Fahrschulauto meines Kollegen um die Ecke bog. Er war mit seinem Schüler heute als Abholer eingeteilt, also als derjenige, der den Prüfer bei der Prüforganisation abholt und dies mit der ersten Prüfungsfahrt verbindet. Ich war schon richtig gespannt, wer denn heute unser Prüfer sein würde. Als sich die rechte Fondtüre öffnete, musste ich grinsen, während Andrea alle Gesichtszüge entglitten, weil ihre Strategie, mit weiblichen Reizen für einen positiven Ausgang zu sorgen, gründlich gescheitert war: Der Prüfer war nämlich Frau Baumann.

DANKSAGUNG

Zuallererst möchte ich mich bei meiner Familie für die liebe-volle moralische Unterstützung bei der Erstellung dieses Werkes bedanken. Ferner danke ich meinen Fahrschülerinnen und Fahrschülern für die Inspiration und Geduld, die sie bewiesen haben, bis sie endlich ein Exemplar dieses Buches in Händen halten durften. Darüber hinaus ist es mir ein Anliegen, allen meinen Chefs, Kolleginnen und Kollegen sowie meinen Aus-bildern und den amtlich anerkannten Sachverständigen oder Prüfern für die coole Zusammenarbeit zu danken.

Und zu guter Letzt noch ein großes Dankeschön an den Schwarzkopf & Schwarzkopf Verlag, der bei diesem Buch alle Ampeln auf Grün gestellt hat und keine Tempolimits kannte.

DER AUTOR

ANDREAS HOEGLAUER wurde 1978 in München geboren. Der gelernte Speditionskaufmann begann 2007 seine Ausbildung zum Fahrlehrer und ist seit 2008 in diesem Beruf tätig. Wenn er seine Schülerinnen und Schüler nicht gerade durch 30er-Zonen quält oder mit ihnen über die Autobahn heizt, verbringt er seine Zeit mit Laufen im Wald oder Gitarre- und Schlagzeugspielen. Andreas Hoeglauer ist verheiratet und lebt mit seiner Frau und seinen beiden Söhnen in der Nähe von München – in einem Ort mit ganz vielen Verbotsschildern.

Andreas Hoeglauer
SCHATTENPARKER, BORDSTEINRAMMER
UND ANDERE FAHRSCHÜLER
Aus dem Alltag eines Fahrlehrers

ISBN 978-3-86265-220-4
© Schwarzkopf & Schwarzkopf Verlag GmbH, Berlin 2013

Lektorat: Carolin Stanneck | Coverfoto: © Moritz Thau

KATALOG
Wir senden Ihnen gern kostenlos unseren Katalog.
Schwarzkopf & Schwarzkopf Verlag GmbH
Kastanienallee 32, 10435 Berlin
Telefon: 030 – 44 33 63 00
Fax: 030 – 44 33 63 044

INTERNET | E-MAIL
www.schwarzkopf-schwarzkopf.de
info@schwarzkopf-schwarzkopf.de